让生命诗意地栖居

诗意教育的理念建构与实践探索

RANG SHENGMING SHIYI DE QIJU
SHIYI JIAOYU DE LINIAN JIANGOU YU SHIJIAN TANSUO

钱丽美 著

江蘇鳳凰教育出版社
Phoenix Education Publishing, Ltd

图书在版编目（CIP）数据

让生命诗意地栖居：诗意教育的理念建构与实践探索/钱丽美著．—南京：江苏凤凰教育出版社，2017.11

ISBN 978-7-5499-6875-6

Ⅰ．①让…　Ⅱ．①钱…　Ⅲ．①小学教育—教育研究集　Ⅳ．①G622.0

中国版本图书馆 CIP 数据核字（2017）第 287145 号

书　　名　让生命诗意地栖居——诗意教育的理念建构与实践探索
作　　者　钱丽美
责任编辑　雷利军　沈倩倩
封面设计　天之赋设计室
出版发行　凤凰出版传媒股份有限公司
　　　　　江苏凤凰教育出版社（南京市湖南路 1 号 A 楼　邮编 210009）
苏教网址　http：//www.1088.com.cn
照　　排　北京世纪鸿文制版技术有限公司
印　　刷　三河市九洲财鑫印刷有限公司
厂　　址　河北省三河市灵山大口
开　　本　787 毫米×1092 毫米　1/16
印　　张　17.75
字　　数　291 千字
版　　次　2017 年 12 月第 1 版　2017 年 12 月第 1 次印刷
书　　号　ISBN 978-7-5499-6875-6
定　　价　40.00 元
网店地址　http：//jsfhjycbs.tmall.com
邮购电话　025-85406265，85400774　短信　02585420909
E - mail　jsep@vip.163.com
盗版举报　025-83658579

丛书编委会

序

透过，诗意教育的追求

《让生命诗意地栖居——诗意教育的理念建构与实践探索》，我不仅看了，有些篇章还看得特别认真，有的部分还反复看了。看过了，掩卷，最想说的是“透过开满鲜花的月亮……”

这是句歌词，是诗意的表达。这句话，让我看到了龙虎塘实验小学的那开满鲜花的校园、那走廊、那窗台、那楼梯、那盆景……但我更看重那个“透过”。在龙虎塘实验小学，诗意教育，不只是鲜花，不只是华章，不只是浪漫，而是“透过”这一切。“透过”，是一种折射，更是一种超越。诗意教育是一种“透过”的教育，是一种超越的教育。那么，他们在“透过”什么、超越什么，又看到了什么，寻找、发现了什么呢？

他们决心超越工具性的追求。用他们自己的话来说，就是要排除工具性的宰制、摆脱工具性的羁绊。教育需要工具，需要工具价值的发现，需要工具理性。但是，他们敏锐而深刻地看到，工具已“宰制”了教育，成了学生发展的“羁绊”，其结果是教育异化为工具、技术，学生也工具化、技术化了，教育已不是真正的教育，更不是良好的教育，同样，学生也不是真正意义上的人、真正意义上的学生了。如此的工具化、技术化，哪有什么理想可言？哪有什么诗意可表达？

他们决心超越世俗。用他们自己的话来说，就是要超越物质世界。人生活在世俗中，离不开物质生活，也应该有物质追求，但不能为物质所用，更不能被物质化。遗憾的是，当今教育中被物质所遮蔽、所困扰的现象比较多，表现为止于物质层面的教育和追求，只有“六便士”而没有“月亮”，只有“面包”而没有“水仙花”。更为严重的是，将知识、成绩、分数作为唯一的追求，作为唯一的评判标准，这样，教育就彻底物质化、世俗化了。“透过”物质化，“透过”世俗化，教育将会在超越世俗中走向更高的境界。

他们决心超越诗化的语言。用他们自己的话来说，就是要超越一般性理解的浪漫。毋庸置疑，教育需要浪漫——浪漫的情怀、浪漫的风格、富有浪漫色彩的语言。但何为浪漫？浪漫不能离开大地，即使来到半空之中，也要回到大地上来。何为浪漫的语言？浪漫的语言不是色彩浓烈而空洞的口号，不是从哪本书上抄来的“新颖”的表达，也不只是词语的华丽。超越诗意的语言，超越一般意义上的浪漫，绝不是对诗意、浪漫的否定，而是追求“透过”词语更深刻的理解，走向理性。

“透过”为的是有新的寻找和发现。他们把所有的“透过”、所有的寻找与发现都聚焦于一个概念——诗意教育。诗意教育是龙虎塘实验小学的核心理念，即崇高追求，亦即他们所凝练成的教育主张。

“透过”，为了有新的追求和走向，他们跳出工具主义的窠臼，走向“生活世界与生存意义的融通，俾使个人生命与社会文化向诗化的理想境界展开”；他们走出“在世俗中成功”，走向“超越物质世界，且能体悟心灵智慧”；他们走出“知识搬运与贮存”，走向“人格与文化陶冶”……总之，他们要让教育走向人，走向人的生命，走向生活，走向审美。他们将诗意教育概括为过审美性生活。这样的教育，这样的生活，寓教于美，以美的内容、形式、方法、手段施以教育，将自由精神、创新追求，以及美感融化在教育过程中。他们最终概括为“诗意教育着眼于人性的卓越和人格情操的高尚”，“诗意是生命追求”，是为了“坚守教育本质”。由此可以看出，龙虎塘实验小学的诗意教育基于理性思考，凸显了他们认识的深刻性和准确性。这是十分不容易、不简单的。

在理念建构的基础上，龙虎塘实验小学又对诗意教育进行了实践探索。他们的探索具有以下特点。其一，实践探索有顶层设计，进行系统思考，有序展开，包括课程与教学、管理与评价、校园文化、学生与评价四个维度，是整体的、立体化的。其二，各个领域围绕诗意教育形成独特的主张，比如，经典愉悦生长的课程，情趣、灵动、向美的课堂，大气、睿智、浪漫的教师气质，阳光、灵动、文雅的学生形象，人本管理，审美性评价，诗意栖居校园文化。所有领域都指向诗意教育的内涵和特征。其三，每个部分都有具体的操作要素与要领，有丰富、生动的案例或故事，诗意教育表现鲜活，是他们创造性实践的结果。

龙虎塘，似乎与诗意不搭界，甚至可能有矛盾和冲突，但在龙虎塘实验小学，二者和谐地融合在一起。这是一种美，是一种诗意。龙虎塘实验小学钱丽美校长所领导的团队，在“透过”中寻找着教育的诗意，在教育中诗意地栖居着、创造着。

（国家督学　成尚荣）

目　录

第一章　百年回眸，功在千秋

第二章　诗意教育的理论概述

第三章　诗意教育的管理创新

第四章　诗意教育的课程建设

第五章　诗意教育的课堂实践

第一章

百年回眸，功在千秋

第一节 学校发展历程和文化传承

龙城常州，季子故里，有着2500多年的文字记载历史。源远流长的历史孕育了常州独特的文化，滋养着一代又一代的常州人。新北区，地处国家级开发区——常州市高新技术产业开发区，人文荟萃，经济发达，是常州北部新城所在地，也是常州先进的文化和经济社会发展区域。所辖的龙虎塘街道，是北部新城的核心地带，位于北部新城的新龙商务圈，是国家级光伏产业园、省级“传感谷”特色小镇。龙虎塘北依长江，西接江阴，毗邻高铁常州北站，沪蓉高速公路常州出口就在龙虎塘境内。在这里，有一所历经百年的学校，那就是常州市新北区龙虎塘实验小学。从20世纪初一路走来，始终钟情于在传承中积淀优秀文化，在创生中实现变革发展，逐步形成了学校独特的诗意文化，建构了诗意教育的办学主张，滋养了一代又一代的莘莘学子，成就了一批又一批的教育人才，成长为一所有特色有内涵的高品质学校。

一、发展历程：从循理德泽合设第十初等小学校到龙虎塘实验小学

辛亥革命的枪声，结束了在中国沿袭2000多年的封建统治。民国伊始，原龙虎塘老街开明士绅万鉴明在创“新学”的浪潮中，为根治愚昧、造福桑梓，慷慨出资，创办新学堂，并自任校董。在征得武进县议会批准后，于1913年2月，聘请杨江春为校长，利用龙虎塘街北万氏祠堂的平房，办起了“循理德泽合设第十初等小学校”。两年后，更名为“循理德泽合设第十国民学校”。1919年，又更名为“武进县十区第一义务学校”，并试办高级初习班。因经费不足，又更名为“循德合设初等小学校”。1925年秋，经乡议会议决，将德泽乡（即塘桥）第九初小高级部迁址本校，更名为“龙虎塘小学校”，由赵文英任校长，形成了本地六年制高级小学的雏形。后虽经战乱，人员更迭，而校址未移。至1948年，学校已有教员10人，教学班7个（含半年级），学生240人。

1949年4月23日，常州解放，学校由人民政府接管。1953年，更名为“武进县龙窟乡中心小学校”（兼督察塘桥、三井等地村校教学工作）。1958年秋，在“公社化”浪潮中，学校并入新桥人民公社，更名为“武进县龙虎塘小学校”。1960年底，随着政区变革，学校又更名为“武进县龙虎塘中小学”。之后30余年间，历经“贫下中农管理学校”“六年制改五年制的学制改革”“中小学并合分设”等发展阶段，办学规模不断扩大。20世纪70年代末，学校教职工达20人，教学班10个，学生400余人。

改革开放以来，在党和政府“科教兴国”方针的指导下，学校发展不断开创新的局面。1995年底，龙虎塘镇划归常州新区，学校更名为“常州市龙虎塘中心小学”。后经扩校基建、村校撤并，全镇重新布局为一镇一校，学校的办学规模、教育设施、教学水平取得了长足进步。

1999年底，经省、市教育现代化工程验收小组核查，成为常州新区首批现代化教育达标学校之一。

2002年，新北区成立，学校更名为“常州市新北区龙虎塘中心小学”。

2005年，学校的办学质量和办学水平又上了一个新的台阶，得到了省教育厅的充分肯定，顺利通过了江苏省实验小学的验收。

2010年，学校易址重建新校，改名为“常州市新北区龙虎塘实验小学”。学校占地面积达28813平方米，建筑面积达19200平方米，教职工137名，在校学生2160名，教学班45个，为学校发展提供了一个更高、更优质的平台，翻开了龙虎塘小学教育事业发展的新篇章。

2016年，学校规模继续扩大，投资1500万元将老校区重新改建，设立龙虎塘实验小学盘龙校区，形成一校两区的管理格局，班级数达到61个。近年来，学生数以每年300人左右的速度递增，班级数也以每年7～8个的速度增加。出于为长远考虑，目前龙虎塘街道正在筹备创建龙虎塘第二实验小学，未来两三年将形成一校三区的集团化办学模式。

百年春秋，奠基创业，教书育人，倡导文明，数代精英，竞显风流。在上级领导和社会各界的关心与支持下，龙虎塘实验小学将在新的平台上再创新的辉煌。

二、文化传承：从循理德泽到诗意教育

（一）第一阶段：乡绅捐资办校，“诗意”萌芽

1913年，当地开明乡绅万鉴明捐资创办学校前身——循理德泽合设第十初等小学校。当时循理、德泽分别是两个乡的名称，也就是说，学校的前身是两个乡镇合办的一所学校。封建制度的覆灭，唤醒了民众对建设新秩序的渴望，无论是“循理”还是“德泽”，都是对社会制度的一种理想追求。朱熹《论语集注》中说：“好礼则安处善，乐循理。”“循理”，通俗解释的话，就是有良知，讲仁爱，守天理。“德泽”起源于“阳春布德泽，万物争光辉”，“德泽”是恩德、恩惠的意思。这种期许，反映了当时社会的价值追求，也必当成为学校教育的目标。从那时起，龙虎塘就十分重视教育，懂得要尊重教育规律，要用教育来造福一方百姓，可见龙虎塘从一百多年前开始就是一个有文化底蕴、尊师重教的地方。怪不得当年学校首任校长杨江春先生赴任之时，立于风云桥旁，感怀即兴，写下了“无龙无虎龙虎塘，有风有云风云桥”的传世妙句。

一百多年来，悠悠古城的深厚文脉，墨香四溢的江南画卷，孕育了学校“诗意”教育的百年风华。自开办学堂起，学校有两个优良传统代代相传，历久弥新。一是始终坚持德才兼备的人才培养方向。民国时期“求学先做人”“德为学问先”的育人目标，成为学校教育的第一准则。中华人民共和国成立以后，学校以培养社会主义接班人为根本宗旨。改革开放以来，学校大力开展素质教育，20世纪80年代的艺术教育工作、少先队工作、体育教育工作都做得相当出色，对很多学生的一生产生了深远的影响。有的学生从事了与艺术相关的工作，有的学生一生钟爱艺术，成为热爱艺术、热爱生活的人。二是教师身上的精神气质代代相传。学校的教师勤勉尽责、爱校爱生、团结协作、积极进取，曾经涌现出很多多才多艺又全心全意扑在教育岗位上的优秀教师，如殷明欣、王新民、万章舵、万炎等。在新的历史时期，这种精神气质正被发扬光大，那就是学校教师群体倡导的“大气、睿智、浪漫”的特质。团结和谐，所以大气；勤勉尽责，所以睿智；爱校爱生，所以浪漫。今天，我们常提到教师形象特质、教师培养目标，其实在这里，优秀的精神文化代代相传，从来不曾中断。一所学校，从过去走来，始终充满田园般的诗意与浪漫；

一所学校，向未来走去，留给学生的是一生难忘的印记，留给教师的是永远的热爱与深情。

（二）第二阶段：教育人才辈出，“诗意”传承

自20世纪80年代起，学校在当地声名鹊起，成为武进县境内一所知名的学校。学校的教育教学质量始终名列前茅，教育创新成果斐然，教师中人才辈出，主要表现在以下两个方面。首先是学校积极开展丰富学生生活的各类活动。学校的少先队工作和艺术教育工作，成为当时武进县的一张响当当的名片。在百年校庆寻访活动中，老教师们纷纷自豪地回忆：从20世纪80年代到90年代，学校荣获的全国少先队奖项有60多项。时任学校少先队大队辅导员的殷明欣老师，与湖塘桥实验小学总辅导员柴前胜是武进教育界最活跃的少先队工作者，全国知名，素有“南柴北殷”之美称。如今，年逾古稀的殷老师仍然活跃在教育的天地中，在社区开办老年大学班，每年有五六百人次的学员受益。每周一，他还到学校给孩子们上刻纸艺术课。他的多才多艺，特别是他对教育的那份激情与钟爱也激励和影响了一代代学子。其次是学校出现了课堂教学改革创新的萌芽。当时学校的教导主任王新民老师，多才多艺，琴棋书画样样精通，还是篮球场上的灌篮高手。他的课堂教学更是生动活泼，他以经典名著的“说书”形式激发学生学习的主动性与积极性，倡导学生学习方式的变革。他从不留家庭作业，教学成绩却遥遥领先，真正做到了轻负担、高质量，学生特别喜欢上他的课。如今几十年过去了，王老师虽已80多岁，但仍然是受学生由衷爱戴的好老师。多年来，他始终保持一种浪漫的教育情怀，始终关注教育。其实，像殷老师、王老师这样的教师在学校可谓层出不穷，学校教师“大气、睿智、浪漫”的诗意形象气质在那时已经有所体现，并且代代传承了下来。

（三）第三阶段：从一个课题研究做起，到确立诗意教育主张

从2000年到2017年，这17年是学校发展的加速期，也是学校的诗意文化真正发展壮大的时期。从2000年的一项省级主课题研究开始做起，十几年如一日，学校逐步走上了诗意文化发展之路，开始寻求建构自己的诗意教育主张。这17年，又可以细分为三个阶段。

1. 第一阶段（2000—2007 年）：挖掘学校发展优势，实现课题研究新突破

2000 年，学校确立了江苏省重点课题“小学生古诗文诵读与人文素养培育的研究”，历时四年实践研究，师生的古诗文及人文素养得以积淀，学校师生人人会吟诗，个个会创作。时任江苏省教育科学研究院院长的杨九俊现场结题时给予了高度评价，著名书法家、诗人梁东先生当场题词“诗以育人，诗以兴邦”。结题时该课题获得省教研室课题评估一等奖，这给予了学校极大的鼓舞。“诗意”元素在那时真正被点亮，学校深刻意识到古诗文对学生成长的深远影响，决定深入挖掘古诗文中的人文内涵。2005 年，学校将顺利结题的课题开发为校本课程，形成了一至六年级的古诗文阅读校本教材，师生诗集暨诗联创作指导的专著《雏凤鸣春——龙小诗联一点通》正式出版；学校还开展了“诗香特色活动”“小诗人擂台赛”“大型古诗游园暨考核”“携手国学经典，叩响新年钟声”等一系列经典特色活动，并一直传承至今。可以说，从 2005 年到 2007 年，学校从课题研究向课程开发迈进了一大步，并形成了古诗文特色项目，师生也进一步体会到了学习诗文带来的好处，感受到了古诗文课程的魅力。

2. 第二阶段（2008—2011 年）：明确学校发展方向，启动学校转型性变革

2008 年，学校成为华东师范大学新基础教育研究的外围学校。2009 年，学校又进一步成为华东师范大学新基础教育研究联系学校，新基础教育研究促进人主动健康发展的价值理念对学校产生了很大的影响。从那时起，一路走来，学校始终在新基础教育的引领下，不断成长。结合学校发展和八年的人文与内涵积淀，学校将办学理念调整为“积淀人文内涵，追求生命亮色”，并在古诗文课程中注入“对联”和“吟诵”两大因子，形成了每周一次的“小课堂，大国学”系列讲座活动。2009 年，学校承办了“龙虎塘杯”全国中小学生征联大赛现场决赛。学校逐步形成了鲜明的诗文特色，在全国范围内产生了广泛的影响。学校还先后被评为全国诗教工作先进集体、全国素质教育特色学校。2010 年，学校借助新校搬迁的机会，再次梳理学校文化，确定了学校新的办学理念——为诗意人生奠基。2011 年，在华东师范大学叶澜老师的指导下，学校对这一办学理念进行了深度解读，提炼了“理性与抒情交融，灵动与智慧共生，幸福与成长兼美”的核心推进要素，并初步明确了从管理、课程、课堂、教师、学生、

环境六大领域推进理念践行的策略。2008—2011 年，是诗意教育进一步明晰方向、积淀内涵、不断突破的四年。

3. 第三阶段（2012—2017 年）：梳理学校办学哲学，实现诗意教育新发展

2012 年，随着新一轮三年发展规划的制订，学校管理团队一起再摸“家底”，对办学理念进行了又一次的论证与解读，明确提出了诗意教育的办学主张，并期望通过学校三年发展规划的实施，凭借学校主课题“为学生诗意人生奠基的学校文化变革研究”理念和实践的统领，对学校管理文化、课程文化、课堂文化、教师文化、学生文化、学校环境文化践行创生型变革，在各领域内化学校办学理念，营造诗意校园，力行诗意管理，建设诗意课程，形成诗意课堂，培育诗意教师、诗意学生，使诗意教育成为学校鲜明的办学特色：管理逐步走向引领、激发；课堂逐步体现“情趣、灵动、向美”；课程逐步体现“经典、愉悦、生长”；教师发展逐步形成内在自觉，具备“大气、睿智、浪漫”的特质；学生成长走向主动健康，形成“阳光、灵动、文雅”的特质；校园环境体现“文、雅、序、活”，实现学校文化变革，从而为师生的诗意人生奠基。

三、学校面临的时代挑战

（一）社会转型的大背景之困

新的历史时期，新的发展需求，使龙小人在审视与反思中不断前行。面对当前社会转型期，我们有很多的迷惘与困惑。社会对教育的期待越来越高，教育要承担的责任已经远远超过了所能够承受的范围。除此之外，整个社会对教育的理解也发生了偏差，每一个家长似乎都期望把自己的孩子培养成一个卓越的人，这也违背了教育的终极目标。整个社会都把教育置于“神坛”之上，一旦感觉没有达到心理的诉求，非议与责难就一股脑儿地出现，让教育举步维艰。社会对教育的期许偏差，对教育的评价也多了功利与浮躁，更多关注外在而不是内在，更多关注翻新而忽略了传统。“新名词”“新举措”，似乎非“新”不足以证明努力与成就。教育评价的单一与量化也让学校教育有走偏之嫌，不利于学校与学生的可持续发展。这些都对教育产生了很大的冲击。在“乱花渐欲迷人眼”时如何保持一份清醒与坚守，我们不得不思考。教育的责任感、使命感使我们必须勇敢地

去面对挑战。

（二）学校的急剧扩张之困

学校所在地龙虎塘街道原为农村，1995年划归当时的高新区，开始第一轮的招商引资。2003年又在高新区的基础上成立了新北区，地域进一步扩大。龙虎塘原有的农村村落逐步被拆迁，成为新的工业园区，原来的农民成为居民，迁至镇区安置小区，原来的龙虎塘镇变为龙虎塘街道，从农村一跃变为城区，陆续开发了玲珑、祥龙、龙栖、藏龙、盘龙、腾龙、凤凰名城、九州花园等十多个小区及楼盘，大量的外来人口不断涌入龙虎塘，使得这块丰饶的土地变得逐渐拥挤起来。2010年，学校刚从老校区搬迁过来时，学生人数仅为1522人。2016年秋，学生人数已经多达2929人。六年翻了一番，平均每年增加250人，2016年增加的人数甚至达到了300人。随着“二孩”政策的放开，这种扩张会持续下去，学校规模会呈现规律性的上升趋势。生源数量的激增，带来了一连串的连锁反应：在编教师缺乏（教育局每年分配的教师人数与需求量之间存在很大的缺口，往往杯水车薪）；代课教师数量每年递增，代课教师的不稳定性导致了学校教育的多重困惑；大班额无法消除，每年都有年级扩班，如2016年四、五、六年级各扩一个班，扩班带来了需要重新建构班级的问题，对学校稳定造成了一定的冲击。此外，由于师生人数的不断增加，使学校始终处于新老更替的过程中，给学校发展带来了很大的障碍。学校硬件条件原来相对不错的情况逐渐改变，不能满足日益增加的师生的需求。学校生源来自不同的区域，地域文化差异导致的教育理念、家庭观念、价值观念等差异巨大，给教育者带来了不小的困惑。

（三）教育价值观的更新之难

这些年，学校提出了“为诗意人生奠基”的办学理念，在践行办学理念的过程中，借助学校三年主动发展规划的实施、新基础教育研究的推进、学校省级统领性主课题“为学生诗意人生奠基的学校文化变革研究”的实施，促进教师不断拷问自己的教育立场、教育价值观，希望培育出“阳光、灵动、文雅”的诗意学生，希望教师牢固确立“儿童立场”“生命立场”。但教师固有的传统教育观念中唯分数、唯知识论的教育价值观还存在，家长和社会功利的“成绩论”对学校育人价值产生了负面的冲击，教育评价的量化风向标主导让学校倡导的诗意教育与评价导向之间似乎存在着矛盾。因而，我们需要更新教育价值观，追求教学质量与生命质量的同步提高，确立一切为了学生生命成长的理念。自2009年起，学校引入新基础教育研究，希望通过研究逐步更新自我、更新教育价值观。

虽然过程很艰难，但只要行动就会有改变，我们唯有知难而上，执着追求；滴水穿石，持之以恒；团队协作，共同创造；实践反思，自我更新，才能在转型期坚定地走出一条属于自己的、符合教育规律的康庄大道。

第二节　诗意教育发展脉络

龙虎塘实验小学的诗意文化源远流长，远可以追溯到学校创办伊始，近则是从21世纪初的一个课题研究开始，在课程开发建设中发展壮大，逐步形成自己的特色项目，进而形成学校的核心文化理念和教育哲学，这一走就是17年。而今，学校仍在路上。我们把诗意教育发展的前世今生划分为四个阶段。

一、2000—2004年：课题研究催生诗意文化之“根”

2000年，当时的常州高新技术产业开发区社会事业局出于推进优秀传统文化进校园的目的，希望区域内学校能够引入古诗文教学研究。对这个倡议，当时只有龙虎塘实验小学积极响应并一直坚持了下来。时任校长盛亚萍带领团队借助省级教研课题“小学生古诗文诵读与人文素养培育的研究”开启了学校的古诗文研究与推广之路。四年的古诗文研究，学校做到了师生人人会诵、个个会吟，古诗文与人文素养得到了极大的提升。学校种下了诗意的种子，优秀中华传统文化精髓在这里扎下了根。

二、2005—2007年：课程开发润泽诗意文化之“茎”

2005年，在完成第一轮研究后，学校继续推进并深入研究，不仅让古诗文教学发扬光大，还引入了“对联”与“吟诵”两大因子。学校将顺利结题的课题开发为校本课程，形成了一至六年级的古诗文阅读校本教材，师生诗集暨诗联创作指导的专著《雏凤鸣春——龙小诗联一点通》正式出版，吟诵小课入课表，“诗香特色活动”“小诗人擂台赛”“大型古诗游园暨考核”“携手国学经典，叩响新年钟声”等成为学校传统特色活动。学校从单纯的古诗文教学研究拓展到优秀传统文化中的吟诵与对联，诗意文化开始抽枝发芽。

三、2008—2011 年：特色项目鲜明诗意文化之“叶”

2009 年，学校成为华东师范大学新基础教育研究联系学校。在古诗文课程中注入“对联”和“吟诵”两大因子后，学校又建构了每周一次校园电视台的“小课堂，大国学”系列讲座活动。2009 年，学校承办了“龙虎塘杯”全国中小学生征联大赛现场决赛。2010 年，借助新校搬迁之机，以“单元板块文化”建构了大气诗意的环境文化，重新确立了学校的办学理念——为诗意人生奠基。诗意文化走向枝繁叶茂。

四、2012 年—2017 年：学校文化凝练诗意教育之“魂”

2012 年起，在摸清“家底”、重新制订新一轮三年发展规划之时，学校反复论证，将诗意文化全息渗透于学校各个领域，整体建构了文化建设体系，并明确了文化发展要素与推进策略，全方位地推进学校的诗意文化建设，从而真正以诗意教育立魂。

（一）变革管理文化，力行诗意管理

学校确立了“人本管理，诗意栖居”的管理文化。“人本管理”指努力把“对师生的管理”转变为“为了师生的管理”，从规范高效走向引领激发。管理体现民主与尊重，教师敢于表达自己的见解与思想：学校管理为师生创造一流的服务与条件。“诗意栖居”指通过引领激发，教师成长内驱力被激活，热爱学校，有成长感、归属感、幸福感，并从以下两方面形成推进策略：一是文化引领，综合融通。学校以诗意文化渗透日常为核心宗旨，以省级统领性课题“为学生诗意人生奠基的学校文化变革研究”为重要抓手，将学校统领性课题、新一轮三年发展规划、新基础教育生命、实践合作校创建等关键事件整合关联，综合融通地深化六大领域的变革。二是机制优化，激发内驱力。学校探索校长负责与民主参与的治校机制：“变脸”行政会议、教师会议，实施前移后续式管理；打造校本研训

品牌——馨竹论坛；创新分工负责与协作推进的实施机制：重心下移，从行政团队到教研组、年级组，再到项目组、分层的教师成长团、工作室、情趣团队，分阶段形成了多样的责任人与合作者系列，不断丰富管理形态；建立常规保证与研究创新的动力机制：每学期计划都以规划为依据。统整节日为“诗意文化节”“诗意体育节”，重建学生的节日生活。

（二）建设课程文化，点亮诗意课程

学校确立“经典、愉悦、生长”为课程建设的要素：系统建构、精致框架、动态开发——追求经典；自主选择、分层培养——追求愉悦；张扬个性、滋养群体、多元评价——追求每个生命个体的生长。从以下三方面形成推进策略：一是加强课程的顶层设计。在南京师范大学吴永军教授的引领下，对学校课程高位统整、科学实施，并随着发展不断调整和优化。二是应需动态开发。整体梳理校本课程体系，根据需求，逐年开发新课程，如“文明礼仪三字经”“巧手厨房”“机器人编程”“经典剧场”等，拓展学生的个性舞台。三是推进综合探索。以“班级午间项目课程”“综合实践”“班队活动”为平台，加强课程的综合性探索，更好地培养学生具备 21 世纪所需的技能。

（三）建设课堂文化，打造诗意课堂

学校依据培养“阳光、灵动、文雅”的学生的目标，追求“有向开放、有效互动、主动创造、生态评价”的“情趣、灵动、向美”的诗意课堂，形成以下推进策略：一是以规程导引，各学科制订了《诗意课堂教学规程》，在学科教研活动中统一使用“诗意规程”价值追求，将“情趣、灵动、向美”融入其中的《龙虎塘实验小学“灵动、开放”式课堂教学观察表》（前期已尝试与区“交往互动式”、新基础教学评价表勾连整合）；二是以研究创智，各学科推广精品课型，使之变成教师们的日常课，提高课堂效率；三是提炼、深化、推广品牌研究专题，如“学科教学与班级建设的整合融通”，涵养教育智慧，追求教学质量与生命质量的同步提升。

（四）建设教师文化，培植诗意教师

学校提出“大气、睿智、浪漫”的教师形象气质要求，致力于培养具有开阔的教育视野、开放悦纳的胸怀、合作的团队意识，具有丰厚的学

养、智慧的表达、优良的思维，具有教育的理想、信念与情怀的诗意教师群体，并形成以下推进策略：一是系统研训，学习与实践整体规划建立骨架。学校层面系统架构校本培训的内容体系，针对新教师的多元加入，强化礼仪、国学素养等基础素养养成，充分用好《诗意教师形象手册》，塑造教师群体的诗意形象。二是分层提能，个体与群体相互促进，共同发展。每个教师都要制订个人三年发展规划，以便突破自我，依托“教师成长团”“青蓝工程”等分层培养机制，以及“常州市教学能手、教坛新秀评比”“新基础教育生态推进”“常州市国际理解教育试点学校”等平台，探索多校联合校本培训机制，促进教师融通中西智慧，孕育“中国个性”。

（五）建设学生文化，培育诗意学生

学校提出诗意学生培养目标的三要素为“阳光、灵动、文雅”。“阳光”要求学生外在表现为自信大方，内在表现为健康向上；“灵动”要求学生外在表现为张扬个性，内在表现为聪明机智；“文雅”要求学生外在表现为温文尔雅，内在表现为谦逊明礼。同时形成了学生工作的整体推进策略：首先依托“成长课程”，整体架构学生活动。一是对品牌项目活动、年级特色活动、校级全员活动、班级特色活动等各层面活动进行整体梳理、删减整合、减量增质，既注重年段目标的分步达成，又关注“阳光、灵动、文雅”特质的综合培养。二是有向推进，做亮特色品牌。及时捕捉工作中的新基质，努力放大“国旗童声”“社区共建”“少年军校”“午间项目课程”等特色项目，形成德育品牌，让学生在活动中体验成长的快乐。其次依托“岗位升级”，培养学生的自主管理能力。完善学生岗位锻炼机制，在班级、年级、校级层层递进的岗位升级与组织转换过程中促进学生不断提升工作能力。再次依托“多元评价”，促进文明礼仪养成。每日，大队部行规组检查与教师值日、行政值日相结合，增强说服力；每两周，校园电视台“龙娃说事”栏目向全体学生呈现日常行为规范中表现优异的班级和个人；每月，评选日常行为规范中的优秀班级和个人；开展“幸福班级”建设……用多元评价来促进《文明礼仪三字经》在学生日常行为中的内化。

（六）构建校园环境文化，营造诗意校园

诗意校园环境必须有“文”“雅”“序”“活”这四个要素。“文”指国

文之精妙、文人之心性；“雅”指高雅之品位、典雅之细节；“序”指单元整体化、内容序列化； “活”指释放童心，彰显童趣，坚持儿童立场。“文”“雅”“序”“活”相辅相成，构成一个统一的有机整体，共同组成高品位的诗意校园。为此，形成了以下推进策略：一是制订建设方案，明确“诗意个性”。制订校园文化建设实施方案，开展了面向学生、家长、教师各个层面的文化调研和金点子征集活动，达成打造环境文化的共识，建立项目组，稳步完善校园文化建设，让诗意校园有序、向美。二是抓住关键节点，积淀文化内涵。在不同的阶段，形成了“过程扎实求累进，节点放大求突破”的发展机制，放大节点事件的过程价值，不断对诗意教育进行整体层面的“汇”与“聚”，将已有成果整体化入日常，让诗意生活绿意成荫。

学校诗意行走的 17 年，从课题研究催生诗意文化之“根”，课程开发润泽诗意文化之“茎”，到特色项目鲜明诗意文化之“叶”，最后到学校文化凝练诗意教育之“魂”，始终坚持在传承中创生，在滋养中绽放，诗意渐浓，文化立校，最终成为具有独特个性与优良品质的学校。

第三节　诗意教育的意义和价值

一、诗意教育对儿童的一般意义

“人，诗意地栖居在大地上。”德国诗人荷尔德林的这句诗，道出了生命的深邃与优雅。儿童是天生的诗人，最具有诗人的气质。在儿童成长的过程中，需要诗意的浸润与濡染，以使其一生受益。诗意教育期望教育更贴近儿童的生活，激发儿童的活力，促进儿童的可持续发展。基于此，学校提出“阳光、灵动、文雅”的诗意学生培养目标，暗含了对学生成长的殷殷期盼。“阳光”，指自信大方、活泼向上，指向学生的精神成长、人格熏陶；“灵动”，指学生通过教育获得的不仅是知识，更是智慧，指向学生的创造性；“文雅”，指文气雅致、彬彬有礼，“腹有诗书气自华”，是受到中华优秀传统文化的熏陶后学生的内在修养及外化行为，指向学生的审美情趣、修养品质。诗意教育带给学生的是成长与幸福兼美、灵动与智慧共生。

二、诗意教育对学校的特定价值

（一）诗意教育的提出，是学校历史发展的必然选择

学校于2012年明确提出了诗意教育的办学主张，从“无龙无虎龙虎塘，有风有云风云桥”的20世纪初期创办，到21世纪的飞速发展，学校始终怀着教育的理想、信念与情怀一路前行。1913年，怀着对教育的钟爱与造福一方百姓的善念，万鉴明先生出资创办了学校前身。自那时起，一代代教育人肩负着历史的使命，培育了一代又一代的英才。2000年起，从一个课题研究，到一个校本课程、特色项目，再到学校办学特色，最后形成学校文化，学校用了17年时间。诗意教育，是学校发展的必然选择。

（二）诗意教育的提出，是学校特色文化建设的需要

每一所学校都有自己的办学个性与特色，这种个性与特色产生于特定的土壤中。学校用了17年甚至更长的时间来经营自己的文化，这种文化不是杜撰出来的，而是从这片土壤中孕育出来的。所以，由内而外，由外而内，弥漫浸润，自然散发出来的，就是这样的诗意，如是，才可能称作特色文化。提出诗意教育是因为前面有了这么多年的积累，今后学校还要继续走下去，让文化更深入地种到学生的心田、长到社会的各处。

（三）诗意教育的提出，是实现学生培养目标的需要

诗意教育的核心理念是“为诗意人生奠基”。实现“阳光、灵动、文雅”的学生培养目标，是学校对学生核心素养培养的个性化、校本化表达。“诗意”在《现代汉语词典（第7版）》里被解释为“像诗里表达的那样给人以美感的意境”。诗意是和“美”“美感”“意境”连在一起的，是一种具有诗所描绘的那种抽象化的意境，是按照情感和设想等来营建的一种情调、一种浪漫，是作为主体的人对美学的一种追求的形态，是人的文化修养的最高体现方式。诗意教育意指通过营造诗意的文化氛围，力行诗意管理，打造诗意课堂，建构诗意课程，培育诗意教师和诗意学生，最终为学生的诗意人生奠基，也为教师的诗意生活奠基。促进师生诗意成长的教育即诗意教育。诗意教育的提出，是实现学生培养目标的需要，也是实现教师诗意新生活的需要。

第二章 诗意教育的理论概述

第一节 诗意教育的内涵

一、诗意教育的概念界定

黑格尔曾说："真正的思想和科学的洞见，只有通过概念所做的劳动才能获得。"因此，在对诗意教育进行实践探索之前，有必要对诗意教育进行理论建构，第一步就是诗意教育的概念界定。谢弗勒在其《教育的语言》一书中归纳了关于教育概念的三种定义方式：规定性定义、描述性定义和纲领性定义。目前，学术界暂时还没有关于诗意教育的纲领性定义，我们只能从当前有关诗意教育的研究理论中进行分析探索，从而对诗意教育下一个尝试性的规定性定义。

首先，诗意是什么？每个人都可能对诗意有所体验，它是一种朦胧的、难以言表的感觉，仿佛梦幻一样美。它让我们的心灵受到触动，却不能用寻常的语言加以描述。陈晓华在《追寻教育的诗意》中说道："在不同时期，不同的生活时段，诗意也是迥然异趣的。童年时期，幻想着在戎马生涯中成就诗意。失学之时，幻想着走进课堂，在求学和追寻中抒写诗意。大学时，梦想着自己的人生诗意。走上教育岗位，曾用自己的方式萌发着'乌托邦'式的教育诗意。"然而，要讨论诗意的实质，还需要更加精确的定义。

《现代汉语词典（第7版）》将"诗意"解释为"像诗里表达的那样给人以美感的意境"，虽然这一解释并不能完全指明诗意的特征，但可以说明其三个特点：首先，诗意与诗是相脱离的两个独立体；其次，诗意中包含了美感；再次，诗意表达的是一种意境。因此，诗意是与具体生活情境相和谐的审美状态，是与学生的高尚本性相符合的培养教育周期，类似怀特海说的"在学生的心灵中纺织出一幅和谐的图案，把对学生直接理解来说各有其内在价值的不同教学内容，调整到各个从属的循环周期中去"，强调学生在一种生命内在规律下浪漫地实现教育的意义。诗意是生命的追求，像诗中表达的那样给人以美感的一种意境、一种感觉、一种优雅。诗意教育文化，是一种人与自然和谐发展的文化。

刘再复在接受《华夏时报》采访时谈及“教育的诗意”，他认为诗意存在于人的生命、心灵、人格之中，那里拥有人的激情与信念、精彩与丰富。教育的诗意是追求学生全面发展，培育优秀的人格。教育的本质与诗意是紧密关联的。朱永新先生在《我的教育理想》中有这么一句话：“教育需要诗意，需要洋溢着浪漫主义的情怀。”

台湾首府大学温明丽教授在探讨现代与后现代思维之教育观点后，认为诗意教育学强调的是讲求在世俗中成功，却又能超越物质世界，且能体悟心灵智慧之一种兼具感性与理性气韵的心灵运筹之功，诗意教育即坚守此教育本质，陶冶人具有此真知灼见，并能安身立命、延续民族生命与文化的思考素养与探索能力。①

以上研究对诗意教育的解读虽然有所不同，但是“审美”“自由”“浪漫”的字眼高频出现。诗意教育，应该就是教育的自然美、艺术美和功能美的一种体现。同时，诗意教育中的诗意视域就是以一种超越风格的美感，按照审美的眼光去追求文学作品中内容的理智与真实，以培养卓越的学生及其高尚的人格。

综上所述，我们对诗意教育尝试性地做出定义：诗意教育是在探求真知、培养实践、呼唤情感的基础上，注重陶冶情操、引导心灵、滋润生命的教育。

二、诗意教育的内涵

在诗意教育中，学校应是师生自由教学与学习的乐园，是陶冶人格与孕育文化的摇篮。然而今日的学校已然沦为知识搬运与贮存的机构，将个人德行、社群伦理、人格与文化陶冶抛诸脑后。这种现象在全球化思潮的推波助澜下更加普遍，学校不再重视教师的教学热情和教育价值观，却追求名利，学校并未真正解决人存在的意义与社会文化提升的问题。学校沦为工厂，教师只知追逐分数，学生只在乎谋生，这样的学校扼杀了人性之善与美，无视人的灵性，师生关系亦会丧失人文性，人际交往没有感动，更没有德行与美感，也不可能展现诗意。试问此时追求名利又有何意义？学校没有欢笑，没有喜乐，一切的功名利禄都是空无，不具有思想和生命

① 温明丽．教化：建构诗意教育学之基础［J］．教育学报，2013，9（6）：10－20．

的光辉，个人的生命黯淡无光，又怎能期待教育欣欣向荣？人类应通过教育与学习不断进步和超越，让个人和社会的生活都趋于圆满。从人文主义的观点来看，教育的最高目标是“使人幸福”，诗意教育不仅是追求个人幸福，更关切全人类的福祉。诗意教育并非狭隘的文学、艺术的教育，而是广义的人与社会群体，乃至于天地人兼顾、合乎仁义礼智、尽人之性的教育。诗意教育透过诗化的语言与自由的想象和创意，致力于走出自然科学的窠臼，摆脱工具理性的羁绊，以达到生活世界与生存意义的融通，俾使个人生命与社会文化向诗化的理想境界展开。总之，诗意教育着眼于人性的卓越和人格情操的高尚。

（一）从教育本质看，追求本真

诗意的本真含义在于自由、自主的表达，本质上是心灵的自由、生命的舒展。由是观之，诗意教育就是用心灵引导心灵，用生命润泽生命。在诗意教育的过程中，人不仅可以获得新的知识经验，更重要的是，可以在这个充满生气的活动中吸收无穷的精神食粮，即获得丰富的生命意义，它的最终目的是实现生命意义的引导。正像苏霍姆林斯基在《把整个心灵献给孩子》中所说：“所谓教育就是心灵对心灵的感受，心灵对心灵的理解，心灵对心灵的耕耘，心灵对心灵的创造。”苏格拉底也认为：“教育不是灌输，而是点燃心灵的火焰。”马克思也曾说：“教育绝非单纯的文化传递，教育之为教育，正是在于它是一种人格心灵的唤醒。”因此，从一定意义上说，诗意教育的核心就是唤醒、引导人追寻生命意义的灵性和欲求，这也意味着诗意教育从根本上而言是精神和意义的引导、启发，而非知识、技能的灌输，教育的目的不是注入，而是引导人自求知识、自求意义。本真的教育应该既传授人以生存手段和技能，又引导人理解生存的意义和价值；既使人懂得何以为生，又使人懂得为何而生，拥有人所特有的意义世界。诗意教育追求归真，能够引人向上，把人引向与周遭世界的活泼交流，是人生活的动力之源，它的充沛、丰盈奠定了幸福生活的基础。

（二）从道德层面理解，崇尚求善

诗意德育可以更新学生观念，建构以学生为本、以积极人格为价值导向的富有民族教育特色的教育体系。① 诗意德育是针对规训式德育价值取向重功利性忽略人文性、德育内容重知识性忽略生活性、德育言说方式重逻辑性忽略情感性等不足而提出的一种新德育观，它以适应构建社会主义和谐社会，促进人的全面发展为出发点，从诗意的言说方式入手，以人的诗意存在作为逻辑起点与价值追求，深化多层面教育规律的研究与运用，研究并构建主体化、生活化、审美化的德育理论与操作机制，从而提高中小学德育的实效性，促进学生思想品德及整体素质的和谐发展。所谓道德教育诗意境界，是指人们运用诗意智慧圆融人类社会的普遍规则和行为规范而凸显的诗意精神，以及形成美善兼备的道德品质状况。在道德教育的发展进程中，由于它使个体完成从自在的人向自为的真正自由人的转化，其本体性功能与作用得到确认，甚至在人类社会面临工业化所带来的精神危机的时代，诗意境界的栖居已成为人类最有价值的生活方式。面对当代物质功利境界视阈下学校道德教育“祛魅”的问题，生态体验没有把视线集中于那些道德规则的教化和限制性、惩罚性行为的强化上，而是着力开启诗意智慧，凸显诗意精神，融通生活与实践的关系，从而促使导引者与体验者圆融道德教育的诗意境界。②

（三）从美育层面看，期待至美

孔子问弟子志向时，曾点说：“莫春者，春服既成，冠者五六人，童子六七人，浴乎沂，风乎舞雩，咏而归。”多么富有诗意的一个画面啊！诗意教育既是一种教育信念，也是一种教育艺术。海德格尔借用荷尔德林的诗句说，充满才德的人类，诗意地栖居于这片大地。这反映了人类的美好理想。诗意地栖居，就是审美地生活、学习和工作。美是人类普遍的精神追求。诗意教育就是寓教于美，以美的内容、形式、方法、手段施以教育，将美育特有的自由精神，形象性、情感性、创造性的特点，以及主体参与、自由创造、形象生动、快乐体验的教学方法，主动融入教育教学过程之中，使美育与德育、智育、体育相辅相成、相互促进，使教育真正成为培养“求真、向善，尚美、健体”的一代新人的整体育人活动。诗意教

① 冯铁山．诗意德育构建的理论基础［J］．教育学术月刊，2012（6）：44－47.

② 冯铁山，刘惊铎．生态体验：道德教育诗意境界的圆融与诉求［J］．教育科学研究．2009（3）：63－67.

育这无与伦比的魅力与功效，正是我们心中的教育理想。

第二节　诗意教育的特征

一、诗意性

诗意性，应该是对教育定位的一种回归。我国经济快速发展，经济发展必然要求科技适应其需要。自改革开放以来，科教兴国一直被作为国家发展过程中的一大战略，可见国家对教育、对人才的重视程度。在国民对教育的投入与关注已经达到最大限度、过于功利化的教育目标使得教育在快速发展的过程当中接连不断出现问题的时候，我们开始重新回归到对教育本身的思考。诗意性的提出是在呼唤教育要重数量的同时更要关注质量，重学科的同时更要关注综合实践，重结果的同时更要关注人的成长过程……我们的教育事业需要社会和人才之间的供求平衡。在现代科学技术日益发展的今天，我们更应该重视在前进的过程中，教育学生行循理德泽之事，修立德长智之心，做“阳光、灵动、文雅”之人，为诗意人生奠基！

二、情趣性

诗意教育本身就是一种身心的自由和释放。心灵的充实与触动，远非理性和呆板的教学计划所能达到。一成不变的教育模式，使得教学过程过分压抑，毫无新鲜感可言。没有教学过程中对知识感性的渴求，又怎么会有思维碰撞擦出的火花？诗意教育是一种心灵的体现，有感而发才可称其为诗。诗意教育，必然在激情的传授和渴望的获取的感性交融中，才能得到最佳的体现。

三、人本性

教育应该是以人为本的。教育者和受教育者都是体现诗意教育的主体。脱离了二者，诗意教育便无从谈起。从教育者的角度讲，为了找回教育的诗意，应该站在学生的角度，不断地去反思和发掘，对教育、对学生充满激情的教育者才能真正体现出教育的艺术和教育的诗意；从受教育者的角度讲，应该端正自己的学习态度和学习动机，避免社会上各种世俗观念的干扰，明确自己的学习方向，树立正确的人生理想，爱学校，爱老师，爱学习，从而在受教育的过程中使自己得以充实并获得满足。

四、主动性

诗意教育将学生的学习活动看作主动获取、主动发展的过程，而不是被动地灌输或塑造的过程。在教学过程中，要特别注意调动学生的学习积极性。首先，诗意教育强调以学生为主体的发展。它把学生看成活生生的现实发展主体，从而注重开发学生的智慧潜能，唤起学生的主体意识，发展学生的主体精神，帮助学生形成自信、自谦、自爱和朝气蓬勃的人生态度，促进学生生动活泼地成长。其次，诗意教育不仅把学生作为认知主体，更重要、更本质的是把学生作为生命体。它指导学生怎样做人，注重使学生形成独立的人格、向上的精神风貌和巨大的精神力量，注重发展学生的公民意识、现代意识和思维方式，注重培养学生的核心素养。再次，诗意教育所要求的主体性，将人的发展和社会发展统一起来，使人的培养更适合社会发展的需要。诗意教育突出了人经由实践自我生成的无限可能与主体能动选择的一面，体现了人的主体自由的本质，这表明诗意教育是具有主动性的。

五、创造性

创造是诗意的动力，教育活动是富有创造性的活动，诗意教育也是具有创造性的教育。创新活动是面向未来的、解决新问题的活动，它需要突破常规的思维方式，从而使创造过程变成一个热烈、奔放和具有突破性的过程。创造活动是一种非重复的、高度个别化的认知过程。在这一过程中，创造者需要不断调整自己的认知状态和思考问题的策略，直到问题解决，这就要求创新活动的实践者具备一定的元认知能力。相比较传统教育一贯推崇的辐合思维、分析思维和抽象思维，诗意教育强调发散思维、直觉思维和形象思维，不断地创造新的生命感觉、新的生命体验。① 在这种认识中，人的意义、人的心灵，以及教育的存在空间不断地得到改善，存在者的意义不断

① 游永恒．创新教育的基本特征［J］．中国教育学刊，2000（3）：24—26.

得到丰富，教育者和受教育者获得的不仅是肉体生命的成长，更是心灵生命的完善和释放，存在的意义、体验的升华在此完全彰显。

六、现实性

诗意教育不只具有“仰望星空”的感性，而是立足于现实，具有实践意义。诗意在承认现代科学发展的历史必然性与合理性的基础上，强调挖掘科学的价值层面，高扬科学的文化性，主张人通过科学创造活动重新发现人的意义和价值，认识提高人自身素质的重要性。它们的融合互补，在科学教育中强调发展人的认识兴趣，强调人的创造快乐，强调审美的自我享用价值，强调道德感的科学理性的基础。因此，诗意教育扎根于现代人真实的生活背景中，是为防止现代人生存异化服务的，它具有时代的真实性，即具有现实性。教育本质上是属于未来、面向未来的。未来是科学与伦理之间的矛盾不断得到克服又不断产生新矛盾，直至最终统一的过程。因此，我们必须站在自由主体的高度为未来准备高素质，即高理智与高情感相互平衡、协调发展的人才。在这个意义上，诗意教育是立足现实且具有超越性的，其超越功能在于寄希望于不断培养出一批全面发展的人，以改造世界。[①]

七、灵活性

首先，诗意教育把重点放在培养学生个性的全面发展上，重视教师和学生双方主动性的发挥，并以通过教学来促进学生的身心发展为根本目标，同时又依靠学生的智能提高和个性发展来推动教学。其次，诗意教育十分重视对课程和教材的改革，使课程设置和教材建设适应当代科技发展的新潮流，大胆吸收当今科技发展的新成果，提高综合学科和边缘学科在课程结构中的比重，大力拓展受教育者的智力空间和思维广度。再次，诗意教育在提倡对传统教法进行改革的同时，更加强调对研究法、发现法、暗示法、范例法、情境教学法等教学方法的使用，并在各种教学活动中重视多种教学方法最优化的组合，注重提倡自学、贯彻启发、重视反馈、讲求效率。最后，诗意教育灵活运用多种教学形式，改变单一的班级授课制，辅之以分组教学和个别教学，这是其教学形式灵活性的体现。

---

① 朱小蔓．当代情感教育的基本特征［J］．教育研究，1994（10）：68－71，75.

八、自由性

苏霍姆林斯基说："拥有可以自由支配的时间是个性发展的一个重要条件。孩子的素质和天资只有当他每天都有时间从事自行选择的喜爱的劳动时才能得到发挥。因此，我们认为给学生提供空余时间就是创造宝贵财富。"诗意教育可以使学生由正规学习造成的紧张情绪得到有效的调整和放松，扩展他们的生活空间，丰富他们的生活经验，增长他们的见识，增加他们的生活情趣，培养他们的自信心。诗意教育为学生提供自由的空间，给予他们充分展现自己天性的活动区域，引导他们产生对生活的多向感知和领悟，而不把他们限制在课本、课堂、作业及考试的狭窄天地里，使他们有机会自由地观察、接触和了解大自然与社会，能够自由地对宇宙发问，与万物为友，引导他们不仅要以书为师，还要以大自然、以社会为师。陶行知提出的"五大解放"中就包括解放儿童的空间。给学生自由的空间具有人道主义特质，自由是人的本性，而本性是最真实的。学生只有拥有自由的空间，才能拥有自由人的体验，才能真正表现为一个人，才能使人的个性特征充分展现出来。只有自由才意味着自主，意味着不盲从、不迷信，才意味着批判和创新。不自由的教育生活是一种异化的教育生活。要充分利用和发展学生的理性，没有自由的时间、空间和氛围是根本不可能的。在诗意教育中，学生巨大的力量在自由的环境下得以充分展现，教师与学生在教育活动中是平等合作的关系，教育过程真正成为师生共同参与、密切合作的过程。在这个过程中，所有的学生都可以自由地表达自己的意见或看法。没有对话，就没有交流；没有交流，也就没有真正的教育。这是自由与民主精神的具体体现。在这种新型的师生关系中，教师不再仅仅是授业者，在与学生的对话中，教师本身也得到教益，学生在受教育的同时反过来也在教育教师，师生在相互合作中共同成长。诗意教育的自由性并不否定教育的工具价值，而是把工具价值作为实现本体价值的一种手段。教育的发展、社会的进步最终都是为了实现个人的需要、自由和解放。如果把工具价值作为教育的最终价值取向，那么个体自由的丧失，就意味着没有个体的真正发展，也就没有教育和社会的真正发展。[①]

---

① 席新．自由教育思想的当代特征［J］．文化建设，2006（5）：54—55.

第三节　诗意教育的六大实践路径

肖川教授曾在他的著作《教育的理想与信念》中指出：人性的教育呼唤诗意。教育中如果没有诗意和激情，就没有召唤和启示，没有美感，没有情性的陶冶和净化，没有灵魂的飞升和投入生活的热忱。要让诗意教育理念生根发芽，就需要建构“文、雅、序、活”的诗意校园，诗意管理使师生诗意栖居，探寻“经典、愉悦、生长”的诗意课程，追求“情趣、灵动、向美”的诗意课堂，孕育“大气、睿智、浪漫”的诗意教师，培养“阳光、灵动、文雅”的诗意学生，逐渐形成独特的诗意教育气质。

一、诗意校园

“蓬生麻中，不扶而直；白沙在涅，与之俱黑。”自然用无声的语言诉说着环境对事物的影响。“近朱者赤，近墨者黑”，这是前人基于环境的影响而做的总结。孟母三迁的故事，告诉人们环境对人有很大的影响。种种现实告诉我们，要让学生心中有诗意，就要为他们营建“文、雅、序、活”的诗意校园，让他们生活在诗意的氛围中。

“文”即文明。教育就是培养习惯。是否可以作这样的设想，让每一面墙壁都成为一面教育的镜子，让每一张桌子都开口说话，让它们建构一些诗意。如果雪白的墙壁被黑色的脚印覆盖，如果光洁的课桌变得伤痕累累，是肯定不会有诗意的。但是，倘若白色的墙壁维持着它的本色，整齐的桌子保持着自然的形态，再在墙上挂几句诗文，那诗意的种子便会悄悄萌芽。“雅”即文雅。草坪中那不起眼的提醒语，也可以是温暖而富有诗意的。我们可以将生硬的、没有感情色彩的“请勿践踏”换成“芳草有爱，足下留情”。这改变的不只是一句话语，更多的是体现了人与自然和谐相处的生命观。诗意并非无根之木、无源之水，这种对自然的尊重，必会化成无声的细流，润泽学生的生命，为他们的一生提供不竭的甘泉。“序”即有序。诗意的校园环境不是散漫无序的，而是整齐有序的，这里所说的有序，既包括校园节奏的有序，也包括纪律的有序。宽敞明亮的教室，操场上整齐划一的做操动作，放学时的排队下楼都是有序的诗意。

"活"即活力。窗外摇曳的树影，鸟儿飞翔的身姿，怎能不让学生心旷神怡？这美丽的景色，在不经意间化作心中的精彩词句。如果教师加以指导，学生就能在这有限的天地中看到无限的世界。他们可以在这里寻找到四季的斑斓，感受到万物的枯荣。培育起诗意的根，诗意的种子才能茁壮成长，才能长成一棵参天大树，让学生自信而快乐地在阳光下奔跑。有了这种诗意的氛围，诗意教育才不会成为一潭死水，才能欢快地流淌。诗意教育的过程，是学生精神享受的过程，是为学生的精神生命铺垫底子的过程。

二、诗意管理

诗意管理，诗意栖居。培养学生的综合素质，促进学生的全面发展，是教育管理的根本目标。进行诗意的管理，使一线教师能够获得精神上的尊重，可以平等地进行交流，进一步取长补短，在情感上进行互动，最终促使教学管理令行禁止。教育管理者更注意发挥一线教师的主观能动性，促使其在教学过程中更好地实现个人价值。因此，在诗意教育中，管理者更多地给予教师理解及尊重，以人性化管理配合制度化管理，促进教育管理的发展。此外，诗意管理还注重营造浓厚的人文教育氛围，使师生诗意地栖居。以人为本不仅仅是学校的管理价值观，更是一个文化养成的过程。教育管理者要注意放手让一线教师去探究一些新的教学方式，采用一些新的教学方法。当和一线教师在教学方式、教学方法上存在分歧的时候，教育管理者尽量不要采用传话的方式表达自己的观点，而要注意采用平等交流和互相沟通的方式，让一线教师想说、能说、有机会说，不要轻易怀疑教师的一些创新观念和做法，也不要形成思维定式，不愿意和教师交流，最终造成教育管理者和一线教师之间的嫌隙。①

三、诗意课程

学校基于诗意文化，围绕诗意课程"经典、愉悦、生长"的核心要素，序列架构学校课程体系。"经典"，即诗意课程是经典课程。在人类发展的历史长河中涌动着绚烂的文化，要用有限的时间学习无限的知识，就

---

① 任可斌．基于人本管理理念的小学教育管理模式分析［J］．中国校外教育，2014（23）：25.

必须选取经典之作，尤其是中国古代的优秀文化，比如诗。诗是中华传统文化经典中的瑰宝，它将文艺形式美和政治道德美融为一体，构思精巧，语言优美，感情充沛，音韵铿锵，最能激活人的情感体验，开发人的形象思维。少年时期正是培养情感、开发思维的最佳时段，诵读古诗文的过程，其实就是以典雅的语言和优美的文字去开辟学生的情感世界和思维空间的过程，也是用理想的形象和真诚的情感去敲击学生心扉的过程，更是用饱含智慧的哲理塑造学生心灵的过程，还是对学生进行潜移默化的思想教育、道德熏陶和人格塑造的过程。学校通过诵诗活动，把文化教育、品行培养、人格塑造、伦理教化和智力开发有机地结合起来。“愉悦”，即诗意课程是愉悦的课程。心理学研究和实践表明，兴趣能够直接通向快乐，而快乐又能生成质量和效率，对培养学习兴趣、激发学习情感、提升教学质效、促进实践创新和加快智力开发等各个方面，都具有十分有益的作用和意义。“生长”，即诗意课程是生长课程。教育的对象是人，教育是增进人们知识、技能、身体健康以及形成或改变人们思想意识的活动。所以，教育首先需要尊重人在实践活动和生活活动中的主观活动和行为表现，以此促进人的全面发展。生长课程的利用是指基于课程的实践性、生成性、超越性，充分利用各门学科、各种形式的课程资源，开展综合性、灵活性、发展性的课程融合过程。①

四、诗意课堂

苏联教育家马卡连柯说：“教育是诗一样的事业。”这是诗意课堂理论的发源。特级教师王崧舟是诗意课堂的倡导者、追求者。他所追求的理想课堂是，在促进学生生命和谐发展的同时，努力实现自我生命的和谐发展，让师生在语文的大地上诗意栖居。王老师立足自己的教学实践，从举象、造境、入情、会意、求气、寻根六个方面，对诗意语文的呈现做了详细的解说。他认为诗意的语文是精神的语文，是感性的语文，是儿童的语文，是民族的语文。课堂应当是诗化的课堂，是充满活力的课堂，是“情趣、灵动、向美”的课堂，是生命与生命的交流，是心灵与心灵的碰撞，是生命成长的沃土，是学生在知识增长以及彼此欣赏中体验课堂的欢乐、

---

① 刘晶晶．自主生长课程：价值取向与逻辑形式［J］．湖北第二师范学院学报，2016，33（1）：87－90．

经历生命互动的积极过程。

（一）情趣

诗意教育让学生和教师同时进入人生的浪漫之旅，让课堂充满鲜活的生命力。在诗意教育的课堂里，既有对现实生活的热爱与柔情，又有对未来生活的憧憬与乐观。娓娓动听的引领、深情鼓励的目光、饱含善意的提醒、充满温柔的手势，教师的一举一动、一颦一笑都牵动着学生的神经，启发着学生的思维。师生彼此分享着思考的快乐、顿悟的惊喜、激情的燃烧、真情的涌动、灵性的焕发、情感的交融、心灵的碰撞。那是一种心灵的融通、一种配合的默契。漫步于这温暖而充满诗意的精神之旅，师生收获的是精神的唤醒、潜能的激发、内心的敞亮。流畅而和谐的教育过程，流淌着起承转合的韵味，蕴含着曲径通幽、起伏跌宕、峰回路转的美丽，处处都充满情趣，可以使学生尽快地将精神集中到课堂学习上，为之后的学习奠定良好的情感基础。

（二）灵动

课堂要尊重意愿、满足需要、培养兴趣，凸显自主、自信的主体精神，唤醒学生自主发展的意识，激发其内在的发展动力。灵动的课堂不是死板的课堂，不是教师照念教案，学生死背答案，而是以一种灵活多变的方式来进行互动的课堂。教师在课堂上不仅要根据教材内容和学生实际出示明确的自学目标和要求，设计引导学生自学的问题，更要引导学生在自主学习的过程中主动、独立发现并解决疑难和困惑，品尝自主探究的乐趣。“课堂不应该是一人独白，应该是双主体的交流，是师生之间、生生之间、师生与文本之间自由、开放、张扬个性的对话。”在灵动的诗意课堂上，学生体验到了收获的快乐和自信。

（三）向美

“向美”的课堂体现在三个方面：一是以美的语言抒写诗意。在课堂上进行情与情的交融、心与心的沟通，学生在品读、咀嚼和迁移这些美的语言的同时，也在一定程度上美化、深化着自己的诗意生命。以美的形象塑造诗意，当人物形象栩栩如生地进入学生的审美视野时，正是一个诗意生命对另一个诗意生命的召唤和澄明。二是以美的情感陶冶诗意。情感和精神无疑是陶冶诗意生命的最佳资源。三是以美的哲思淬砺诗意。诗意并不总是浪漫和唯美的，亦有对人生、对宇宙的洞悉和领悟。正因这种洞悉和领悟，诗意才洋溢出浑厚圆融的智慧。

五、诗意教师

做教育的人，本身就应该是诗人。如果没有诗人的气质、理想和激情，是很难真正把教育做好的。特级教师李吉林在《是教师，也是诗人》中说："正是'为了儿童'，使我成为一个执着的探索者、不倦的学习者、多情的诗人。"她说："诗人是令人羡慕的，其实，老师也是用心血在写诗，而且写着人们最关注的明天的诗——不过，那不是写在稿纸上，而是写在学生的心田里。"首先，教师必须调整好心态，保持一颗大气、宽容的心。因为"要播撒阳光到别人心中，总得自己心中有阳光"。教育对教师来说，不只是养家糊口的职业，更是为了实现人生价值的事业；不只是单纯的技术，更是一门直抵人心的艺术；不只是知识的传播，更是教育中的学习；不只是教育教学活动，更是教育人生。教师的热情一旦被激发起来，就会发现教学"不是强制的方式，而是谦卑的、吸引人的方式"。因此，在教育实践中，教师一定要用心发现学生的优点，用心研究教育教学。教师应该成为一位学习顾问、一位交换意见的参加者、一位帮助发现矛盾论点而不是拿出现成真理的人。在学生的理性陶冶过程中，教师作为有影响力的人，首先应该具有理性素养，即一方面要有理智的诚实，不自欺欺人，不装腔作势，也不讳言错误，从而为学生理性的发展创造人性化的空间；另一方面要具有理智的宽容，宽容异见、歧见甚至是错误的见解。教师要善于接纳不同的见解，善于进行对话与交流，使所有的对话者从中获益，并不断地审视自己的认识结果，调整自己的认识视野。其次，教师要有深厚的学科知识和不断学习的精神。帕斯卡尔说："人是一棵会思想的苇草。"苏霍姆林斯基说："如果你想让教师的劳动能够给教师带来一些乐趣，使天天上课不至于变成一种单调乏味的义务，那就应当引导每一位教师走上研究的这条幸福的道路。"在诗意成长的过程中，教师应勤于思考，用心发现，因为"认真做事只能把事做对，用心做事才能把事做好"。再次，教师在工作和生活中要充满浪漫情怀。一个缺乏浪漫情怀的教师，他的教育生活怎么可能充满诗意？这正如肖川教授所说："教育者应该是一个性情中人，各种教育现象都会在他的心中掀起喜怒哀乐的波澜，孕思考于胸中，遣激情于笔端，指点教育，激扬文字，敏锐而犀利，从容不迫而又掷地有声。”浪漫最重要的是表现出一种超越——对现实的超越和对自我的超越。教育若能浪漫，必然有师生纯粹精神的交流，必然无俗世里的名利恩怨，在这里，童心在跃动，真情在流露，枯燥变得生动，腐朽化为神奇。教育的浪漫，如平湖波浪、清空云彩，能彰显教育的活泼和灵动。

六、诗意学生

诗意教育注重学生的个性体验，让学生在欣赏树叶时感受整棵大树的浓荫；诗意教育面向全体学生，让“满天星星”亮起来；诗意教育还表现为教育者充沛的、向善的生命。诗意学生是阳光的，是指学生展示出一种明亮、热情、开朗、温暖、积极、健康、快乐、充满活力和生机的样态。阳光，是一种态度，是一种姿态，是一种生活方式，也是一种人生观和世界观。培育阳光学生，就是要努力培养身体健康、心智健全、思维活跃、性格开朗、学业优异的学生。诗意学生有阳光的交流、阳光的态度、阳光的热情。诗意学生是灵动的，是指学生要有灵活的气韵和敏捷的思维，要善于发现问题、分析问题并解决问题，通过教学活动使情意得到升华，心灵相互碰撞，智慧得以提升，个性得到张扬。诗意学生是文雅的，是指学生拥有良好的礼仪、优雅的行为和文明的习惯。文雅是文明公民追求的人格规范与道德标准之一，培养学生良好的文明行为习惯，有助于实现集体和谐及社会和谐。

综上所述，诗意教育期望学生自主形成属于个体独特的兴趣、信念及理想，其目的在于彰显生命的意义。此观点比较接近“教师如园丁”之喻。而教育若重视外塑的信念与行为，则其目的在于塑造社会化的行为典范，偏向“教师如雕刻师”之喻。教育如注重外在客观知识的认知，而忽略心灵教化，将导致诗意教育无法达到审美境界。

若说诗意教育如同读一首诗，则每个人在读诗的过程中，透过语言文字与生命经验的交融，与作者的心灵进行交流，此时个人的主体意识是自由的，个人的灵性随时可能被触动，此等“如人饮水，冷暖自知”的感悟，亦有助于促进生命的改变。

值得注意的是，诗意教育并非完全的浪漫，而是自我意识对外在的他者、世界及时空的一种看似有系统，却又无法完全进行科学预测与推论的活动。这也让教育既保有个体的独特性和自主性，也兼顾了群体的共通性和完整性。故真正的诗意教育兼具人类的理性和经验的历史性，这里的历史性不是指过去，而是指每个持续在转变当下的辩证整合。总之，诗意教育不会如浪漫主义般欠缺规范，它除了强调个人的自主意识外，更兼顾与他人相处的伦理之道，不易落入自然科学追求统一与科技工具理性追逐绩效的牢笼，也因为人的自由意识和思想可以穿越时空，使理性与想象融合，思想与语文协调，遂使文化的发展走向诗意的境界。

第三章

诗意教育的管理创新

第一节 价值提升，实现文化引领

诗意管理，指管理要走向人文，激发内驱力，实现诗意栖居。通过多年参与新基础教育研究实践，龙虎塘实验小学逐步在变革中实现管理的转型。其中，价值理念、思维方式、行为实践的变革创生是推进管理创新的三大支柱，而创新的核心在于价值引领，价值引领下的学校管理才有真正的生命活力，才有可持续发展能力。

一、提炼办学理念，架构理念系统

学校在百年的历史变迁中，一直与诗意相随，其办学理念也经历了一个不断变迁的过程：从创办初期的“循理德泽”，到20世纪50年代的“立德长智”，到21世纪初的“全面发展，人文见长”，再到2005—2009年的“积淀人文内涵，追求生命亮色”，越来越接近于本真的诗意，体现了对教育真、善、美的追寻。可以说，学校的百年办学历史，就是学校的百年文化发展史、百年理念变迁史。

2010年学校易址重建新校时，已经经历了近两年的新基础教育研究历程（2009年成为新基础教育研究联系校）。在此基础上，学校继续深入思考，在华东师范大学新基础教育专家的引领下，基于学校十年如一日对诗意的追寻，将学校的办学理念确定为“为诗意人生奠基”，并在叶澜老师的指导下对这一理念进行了解读：“诗意”，即理性与抒情交融、灵动与智慧共生、成长与幸福兼美；“诗意人生”，通俗地讲，指有成长感、归属感、幸福感的人生；“为诗意人生奠基”，指通过营造诗意的文化氛围，力行诗意管理，打造诗意课堂，培育诗意教师和诗意学生，逐步形成诗意教育主张，为师生诗意栖居奠基。2011年，学校成功申报了省级立项课题“为学生诗意人生奠基的学校文化变革研究”。2012年，随着校长队伍的更新，在制订新一轮发展规划之时，在南京师范大学吴永军教授的多次指导下，结合省级文化课题，重点对学校文化理念进行了进一步解读与诠释，不仅再度明确了理念系统，而且提炼出在管理、课程、课堂、教师、学生、校园环境六大领域如何推进的核心要素及推进策略。从2009年参加新基础教育研究，到2010年学校易址重建新校，到2011年省级课题立项，再到2012年启动新三年发展规划，至此，学校理念系统全面架构完成。

二、描绘发展蓝图，规划发展路径

学校始终是在规划引领下发展的。参与新基础教育研究，不仅让我们对规划的价值有了深刻的认识，更让我们找准了参照系，在不断的追问、反思、梳理中明确了前行的路径和方向。在制订与实施规划、总结反思的过程中，学校的诗意文化逐步彰显，办学特色逐步鲜明，学校、教师、学生也实现了共同成长。

实施学校三年主动发展规划是常州市的一大改革举措，至今已有三轮。学校真正实施三年主动发展规划是从2009年参加新基础教育研究之后开始的。参与新基础教育研究，专家团队对规划的重视、对规划论证的经历让我们越来越感觉到，一所学校一定要在规划引领下发展。学校要充分重视规划的制订、实施和总结。

（一）对规划价值的正确认识

首先，制订规划的过程是摸清“家底”的过程。2012年第二轮规划制订之时，适逢校长轮岗交流，新任校长刚到学校，可以说是毫无头绪。8月1日宣布任命，8月10日新任校长就组织整个管理团队的15名核心成员开展座谈，重摸“家底”，对学校领导与管理团队建设、课程教学与教师队伍建设、学生工作与班主任队伍建设、学校特色与文化、资源集聚与保障五大领域进行了梳理。从初稿到完稿，用了将近5个月的时间，在这一过程中，校级领导与中层干部、一线教师进行多元互动，反复论证，对每一个领域都进行了梳理。再盘“家底”，让我们对学校的现状有了准确的把握，对学校未来的发展目标有了清晰的认识。

其次，制订规划的过程是凝聚人心的过程。在制订规划的过程中，我们不断地追问学校文化，让诗意文化通过规划的制订真正落地，对学校发展过程中存在的问题与优势乃至潜势进行诊断，理清学校发展的总体目标、领域目标、年度目标，提出推进的具体策略，让每一位参与规划制订的教师对自己的学校、对自己的团队有了深入的认识，主人翁的意识、向心力、凝聚力在这一过程中得以增强。

再次，制订规划的过程是明确目标与方向的过程。规划的论证，是不断地拷问、不断地反思梳理，也是不断地明确的过程。在2012—2015年规划制订的过程中，我们结合学校省级主课题，在六大领域全面践行办学理念。2015—2018年又一轮规划制订，我们仍然继续推进六大领域的改革，把核心聚焦到诗意课程建设中，以课程的顶层设计来统领学校的整体改革，并在核心目标、实施策略上做了重大的调整。2017年上半年三年规划中期评估时，我们已经在诗意课程建设上取得了重大突破，让办学理念真正通过课程建设落地。

最后，实施一轮轮规划的过程是学校不断成长的过程。学校三年主动发展规划的制订和实施，是学校不断走向主动发展的过程，也体现了新基础教育研究"促进人主动健康成长"的核心理念。2012—2015年规划结束之际，学校自下而上、自上而下层层进行总结反思，我们把这种总结反思看作找到新的发展起点的过程。为此，学校邀请专家来校进行论证，全体教师参与论证过程。2015—2018年中期评估，学校梳理出十多个品牌项目，这些都是学校所取得的成果。就是在这样一次次的梳理过程中，学校走上了良性发展的轨道。

（二）规划制订路径、实施策略与总结评估

第一，制订路径——自下而上，自上而下，上下互动，科学论证。

我们始终把制订和实施三年发展规划当作学校的头等大事，全体教师乃至家长都要参与其中。由于涉及的是全领域，所以在制订规划的过程中，校级领导团队、学科组团队、学生工作团队、后勤团队等就多个领域展开互动，自上而下，自下而上，反复多轮，几易其稿。在这一过程中，学校邀请了新基础教育专家——南京师范大学吴永军教授等人进行反复论证，用了半年多的时间，后期还在实施的过程中进行动态调整，一方面保证规划可行，另一方面根据实际情况再度调整，在某些方面做到超越规划目标。

第二，实施策略——过程互动，阶段分解，计划落实，总结反思。

规划的实施中最重要的是在年度与学期计划中的分解。由于我们在制订规划的过程中找准了参照系，对领域目标、年度目标都做了层层分解，

在年度尤其是学期计划分解时就很清晰，无论是学校计划，还是学科部门计划，都是在规划指导下做的。而学期结束进行总结时，我们也从目标的达成度来分析规划的阶段达成情况。长程设计，系统思考，在这里显得尤为重要。

第三，总结评估——自我对照，条线自评，全面评估，自我更新。

对于三年一轮的规划，最后的总结盘点有着非同一般的意义。每一轮规划结束，我们都会在每一个领域进行总结反思，明确新的出发点，也让学校发展始终处于一种前移后续、螺旋递进的发展状态。2009—2018 年，三轮规划我们都是这样走过的，可以说路径非常清晰，学校发展也真正实现了在规划引领下的主动发展。

三、形成诗意文化，实现价值提升

依托学校三年主动发展规划的实施、学校省级统领性课题研究以及参与新基础教育研究这三大行动，学校逐步形成了诗意文化，办学理念“为诗意人生奠基”得以不断践行，从而也推动了学校诗意教育办学主张的逐步落地。尤其是通过新基础教育研究的逐步深化，学校发生了整体转型性变革，形成了清晰的办学目标和办学理念。为形成诗意文化，践行诗意教育，我们在管理、课程、课堂、教师、学生、环境六大领域提炼了要素，形成了具体的推进策略。管理逐步走向引领激发，课程逐步实现“经典、愉悦、生长”，课堂逐步走向“情趣、灵动、向美”，教师形成“大气、睿智、浪漫”的特质，学生形成“阳光、灵动、文雅”的特质，校园环境逐渐形成“文、雅、序、活”的特征。学校诗意文化的形成是一个漫长的过程，我们建构了促进人主动健康发展的理念系统，要真正落实还是一项长期的任务，需要从管理层到教师、从价值观念到思维方式及行为实践的层层转化，来真正实现价值的提升。

第二节　重心下移，管理机制创新

在“为诗意人生奠基”办学理念的引领下，近年来，我们在变革中积极探索管理机制的创新。

一、探索校长负责与民主参与的治校机制

（一）校长是学校第一责任人

随着社会的发展，身为校长，越来越感受到前行之不易。有过困惑，也有过退缩，但是，更多的人生经历和岗位经历常常激发思考：人究竟为什么而活？人生的意义到底是什么？面对一批批学生和一位位教师，逐渐增强了自身的责任感与使命感。校长必须敬畏教育事业，必须对每一个家庭、每一位教师和学生负责任，要尽自己最大的努力去帮助、改变他们，这才是人生的价值和意义。面对越来越复杂的社会环境，校长要拥有一颗坚定从容的心，要有情怀、有信念。有情怀才会去热爱所从事的事业，有信念才会在遇见无论怎样的艰难困苦时都能够超越自我，保持清醒与理智，不盲从，不迷失，走好每一步。

首先，校长应该是学校发展的引领者，要准确引领学校发展的方向，要成为教师（尤其是年轻教师）人生与职业发展道路上的引领者，更要成为当地社会发展、良好文化形成的助推者。其次，校长应该是服务者，要不遗余力地为全体师生服务，为一方百姓、众多家庭服务，甚至要以教育的力量为地方文化发展服务。再次，校长应该成为教师成长路上的同行者，要和教师共同成长，更要成为学生成长路上的同行者，陪伴学生一起成长。总之，校长始终是学校发展的第一责任人。

（二）变革行政会议、教师会议，实施前移后续式管理

我们重新定位了行政会议与教师会议的价值取向。首先，变革行政会议，会议内容重在阶段工作的交流分享。在组织形式上由原来的校长主持变为中层干部轮值，在内容上聚焦专题，有读书学习分享，有围绕专项调研的反思研讨，也有关于后续重要工作的沟通。为增强年级组组长的角色意识，我们让年级组组长也参与到行政管理研讨会中。而每月的行政管理研讨会，一定是在前一次会议提出主要问题寻求解决方法基础上的反馈，同时为后续管理指出清晰的方向，从而使管理形成前移后续、螺旋递进的发展状态。重心的下移对管理团队的实践能力、学习能力、反思能力提出了更高的要求，也促进了管理层能力的不断提升。其

次，变革教师会议。将原来每周一次的教师会议改为每月一次的“馨竹论坛”，教师会议的内容不再仅是事务的传达、工作的布置，更多的是价值的引领、学习的分享、团队的凝聚。这项改革，我们已经做了三年。这三年里，我们对“馨竹论坛”不断进行反思重建、动态优化。期初计划制订时，我们每次都安排不同的管理责任人与团队共同承担，价值定位在“培训提升，凝聚人心，形成文化和积聚继续前行的力量”。论坛一般有以下固定板块：一是梳理回顾本月校园生活中的感动与亮点，让全体教师看到大家携手走过的每一个日子都值得回味；二是分享令人感动的人和事，寻找校园里的感动，积聚正能量，或分享学习收获，拓宽大家的视野；三是反观需要改进的方面，让前移后续式管理最后落实到每一位教师的身上，其呈现方式要体现出诗意元素与特点。在这三年里，很多教师登台亮相，诉说感动，学习分享也让教师感受到了学校的诗意，感受到了在这里的成长感、归属感、幸福感，诗意文化在一次次的“馨竹论坛”里不断形成。

二、创新分工负责与协作推进的实施机制

（一）形成责任人与合作者系列

学校是个有机的系统。在这个系统里，每一个生命个体都是管理的主人，在系统的每一个环节，个体都是第一责任人。责任人之间相互协作，就会形成不同层面的团队。横向上，同级层面之间需要协作；纵向上，不同年段之间需要合作共进。这样，学校管理会形成一个结构化网络系统，拥有更大的力量推动学校不断向前发展。这个系列的形成经历了三个阶段：第一阶段，学校更新观念，转变职能，由原来的自上而下式管理走向在行政团队层面的重心下移，职能从校长思考、中层干部执行走向行政团队的每一个人主动思考、自主策划组织，以此提升行政团队的领导力。第二阶段，继续下移重心，在基层教研组、年级组强化责任人与合作者意识，形成责任人与合作者系列，并在基层教研组引入班队的岗位建设，让每一个成员都成为责任人。第三阶段，项目组责任人与合作者系列形成，尤其在学校举办重大活动、完成单项项目任务的过程中，责任人与合作者的形成已逐渐成为一种常态，形成一种文化，而

且这种系列形成也推广到了学生，以及家长（家委会）层面，提升了学校管理的品质。

（二）发展壮大各类团队与项目组织，丰富管理形态

在新基础教育研究之路上，我们越来越感觉到，教师有怎样的生活，学生就有怎样的生活。只有教师拥有更加丰富的教育生活，才有可能给学生带来更加快乐的童年。为此，在2012年学校新一轮发展规划制订过程中，我们在学校领导与管理改革中提出了“组建非行政团队，丰富管理形态，增强教师的职业幸福感和对学校的归属感”的目标。短短几年时间，学校非行政团队不断在发展。在教师专业团队建设方面，学校成立了“徐文英骨干班主任工作室”“陈亚兰青年班主任工作室”“徐彩芬语文青年教师成长团”“钱红霞班报讲评工作室”。其中，两个班主任工作室通过学习分享、岗位锻炼，培养了20名青年班主任，让刚入职的新教师迅速适应了班主任岗位，培养了16名骨干班主任，使每一个年级都有了能研究、会引领、善学习的骨干班主任，提升了年级组班主任队伍的素质，促进了学校班队的发展，促使班队学科成为优势学科，在新基础教育历次的活动中展现了学校班队的精彩。在非行政团队建设方面，学校从2012年起步阶段仅有“羽心飞扬”俱乐部、健身舞俱乐部、篮球俱乐部，发展到今天拥有16个不同领域的情趣团队，参与人员达全校员工的二分之一，乃至整个食堂的员工也成立了“周末营”。非行政团队的不断丰富极大地弥补了行政管理的不足。2016年起，学校又设立了各类项目组，让有能力的教师通过项目承包的方式组建不同的项目组，来实施不同类别的活动或项目。灵活多样的项目组让学校管理变得灵动，让越来越多的教师、学生乃至家长都参与到学校管理中来，使管理的人文性，以及各类人员参与管理及推动学校发展的积极性、主动性、创造性得到了最大限度的发挥。尤其是每年的“感动团队（人物）”评选及颁奖盛典、家校合作等项目，让诗意在校园，在教师、家长、学生心头弥漫，更让教师体会到了学校这个大家庭的温暖，增强了成长感、归属感、幸福感。

三、建构评价反馈与激励完善的发展机制

每一所学校都有自己的文化传统。龙虎塘实验小学作为一所百年老

校，积淀了优良的文化传统，如做事的规范与高效、较强的执行力等，这些优良传统也一直推动着学校的发展。但从本质上来讲，学校管理方式仍然属于控制式管理。如何建立更优的发展机制，以促进师生发展的生命自觉，在新基础教育研究之路上，我们逐步寻找到了方向，从而让每一个个体都在这里获得成长感、归属感、幸福感，让校园这块土壤适合所有的种子生长。师生生命成长是我们的追求，基于此，在评价反馈与激励完善的发展机制上，我们努力地站在人成长的角度来设计。

（一）建立评价反馈与激励完善的基本序列

学校探索建立评价反馈与激励完善的发展机制，并形成了校本特色的基本序列。年度“感动团队（人物）”评选及颁奖盛典，通过“团队”“人物”优秀事例的放大，引领学校主流文化，形成强大的精神力量。年度“感动团队（人物）”评选及颁奖盛典成为学校的经典活动，很多团队与人物在这里展现出自己的独特和优秀，放大了教育的美，凝聚了诗意文化，增强了前行的力量。每月教育教学常规调研，从原来的行政调研转变为骨干、年级组组长、教研组组长、普通教师一齐参与，主要任务从监控转变为学习分享、发现亮点、诊断把脉、修正完善，从让教师接受考核变为让教师参与考核，使互动考核的过程成为共同研究的过程。学生评教、家长评校、行政团队年度述职形成常规，在交流评价中发现了平凡中的不凡。学生成长手册，从原来的固定版调整为动态版，为学生创设了一个展示交流、相互学习的平台。各层面的评价反馈与激励完善手段，都激励着教师、学生和学校一起携手向前走。

（二）创新评价反馈与激励完善的发展机制

如何激发教职工的内驱力？创新评价反馈与激励完善的发展机制至关重要。在学校教育评价中，我们往往看重结果，激励的手段更多采取的是物质奖励。随着生活水平的提高，教师更多地追求生活的品位，精神的奖励与抚慰成为获得尊重与认可的首选。温情管理、人文关怀，这都是学校工会常年坚持的做法。校长为全体教职工手写生日贺卡的送祝福活动，成为学校中最令人感动的举措。一张贺卡、一份深情，是对教职工诚挚的问候与祝福，也是对他们充分的肯定和褒奖，更是激励大家前行的动力。创新策划总结交流活动，让每一次的总结交流指向梳理提炼，指向亮点挖掘，成为后续的发展力量。如百年校庆系列活动中，最后一项总结活动“激情穿越梦想，诗意熔铸未来”以“百年论坛”的方式总结了历时一年的系列活动，梳理、提炼了学校的办学思想，给全体师生和来宾留下了深刻的印象。

四、建立常规保证与研究创新的动力机制

（一）打破惯有节律，构建学校发展新秩序

作为一所百年老校，学校在发展的历程中已经积累了一定的办学经验，保持着一种自我发展的节律，要实行整体转型性变革，势必会打破这种惯有的节律。在破与立的矛盾对立中，我们借鉴了新基础教育研究倡导的整体关联性思维方式，首先启动了学校三年发展规划，以规划来引领变革。2012—2015 年新三年发展规划十易其稿，在不断修正的过程中，我们明确了发展目标（不仅有总目标，还有年段目标、领域目标）、实施策略，形成了新的发展参照系。三年中，学校发展紧扣规划，制订每学期计划，学校学期历的安排都以此为依据，在每学期的前一个假期（寒假、暑假）完成，而每一个学年结束，也对照年度目标看规划的达成情况。其次是以“教师讲坛”带动变革，日常管理通过每月一次的“馨竹论坛”、行政会议实现了前移后续，促进了管理的螺旋递进，保障了管理节律的科学有序。

（二）创新节日活动，重建学生校园新生活

为每个学生留下最美好的记忆，这是学校重建学生校园新生活的宗旨。学习是艰苦的，但绝不是痛苦的。我们努力创建全体学生喜爱的、主动参与的校园节日，重构学生校园生活，每年有成长节点仪式，每月有主题节日，每周有活动单元，营造了“诗意儿童乐园”般的校园生活。如最具代表性的诗意文化节、诗意体育节，是我们的独创，也是在学校年度十大亮点事件中师生评价最高的活动。

诗意文化的价值引领和管理创新让学校面貌发生了巨大的变化，教师“大气、睿智、浪漫”的特质日益显现，更多教师拥有了一种主动发展的

生命自觉、团队协作的精神特质，学生“阳光、灵动、文雅”的特征初显，校园生活的丰富与灵动促进了他们的生命成长，学校也逐步走上了良性发展的轨道。

第三节　诗意管理的操作样式

一、“馨竹论坛”：教师分享交流平台，凝聚学校诗意文化

自2012年起，我们变革了原来每周一次的教师例会，把事务性的例会转变为培训学习分享会，内容全年系列架构，包括校级、学科组、年级组三个层面，内容有“馨竹论坛”、师德讲堂、专项能力培训、专题论坛等。其中，“馨竹论坛”是我校着力打造的管理品牌，实现了管理价值的再提升、管理思维的新突破。

（一）价值再提升

“馨竹论坛”在每月月初的周一举行，由教师发展负责人召集相关行政人员一起研讨后确定，每学期举行四到五次，每次由相关行政人员带领团队成员共同担纲，内容由固定板块和创生板块组成。固定板块包括上月学校亮点事件与人物事迹的挖掘、上月调研情况的反馈、本月重点工作要求的提醒。创生板块由各负责团队自由创编，目标是进一步凝聚与点亮诗意文化。“馨竹论坛”是全校教师会议变革的创举，也是学校管理变革的创举，每一次的论坛都会在教师心里播下诗意的种子，不仅让教师对学校、对教育产生了新的认识，也提升了教师的教育境界，开阔了教师的教育视野，从而实现了价值再提升。广西师范大学名校长培训班学员来我校跟岗学习后，对“馨竹论坛”给予了高度评价，认为这是学校管理促进学校与教师发展内驱力提升的有效举措。

（二）思维新突破

“馨竹论坛”实现了管理的前移后续，体现了管理思维的整体性与结构化。每次“馨竹论坛”既对上月整个学校的工作进行了全面总结，对上月常规调研进行了聚焦反馈，又实现了对下月工作的重点指导引领。这种

螺旋递进式的管理使得学校管理不断在优化中完善，在反思中前行，是学校管理思维优化的体现，也促使学校各项管理工作实现了结构化、系统化，使管理“理性与抒情交融，灵动与智慧共生”，师生发展“成长与幸福兼美”。“馨竹论坛”让管理离诗意更近了一步。

附1：2016年秋季学期第一次“馨竹论坛”报道

做出研究的味道

10月10日下午，龙虎塘实验小学举行了开学以来第一次“馨竹论坛”活动，活动由综合学科组承办，全体教师参加了本次活动。

首先，活动以“学生暑假活动与期初生活重建”全国现场会视频开场，让全体教师再次感受到了本次全国现场会的盛况。视频中，钱丽美校长在报告中提出的“三力驱动、三环交融”研究模式，体现了龙小人的智慧与创造力，得到了与会者的一致认同与好评。全体教师通过观看与学习，更加明确了研究的目标和价值，理清了研究的内容和思路，为今后的研究指明了方向。同时，这次现场会也树立了学校的研究特色品牌，提升了学校的知名度。

接着，金华主任做了题为“做出研究的味道”的专题报告，全面翔实地回顾了学校忙碌而充实的九月，以研究为主线，将全国现场会、期初课程、开学典礼、学科研究串联起来，呈现了学校的日常研究样态，散发出浓浓的研究味。同时，对九月新进教师调研进行了有针对性的反馈，指导青年教师守住备课、上课、作业和班级管理的底线，为青年教师后续成长指明了方向。

最后，赵瑞良主任做了有关安全救护的专题讲座，让每一位教师学会了如何在紧急情况下进行科学救护，增强了全体教师的救护意识。

做出研究的味道，只需我们每天对习以为常的工作做出一点点有价值的改变，就能呈现日常化的研究样态。研究是为了发展，发展是为了成就我们每一位教师和学生，愿学校的日常化研究一路风景非凡！

附2：2016年秋季学期第二次“馨竹论坛”报道

生长：发现最美的自己和他人

10月31日下午，龙虎塘实验小学在学校一楼报告厅举行了第三次“馨竹论坛”活动。活动由语文学科组承办，全体教师参加了本次活动。

本次“馨竹论坛”的主题是“生长：发现最美的自己和他人”。首先，教科室的徐彩芬主任带领大家一起回顾了充实而精彩的十月。“雨侵坏甃新苔绿，秋入横林数叶红。”金秋十月是收获的季节，徐主任通过一张张图片向在座的教师们展示了过去一个月的丰富活动，其间洋溢着学生们蓬勃的朝气，体现着教师们辛苦的付出。

接着，顾惠芬副校长反馈了十月份一年级常规调研的情况。顾副校长的汇报寓意深远，让教师们受益匪浅。在顾副校长的回顾中，一个“新”字贯穿其中，意味着挑战与机遇并存，一年级全体教师从容面对，加强家校合作，顺利地引导学生适应小学生活。顾副校长希望各位教师在今后的工作中“微格立标、诗意开放、优质滚动”，与学生共同成长，在过程中遇见最美的自己。

最后，钱丽美校长发表了题为“加强师德管理，提升教师诗意形象”的讲话。钱校长以“教育的最终目的是什么”这一问题引发了大家的深思，强调教育要从善而为，教师要时刻体现人文情怀。钱校长向各位教师再次明确了师德规范，希望各位教师时刻严格要求自己，做一名“大气、睿智、浪漫”的诗意教师。

用积极、优雅的态度生活，用欣赏、发展的眼光待人，用豁达、开朗的心境思考，在从教路上发现最美的自己和他人，让人生充满馨香与诗意。

二、“感动团队（人物）”评选及颁奖盛典：传递诗意，凝聚力量，分享美好

从2009年到2017年，学校已经举办了九届“感动团队（人物）”评选及颁奖盛典。“感动团队（人物）”评选及颁奖盛典，凝聚了学校的诗意文化，让诗意教育逐步落地。

附1：2016年度“感动团队（人物）”评选活动程序

时间		活动内容	参与对象	负责人
第一阶段（宣传）	1月1日—1月3日	制订活动方案，通过“馨竹论坛”、校园网络平台等开展宣传活动，让全校师生了解活动，关注并参与活动。	所有师生	丁小明
		各部门上交年度亮点事件，汇总。	全体行政组、年级组组长	丁小明、顾惠芬、吴琴玉、金华

（续表）

时间		活动内容	参与对象	负责人
第二阶段（评选）	1月4日	自主申报、推荐感动团队及个人，填写申报表。	所有教职工	丁小明
	1月6日	全体教师、部分家长参与网络投票，评选出2016年度十大亮点事件。	所有教职工、部分家长	金华
	1月9日	感动团队集中汇报，民主投票产生最终名额，填写申报表并上交校长室。	所有教师	钱丽美
	1月10日	组织一至六年级学生、部分家长参与调查问卷的填写，了解各学科教师在本学年的教育教学工作情况。	一至六年级学生、部分家长	徐文英、陈亚兰、年级组组长
		制作年度亮点事件PPT。	全体行政人员	钱雨宁、华怡
	备注：年度感动团队产生后，及时向颁奖典礼项目策划组报送材料。			
第三阶段（表彰）	1月11日—1月16日	为入选团队及个人写颁奖词。	各团队责任人、“感动团队（人物）”评选及颁奖盛典项目组	相关教师
		准备颁奖典礼，收集活动素材，制作PPT。		
		后勤服务（布置会场，准备证书、贺卡等）。	总务处	杨伟、赵瑞良
	1月17日	举行全体教师会议。 举办现场颁奖活动。	所有教师	“感动团队（人物）”评选及颁奖盛典项目组
		撰写活动报道。		黄汝群

附2：2016年度“感动团队（人物）”颁奖盛典报道

一路有你，幸福一起

——记2016年度龙虎塘实验小学期末总结暨“感动团队（人物）”颁奖盛典

2017年1月17日下午，龙虎塘实验小学全体教职工汇聚学校报告厅，参加第九届“感动团队（人物）”颁奖盛典。整场颁奖盛典洋溢着喜庆氛围与民族特色的年味，龙小大家族的每一位成员如家人相聚般共同度过了热闹精彩的三个多小时。

一路研究，喜结硕果

首先，“翰墨飘香”“巧手坊”“茶语人生”情趣社团拉开了颁奖盛典的序幕。接着，钱丽美校长激情洋溢地揭开了2016年度学校十大亮点事件的面纱，在大屏幕上图文并茂地呈现出2016年学校全体师生的耕耘硕果：“一校两区”新格局推进，“学生暑假生活与期初生活重建”全国现场会、常州市特色文化建设暨少儿国学课程基地展示等重大活动成功举办，以及学校教师在学生发展研究路上的变革成果和师生在市区取得的佳绩，真实地展现出学校“为诗意人生奠基”办学理念的研究心路又登上了新的台阶。相信教师满腔的研究热情会让学校的诗意教育在全国产生的品牌效应越来越大。

感动有你，砥砺前行

上半场，8个“感动团队”一一亮相：有“齐心齐德齐助人，爱心爱护爱无边”的由家长、学生组成的朝阳志愿者团队；有“头悬梁，锥刺骨，巾帼挥毫书奇志；三更火，五更鸡，须眉仗笔写华章”的在“骏马杯”小学数学教师基本功比赛中脱颖而出的“铿锵玫瑰”团队；有“故作轩窗掩苍翠，要将弦诵答潺湲”的六年级语文教研组“三好学生”团队；有“早起晚眠披星戴月固守一方热土，春种秋收呕心沥血培育四野新苗”的一年级组“生长型”团队；有“拼搏岁月描锦绣，进取人生奏华章”的年级组组长“超女”战队；有“励精图治同舟共济成大业，紫气东来家庭和美百事兴”的英语教研组“欢乐颂饭米粒”团队；有“曲水流觞千蝶纷飞，春风送雨百花齐放”的二年级语文教研组“彳亍追寻者”团队；有“云间瑞气三千丈，堂上春风十二时”的体育教研组阳光活力运动团队。现场，8个团队各施绝技，或是深情演唱、诗歌朗诵，或是动感十足的小人物律动、情景剧再现，或是阳光青春的篮球律动以及幽默的歌舞，让现场的笑声与掌声不断，把活动推向高潮。

下半场，6位杰出的“感动个人”在温情的笼罩下揭晓：有在常州市班主任基本功竞赛中勇夺第一的“小黑马”——夏虹；有蕙质兰心，重视学生综合素养的发展，担任学生发展处主任的陈亚兰；有真诚率性、儒雅有质，深谙治学之道、满腹成人之法的邵文雅和刘杏妹老师；有潜心研究篮球作战策略，为学校屡创佳绩的耿怀明老师；等等。他们的师德师爱魅力触动着龙小人的感官和心灵，他们所在班级涌现的感人故事、家人的温情赠言、学生家长的真情流露，一次次把活动现场的气氛推向了浓浓的爱的热潮中。

团队之歌豪迈昂扬，个人之歌悠远绵长，钱丽美校长带领学校行政人员一次次激动地为当选团队与个人致辞并送上鲜花。相信在学校的肯定下，一张张灿烂如花的面容，一个个活力四射的感动团队，一幕幕感人的画面，龙小人这股友爱、智慧、生长的力量将越来越强。

温情龙小，幸福而行

“金鸡贺岁”“集体生日”“拷贝不走样”“送福字”“吃年糕”……一个个寓意深远的创意环节与小游戏，充满欢笑与眼泪，带给现场太多温暖，浓浓的年味扑面而来。颁奖盛典接近尾声，教师、家长、学生迟迟不愿离去，因为这个舞台带给了大家太多的惊喜、感动与力量……

“感动”如歌如诗，一路有你，幸福一起，龙小人将在探寻生命的每个美妙瞬间中风雨同舟，携手前行，在共创孩子们喜欢的乐园之路上，书写 2017 更华美的篇章！

教育路上，一个个感动的故事，串起的是教育的理想、信念与情怀，一个个令人感动的团队与人物，传递的是教育的诗意与美好，推动我们坚持不懈地行走在诗意教育的路上。

三、校长为教师书写生日贺卡：书写情怀，传递温暖与诗意

校长手记：

自 2005 年走上校长岗位伊始，我就把真诚关心每一位教职工作为校长工作的重要内容，发自内心地去欣赏教师、关心教师，换来的是教育的春天、学校的春天。2007 年，我接触了华东师范大学的新基础教育研究，对教育又有了更加深入的思考。“教天地人事，育生命自觉”“教育是直面人的生命，通过人的生命，为人的生命质量的提高而进行的社会实践活动，是以人为本的社会中最体现生命关怀的一项事业”，新基础教育的这些理念和信条对我产生了深远的影响，让我对事业、对人生有了更进一步的思考。没有校长的生命自觉，何来教师的生命自觉？没有教师的生命自觉，又何来学生的生命自觉？所以，我总把教师放在心上，体贴、关心他们，帮助他们成长，肯定他们的每一点进步与成长。借助生日贺卡，我可以与

每一位教师进行对话，这种对话，更多的是赏识，是褒奖，是期待。一张小小的生日贺卡，一百多份爱的表达，承载的是校长对教职工的浓浓之爱，让学校充满温馨与家的味道。

附：写给刘老师的生日贺卡

刘老师：

很喜欢你，你是一位天生的好老师。

一声暖暖的问候，一张甜甜的笑脸，谦谦有礼又落落大方，这是你给我的第一印象。走近你，又发现，你是积极主动、好学上进的一位老师。区基本功大赛前的那么多磨砺、教研课的钻研、日常对自己的严格要求、面对学校工作时的主人翁精神，这些都弥足珍贵，让人刮目相看。我欣赏这样的你，也欣喜地看到，美术组涵养了你的品质，你又用行动优化提升了美术组的团队文化，从而彰显了学校的诗意文化。感谢有你！

生日之际，把美好祝福送给你：幸福牵手，健康相随，成长相伴，生日快乐！

钱丽美贺

2016 年 12 月 22 日

第四节　诗意管理的基本成效

首先，基于引领激发的诗意管理特质彰显。这种特质，是学校管理团队对教育价值重新认识后形成的内生力与内动力，是学校管理团队在管理过程中形成的教育信念与情怀，是在管理过程中逐步形成的“综合融通、整体系统”的思维品质。通过多年的努力，学校管理产生了广泛的影响力。我们提炼出具有校本特色的管理策略与管理团队建设经验，学校的诗意管理品牌不仅在市区有一定的影响力，而且在广西师范大学、华东师范大学多次介绍经验，并且两次在国际会议上传播，几十次在全国各地的会议上交流。2016 年 9 月 5 日至 6 日，“学生暑假生活与期初生活重建”全国现场会后，全国上百所学校以我校为核心校开展学习，推动了这些学校学生假期生活质量的提升。同时，近两年中，我们多次接待了来自全国各地的校长的跟岗学习，管理经验传播到全国各地。学校的诗意教育在《常州日报》《常州晚报》《江苏教育》《常州教育》以及常州电视台公共频道等媒体进行了多次专题报道，在区、市、全国都产生了一定的品牌效应。

其次，学校形成了多项管理品牌。综合创生式“幸福作业”研究，前移后续、螺旋递进式管理范式，行政会议、“馨竹论坛”，“三力驱动、三环交融”式家校社联动机制，“感动团队（人物）”评选及颁奖盛典，学校年度十大亮点事件评选，校长给每一位教师书写生日贺卡，这些管理品牌均指向“人”，充分体现出学校管理的诗意。学校被评为江苏省诗歌教育示范学校、江苏省优秀家长学校、常州市优秀教育科研基地、区宣传报道工作先进学校等。

再次，学校管理团队的领导力得到提升。在多年的磨炼中，整个管理团队形成了沉稳大气的管理风格、团结协作的管理氛围以及知难而上的管理品质。我们分阶段培养了团队成员整体规划、系统思考，示范引领、服务师生，主动工作、不断创新，长程管理、持续改进，培养队伍、共同成长这五种意识与能力，并着重提升了团队成员的学习力和创新力。目前整个团队成员的综合领导力、团队合作力、主动创生力、引领学习力都得到了不同程度的提升，在各自领域都能够独当一面，大多数都有能力成为高一级管理后备力量。

第四章

诗意教育的课程建设

第一节 诗意课程的顶层设计

一、诗意课程的价值和意义

诗意课程不是单一课程的名目，而是一个体系，指为培养诗意学生而构建并实施的一系列课程。诗意课程包括国家课程校本化实施和校本课程开发实施两部分。诗意课程下的国家课程校本化实施是指国家课程（语文、数学、英语、综合等）在实施过程中融入诗意元素，并在此基础上进行诗意拓展，形成诗意课程。诗意课程下的校本课程是指学校开发实施的具有诗意特质的课程。

（一）诗意课程满足了社会的期待

龙虎塘实验小学地处常州新北区，属于美丽富饶的长江三角洲地区，在苏锡常都市圈内。学校有着十分优越的区位条件和便捷的交通条件，北临长江，东接江阴，沪宁铁路、沪宁高速公路、312 国道、京杭大运河穿境而过。学校继承季子故里的深厚文脉，弘扬诗乡联城的墨香雅韵，深涵百年风范，尽显江南情致。这里传统文化气息浓郁，天宝润物华，地灵育人杰。始祖季子是常州文明之源、尚德之泉、文脉之根、文化之魂，与孔子齐名，史称“南季北孔”，影响深远。白居易、苏东坡、杨万里等诸多先贤名家都与常州有着不解之缘，常州词派影响深远。这些为学校诗意课程的开发与实施提供了深厚的文化、艺术、物质资源。

此外，学校所在区域劳动密集型产业较多，经济相对发达，因此集中了大量来自市内各县区、省内各市、省外各地区的外来人口，这是学区人口组成方面之一。此外，因农村拆迁问题而引起的流入人口也是学区人口的一个组成方面。这些人员对学校提供高质量教育的期待比较高。在学校周边，是新建的五大社区，这些社区也同样需要学校构建高品质的课程来协助社区文化的建设与发展。

基于学校建校之初的文化渊源与多年来的文化积淀，我们开始进行诗意课程的开发与实施，以满足社会、家长与学生对学校提供高品质教育的期待。

（二）诗意课程符合学校的教育主张

学校的诗意文化源远流长，从2000年实施江苏省重点课题“小学生古诗文诵读与人文素养培育的研究”，到开发古诗文校本课程，再到逐步凝练诗意文化特色，历经十五年之久。2009年，学校加入新基础教育研究项目，同时也进行了省教育科学“十二五”规划课题“为学生诗意人生奠基的学校文化变革研究”，从管理、课程、课堂、教师、学生、环境诸方面进行了全面的研究。学校明确提出了“为诗意人生奠基”的办学理念，从学校整体发展的角度来看，各方面都确定了诗意发展的基本方向，为形成学校的诗意文化奠定了良好的基础。此外，学校在实施策略方面也进行了相关的研究与实践，取得了一定的成果，对学校的整体发展起到了积极的推动作用。但对诗意课程这个核心研究领域的研究还不够系统，还未真正形成“为诗意人生奠基”的诗意课程体系，从而大大影响了学校诗意文化的真正形成，以及诗意教育的品牌打造，诗意学生的品质培养同样受到了影响。

加强学校诗意课程的整体建设是促进学校特色文化建设的有效途径，具有重要的现实意义。学校课程整体建设在文化建设中处于核心地位。与强调教学质量不同，学校的诗意课程整体建设立足“大课程”的布局，突破按学科组织课程的传统方式，整合主题相通、内容相近的相关课程，突出内在的逻辑统一，由追求单门课程内容的严密、完整转为追求整体课程内部的衔接与完善，使课程之间由原来的相互独立转变为相互贯通、相互补充。

（三）诗意课程以师生成长需求为基础

学校主要是基于学生成长需要，从国家课程校本化、课程有机拓展、学生兴趣、学生成长需求、学校活动课程化等方面对诗意课程进行系统构建，从而实现基础型课程、拓展型课程和探究型课程的有机融合和动态生长。诗意课程建构体现了学校对学生成长和教师成长的关注、尊重和引导，使教师和学生的成长更加个性化和多元化。课程不仅仅是与学生相伴的“忠实伴侣”，也是师生成长的“文本养料”，不仅提升了学生的成长品质，同时促进了教师的快速成长。

学校诗意课程的建构与实施，旨在培养学生“阳光、灵动、文雅”的诗意特质，为学生的诗意人生奠基，从而有效形成学校的诗意文化，实现学校诗意教育的办学目标，提升学校的办学品质。

二、诗意课程的整体构建

（一）诗意课程体系的构建原则

1. 科学性

对学校现有课程进行梳理，凸显诗意特征：制订课程建设规划，牵手高校，推进诗意课程的建设，形成经典；各学科从国家课程标准的解读、学校文化特质、学科气质三个维度立足实际，提炼、建立本学科的教学标准，实现基于标准的教学；对校本课程进行系统梳理（分为国家课程拓展类、诗香特色类、才艺情趣类），完善框架，不断推进，动态开发，点亮诗香特色课程。

2. 适应性

从学校、家庭、社会等各个领域，结合学校的一些创造性、品牌性实践，不断开发、调整校本课程，推动社团建设；从“自选”“必选”两方面优化走班制，尊重每个学生的选择，并强调诗意文化元素，以适应学生的差异化发展，实现个体与群体双线并行的愉悦发展。

3. 可持续性

积极参与各类特色学校的评选，加强学校大型活动的群体参与性，注重主题教育活动的日常延伸，推进社区共建活动研究，让学生在校园、家庭、社会生活中寻找到更多展示自己、张扬个性的舞台，提高他们的学习兴趣，激发他们的成长内驱力，推动他们的生命生长。

（二）诗意课程体系的构建策略

1. 文化统整，有机架构

基于学校诗意文化，围绕诗意课程“经典、愉悦、生长”的核心要素，序列架构学校课程，明晰《龙虎塘实验小学学生课程成长目标评估指标》，完善各学科的诗意规程，使课程的文化、培养目标、结构、评价等有机关联，科学实施。

2. 实践细化，丰实内涵

依据课程规划，对课程的校本化实施路径力求细化、优化。组建项目组，汇合骨干研究力量，制订纲要，搭建框架，出版新教材或新学材……全面丰实课程内涵，积淀课程实施经验。

3. 精致品牌，生成亮点

对集中体现诗意特质的品牌性、优势性、特色性课程（如“少儿国学”课程、“诗意成长”课程）的纲要及学材进行研制，进一步完善。尽管诗意特质应该融入学校各个课程中，但是我们认为聚焦到集中体现诗意特质的课程对学生诗意成长更具有教育意义。例如，学校的“少儿国学”课程在省、市范围内具有品牌性、优势性、特色性，希望能进一步将其课程化，使之成为诗意课程建设的一张闪亮名片。

（三）诗意课程体系的构建目标

在诗意课程体系构建之初，我们通过一个阶段的论证明确了它的目标，即与诗意学生的成长目标相一致。为此，我们对诗意学生的成长目标进行了具体描述。

我们以“诗意学生”为学生成长的综合形象定位，将其分解为“阳光”“灵动”“文雅”三个二级指标，又对这三个二级指标进行了再解读，最终形成了“健康生活”“健全人格”“主动学习”“勇于创新”“温文尔雅”“内在修养”六大领域的具体文字描述。

明确了具体的诗意学生成长目标以后，我们在构建诗意课程体系的过程中就有了衡量的“标尺”。诗意课程体系中每一门课程是否需要保留、调整、补充，均以该课程是否有利于学生的诗意成长这一原则为准。

龙虎塘实验小学诗意学生成长目标

培养目标	关键评价项目	绩效指标
阳光	健康生活	合理膳食，养成良好的卫生习惯。
		每天参加丰富多彩的体育运动，运动时间不少于一小时，提高身体素质。
		科学安排学习与休息时间，保证充足睡眠，保持充沛精力。
		参与家庭劳动与社区公共劳动，掌握一定的生活技能，感受劳动的乐趣。
		做事有自信，待人接物大方热情。
	健全人格	具有良好的心态，能以积极的态度应对生活、学习中的困难与挫折。
		面对突发事件，能沉着应对。
		能尊重、理解他人，包容不同见解的存在。

（续表）

培养目标	关键评价项目	绩效指标
灵动	主动学习	以积极的心态对待学习，感受到学习的快乐。
		具备一定的有效知识，掌握高效的学习方法，形成较强的学习力。
		拥有良好的个人爱好，发展自己的特长。
		主动参与社会实践活动，形成亲社会的情感及能力。
	勇于创新	对常见事物或现象有个人独特的见解，能有创意地应对或解决。
		主动发现问题，运用已有知识获取相关信息，有效解决问题。
		在学习与生活的探究过程与结果反思中，通过丰富的想象发展创造性思维。
文雅	温文尔雅	衣着得体、朴素、整洁、大方，符合小学生的年龄特点和身份，不盲目追求奢侈品牌。
		坐有相，站有样，走有姿，面带微笑，举止文明，落落大方。
		与人交流彬彬有礼，遵守规则，具有良好的社会公德。
	内在修养	主动积累一定的“少儿国学”经典篇章，有独特理解与体悟，并能将其用于生活中。
		主动接受各类艺术作品的熏陶，初步形成审美能力和高雅的生活情趣。

（四）诗意课程体系的开发框架

对诗意课程的体系构建，我们着力从以下两大方面入手：一是国家课程校本化建设，二是校本课程自主开发建设。

国家课程校本化建设包括两个方面：一是基础类。在国家课程（如语文、数学等）中融入诗意元素，体现“情趣、灵动、向美”的特质。对这项研究，我们通过诗意课堂规程研制与实施来落实。二是拓展类，通过开发具有诗意特质的拓展课程来实施。

校本课程自主开发建设分为品牌类课程和特色类活动。品牌类课程包括学校目前已经相对成熟且较有影响力的“少儿国学”课程、“龙娃成长”课程等六大类课程；特色类活动是指在学校课程实施过程中，具有不可替代作用的、目前尚未建设成课程或并不一定需要建设成课程的一系列具有诗意特质的活动。特色类活动包括“小课堂，大国学”、诗意文化节等。

整个体系的构建与分类并不是固定的，而是动态生成、不断变化的。学校的诗意课程框架如下图所示：

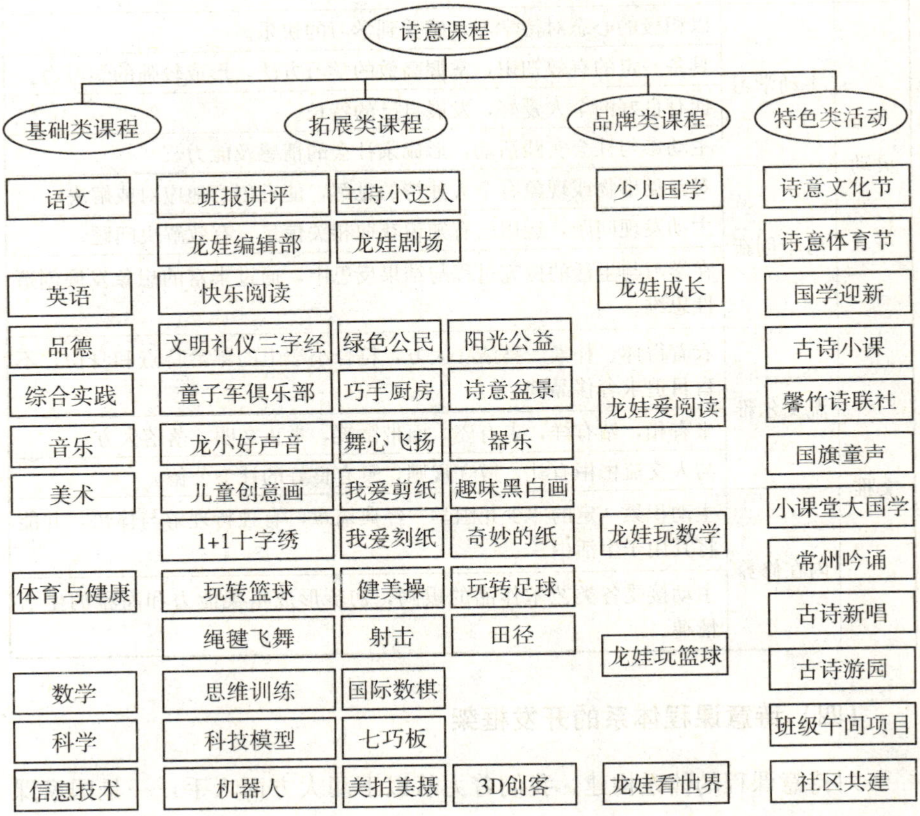

三、诗意课程的建设路径

近年来，学校不断深入落实国家、地方、学校三级课程管理，扎实推进以“国家课程校本化、校本课程特色化”为指导思想的诗意课程建设工作，积极进行探索和教育教学实践，不断完善符合国家课程要求的、能有效推进素质教育发展的课程体系。尤其是近年来，学校立足“诗乡联城、季子故里”的地域实际，充分挖掘地方课程资源，形成符合学生发展需要的独具特色的课程开发思路，规划并设计出具有浓厚地方文化的诗意课程。从教育教学效果来看，不仅有效落实了国家课程目标，也不断探索出具有品牌效应的地方特色课程体系，为学校深化课程改革做出了有益的尝试。

（一）基础类课程建设

国家新一轮课程改革背后的深意在于授予学校和教师更大的课程自主权。课程改革的主要任务是推进国家课程的最优化实施，而国家课程最优化实施的唯一途径就是国家课程校本化。由于国家课程的标准要面对不同的学校，面对千差万别的师资素养、学生潜能、教学资源、办学传统和发展目标，所以，课程的规范与实施的个性化就决定了国家课程必须要校本化。为实现国家课程校本化，学校细化课程标准，合理开发课程资源，使学校的各位师生在共同的基点上实现各有所长的发展。

一是课程目标的重构与细化。关注国家课程，组织专任教师，对课程标准进行研读，特别是校本化的研读，着力于构建更具体、更适切的学校课程目标体系。比如，语文课程的国家课程标准是分学段呈现的，我们不仅关注了它的学段目标，更是具体到学年目标，乃至学期目标。这项工作是一个转化的过程，是课程标准能真正落实的保证。在此基础上，对每学期的三维目标进行深化，理清知识点、能力点、方法点、品格点，准确定位学科方法训练点、人文素养着眼点，依据现行教学班学生特点，具体预设学期学习目标。基于这些探索，在国家课程标准的基础上，学校各学科进行分项研究，最终形成学校各学科校本化的质量标准。

二是课程资源的丰富与拓展。要想实现国家课程校本化，就要对课程资源进行合理取舍和适度开发，就要改变和优化课程组织形式，实现最优化。一方面学校尊重教师的创新精神，采用民主的方式开展校本教研活动，将课程校本化的基点和着力点立足于师本化，将教师作为校本化最有力和最具活力的资源；另一方面学校大力开展课程改革，在实施途径和方法上进行课程资源的大胆整合和创新。

（二）拓展类课程建设

拓展类课程是以培育学生的主体意识、完善学生的认知结构、提高学生自我规划和自主选择的能力为宗旨，着眼于培养、激发和发展学生的兴趣爱好，开发学生潜能的具有适度开放性的课程。

学校的拓展课程着眼于学生发展、学科发展、社会发展，重在体现学生的诗意成长，真正让课程适应每一位学生的需求。拓展课程作为诗意课程的一个重要组成部分，拓展了学生自我发展的空间，也为教师提供了自我发展的舞台。学校根据“为诗意人生奠基”的办学理念，努力构建多元化、系列化的拓展课程体系，从而促进教师课程观念的转变、主体意识的强化；培养学生的自主意识和探究精神，全面实施以诗意成长为核心，以关注学生生命成长需求、培养学生的创新精神和实践能力为重点的诗意教育。

学校的拓展课程在学生学习与日常生活和社会发展密切相关的、较为浅显的知识与技能的基础上，尝试让学生自己动手操作，亲身体验，认识自然和社会；让学生懂得培养良好行为习惯的重要意义，基本掌握生活中的各种文明礼仪，以及有关学习、生活、工作等方面的基本知识；让学生养成学习、工作、生活等方面的良好行为习惯。

诗意拓展课程一览表

学科	拓展课程	学科	拓展课程
语文	诗意阅读、少儿国学、龙娃剧场、龙娃编辑部等	音乐	龙小好声音、舞心飞扬、龙娃鼓号队等
英语	龙娃看世界	品德	绿色公民、文明礼仪三字经
数学	龙娃玩数学、国际数棋等	科学	建模俱乐部、科学七巧板
美术	小小篆刻家、我爱剪纸等	体育	我是神枪手、龙娃玩篮球等
综合实践	诗意盆景、巧手厨房	信息	机器人编程

（三）品牌类课程建设

品牌类课程的关键在于创新并实践因地制宜的课程建设的模式与方法，它不仅能促进学校某一类课程的有效建设，而且能在一定范围内起到示范和推广作用。

龙虎塘实验小学的品牌课程建设之路，是从学校特色文化建设与国家课程校本化建设开始的。在学校“少儿国学”课程的品牌化过程中，语文、数学、英语、体育、班队开始了诗意课程建设之路，组建项目组，制订纲要，更新框架，出版新教材，逐步形成诗意课程的新品牌。

诗意课程六大品牌课程

课程名称	领衔人	学生参与	建设状态	课时安排
少儿国学	许华章	必修+选修	部分教材已经出版，进入课程实施阶段	特定课时
龙娃玩数学	倪敏	必修+选修	正在编著教材	每周一节
龙娃成长	陈亚兰	必修+选修	教材即将出版	每周一节
诗意阅读	徐彩芬	必修+选修	正在编著教材	待定
龙娃看世界	殷利丹	选修	教材即将出版	待定
龙娃玩篮球	耿怀明	选修	正在编著教材	待定

诗意课程体系中的品牌课程，是学校众多课程中相对成熟的、具有一定代表性的、在各自领域有一定知名度与示范意义的课程。它们大多完成了从课程纲要的论证、教材的选编、师资的培训到课时的安排、学生的参与、评价与成果的展示等过程，并取得了良好的效果。如“少儿国学”课程，它有着十多年的研究历程，有着国家、省、市、区级获奖的研究成果，有着已出版的教材、学生创作诗集，有着比较完善的课程群以及极富特色的评价标准和方式。

（四）特色类活动开展

学校特色类活动是推进学校课程建设、促进学生全面发展的重要平台。学校特色是校本课程开发的立足点，龙虎塘实验小学有自己独特的文化历史背景、外部条件和内在条件，这些条件的综合形成了学校独具特色的办学传统和校风。在此前提下，学校开展了大量的特色活动，这些特色活动又推进了学校诗意文化与诗意课程的建设。

龙虎塘实验小学的特色活动体现出一种个性化教育，为尊重、发展和展示学生的个性提供了广阔的空间，旨在促进学生个性、能力的健康和谐发展。有文化特色的活动，才有可能培养出有个性、有特色的学生。

学校特色活动具有多元培育的特性。学校通过诗歌游戏、诗剧表演、诗配画、诗吟诵、诗歌创作等特色活动，让学生诗音悠扬、诗趣盎然、诗心灿烂。

诗意特色活动一览表

特色活动	对应部门	时间段	参与学生
诗意文化节	学生发展处	3—6月	全体学生
诗意体育节	综合处	11—12月	全体学生
国学迎新活动	学生发展处、教科室	12—1月	全体学生
国旗童声	学生发展处	每周一	全体学生
中华诗词大赛	教科室	5—6月	全体学生
国学启蒙礼	学生发展处	4月	二年级学生
毕业季	学生发展处	6月	六年级学生
……			

第二节　诗意课程的计划与实施

诗意课程的实施是实现学校课程目标的关键。要确保课程的全面落实与高质量地实现预定目标，首先要根据课程纲要中规定的课程目标和内容框架，编制诗意课程计划，包括课时的设置、具体内容的安排、师资的详细配备等；其次要扎实推进过程实施，包括过程管理、课堂实践和资源建设；最后要进行成效评价，包括对课堂的评价、作业的评价和学生的评价。

一、基础类课程的计划与实施

编制诗意课程实施计划，就是为了实现诗意课程目标，依据诗意课程纲要和学校诗意教育的实际，制订诗意课程实施的时间表和路线图，包括课时设置、内容安排、师资配备等，而过程实施则根据编制的计划进行课堂实践、资源建设和成效评价。编制计划是保证诗意课程实施质量的前提条件，课程实施则是为了验证课程计划的科学性和实效性，两者之间实现相互的动态调整，相互促进，让诗意课程的计划编制和实施质量达到最优化。

（一）编制计划

下面以编制语文课程实施计划为例，阐述了在诗意教育理念的指导下，基础课程语文在校本化后的课程实施计划。

1. 内容安排

根据诗意语文课程纲要，课程的具体内容安排主要有四个方面：基础性内容、拓展性内容、研究性内容、特色性活动。基础性内容主要以国家教材内容为主，适度进行校本化的重组与增删。拓展性内容则完全是校本化开发，分三个年段设计。研究性内容以午间微课程开发为主，旨在以诗意阅读内容为主题，兼顾课本剧的表演和展示，让学生有更宽广的阅读时空。特色性活动即每学年的诗意文化节，内容主题是“阅读伴成长，诗韵满校园”，各个年级立足于本年级的特点，开展丰富多彩的读书活动：一年级学生参加“美文诵读我能行”活动，学生充满童趣的朗读，让书中的文字变成了串串音符；二年级学生通过绘本演绎，使简单的故事更为生动传神；三年级学生记录下美的文字，分享美的感受，精美的读书卡和读书小报让人眼前一亮；四年级学生通过课本剧表演，呈现书本情节，身临其中，感悟作品思想和内在情感，表达自己的阅读理解；五年级学生经过多年的阅读积累，发现了不少优秀的作家作品，精美的卡片承载了学生对好书的喜爱；六年级学生主办的阅读班报成为大家交流读书感悟的平台，具有班级特色的个性化班报是学生阅读智慧的展现。

2. 课时设置

从内容的划分角度来讲，诗意语文课程的课时设置有国家规定课时，也有校本课时，既有固定课时，也有动态分配课时，形成了多元化、动态化的课时安排结构。

诗意语文课程课时设置

课程	项目	年级/课时	说明
基础性内容	语文	一、二/每周7课时 三、四/每周6课时 五、六/每周5课时	按国家课程标准执行，每周抽一节语文课，用于拓展课程的实施，确保总课时量不变
拓展性内容	诗意阅读	一至五/每周1课时	
研究性内容	语文午间微课程 期初主题课程	一至六/每周1课时	中午时间进行
特色性活动	诗意文化节	根据内容动态分配课时	每学年一次

3. 师资配备

学校语文组目前共有61名教师，95%为中文类本科毕业，25%为市区五级梯队，有较强的语文功底。在诗意课程的基础性内容、拓展性内容、研究性内容、特色性活动的实施中，其专业水平足以胜任，且他们主动发展的意识较强。教研组组长的领导能力逐渐提高，教师们的团队合作意识、主动发展意识不断增强。提升自我、发展自我、不断尝试、敢于创新成为很多教师的行动导向。教师逐步明确专题研究方向，坚持课堂转型和课型研究，增强研究的整体意识。教师个体有潜力，整体发展势头良好，研究重点有张力，但还需进一步成熟。目前研究的重点在于诗意规程的落实、学生习惯的养成、学科素养的提升。特别是教师对年段目标进行了深度解读，提高了具体分解和实践落实的能力，形成了对有效练习设计的分步研究，有较强的研究能力。

（二）过程实施

1. 过程管理

学校根据市区课程计划要求，制订切实可行的课程执行计划和相关考评制度，保证课时充足。组织教师认真钻研教材，正确理解、把握教材内容，创造性地使用教材，提高教学质量。在国家课程校本化实施方面，根据学校的课程安排，开齐、开足语文课程。在拓展课程“诗意阅读”方面，保证一周一课时的集中教学，适当组织课后的小组学习和个人探究活动。研究型和其他课程活动根据学校的活动安排等扎实开展。

2. 课堂实践

（1）实现课堂转型，凸显课程诗意特质。

在课程实施过程中，课堂实践是重点。要想有效开展课堂实践，应努力实现课堂转型，关注学校诗意课堂规程的三个核心元素。

首先要关注“情趣”特质。教师要深入挖掘文本的情感因素，引导学生亲身体验，感受文本传递的情意，从而受到熏陶，引起共鸣，同时通过合适的形式表达自己的情感。教师可以通过游戏、表演、合作等学生喜爱的形式来组织教学活动，激发学生参与活动的兴趣，活跃课堂氛围，让学生感受到学习带来的愉悦；也可以通过教具、学具、教师的体态语言等，让学生在动眼、动口、动手、动脑中感受学习的乐趣，在课堂活动中获得成功感，让课堂具有生长感。

其次要关注“灵动”特质。教师要引导学生主动从文本走向生活，在教学中创设适合学生主动发现问题的开放性情境，并引导学生主动参与、亲身体验，逐步形成通过实践体验获得知识的能力，鼓励学生大胆地质疑、探究、实践，激发学生主动表达的欲望。通过设计有效的、具有开放性的核心问题，创设良好的互动氛围，提高学生呈现多样化解答的可能性，通过适当地“留白”，鼓励学生大胆发挥想象，在探究性学习中促进学生创新思维的发展。

最后要关注“向美”特质。教师要通过文雅的课堂语言表达，使学生受到熏陶、感染。在教学中有效引导学生语言文雅，使学生受到熏陶，并使文雅的习惯在倾听、互动、表达、评价等学习行为中得到呈现。采用师生、生生合作的形式，形成和谐的、互相尊重的学习环境，进而深入探究，广泛交流，取长补短，引导学生形成正确的价值取向和优良的品性。

（2）加强课型研究，深化课程诗意特质。

根据学科特点，学校语文学科在“识字教学”“拼音教学”“类文教学”“作文教学”等课型研究中不断实现课堂的转型，深化语文课程的诗意特质。在课堂中追寻“情趣、灵动、向美”，课堂才能显现出“自然、融入、有机”的精品特质。

以班报讲评课型为例，呈现语文学科进行课型研究的相关成果。班报讲评课型是学校钱红霞老师的原创，经众多语文教师进行优化与推广之后，成为学校语文课型研究中一道亮丽的风景。

班报讲评课型最早起于钱红霞老师一次大胆的作文实践改革。第一阶段是钱老师根据本班学生语文学习的实际，将生活与作文进行融通，每周确定一个主题，让学生根据主题进行写作。然后，钱老师对学生的作文进行修改优化，并编成班报，发给每位学生和家长，学生在阅读班报的过程中不仅激发了自豪感，同时也能从别人的作文中汲取营养。第二阶段是钱老师把班报讲评引入班队课，把学生的学习和生活与作文联系起来，使作文讲评成为学生养成良好学习、生活行为习惯的创新平台。第三阶段是将作文讲评与作业融通，在周末作业和寒暑假作业中，主题作文占有一席之地，使周末与寒暑假成为学生提升作文能力的最佳时机。

3. 资源建设

完善教研组的网络组织，力求分工合理、人人有岗，从日常考核、资源建设、质量监控、课题研究、日常研讨等维度，加强教研组的建设，为提升教研质量提供保障。制订明确的岗位职责，构建责任人与合作者的关系。各个教研组成立资源建设组，从学科教师和学生两个层面进行资源的建设与分享，每一学期期初布置，期末做整理、汇总，上传至校园网的资源库。

学科教师层面	活动照片	学生层面	活动照片、视频
	教学设计		作业、作品
	课件素材		活动策划、展示
	练习试卷		比赛与荣誉
	其他资源		

二、拓展类课程的计划与实施

拓展类课程是对基础课程的补充，是对国家课程进行校本化改造的重要举措。课程拓展的依据是什么？如何拓展？我们依据的原则是满足学生发展的要求和凸显学校的办学理念。

（一）开发维度

1. 学科内拓展

新课程改革实施以来，国家颁布了各个学科的课程标准，对学科的质量提出了明确的要求。围绕课程标准，全国多地组织专家人员进行了教材的编写与修订，形成了具有区域特征的课程内容——教材。但教材毕竟有一定的局限性，不能体现学校特色，也不能较好地落实学校的育人目标。如我校是以古诗文为特色的，而现有教材中诗文的比例偏小，中高年级每学期只精读四首古诗，语文课程标准对小学阶段的要求也只是背诵75首古诗，这远远不能满足学校特色发展的需要。根据学校语文学科的建设方案，我们对课程目标与内容进行了校本化改造，语文学科在苏教版教材的基础上，进行了诗文阅读的拓展，开发了“诗意阅读”“少儿国学”“龙娃编辑部”等校本课程，大大丰富了课程学习的内容。

再以体育学科为例，在“为诗意人生奠基”办学理念的指导下，根据学生的兴趣爱好，我们开设了“玩转篮球”“玩转足球”“健美操”“绳毽飞扬”“射击”“田径”等课程。这些课程是原有体育学科的有机组成部分，只是在原来的实施过程中不能形成较完整的体系。我们以学生体育健康水平达标为基本要求，以发展一项体育运动爱好为长远目标，为学生的体育运动提供丰富的可能性与选择性，有效促进了学生身体机能与运动水平的同步提高。

2. 学科间拓展

任何学科课程都不是孤立存在的，与其他学科之间或多或少都有一定的联系。但在基础课程中，这些联系很难通过课程体现出来。我们在研究中寻找到这些联系点，使学科拓展课程更好地弥补其他课程的不足，如将语文课程与音乐课程融合的“龙娃剧场”、将语文课程与综合实践课程整合的“诗意盆景”课程。

3. 学科与生活整合

我们在开发这一课程时始终关注学生的兴趣与需求，把不断完善学生的学习生活作为课程开发的出发点和归宿，让学生学得充实、学得快乐。为了使我们编写出的教材更加贴近生活，在开发学科拓展校本课程中，我们尽量选取贴近学生生活实际的内容，并渗入乡土特色，如“巧手厨房”“我爱剪纸”等课程。

（二）编制计划

1. 内容安排

作为基础课程的拓展，拓展类课程的内容必须与教材内容既相互关联，又互为补充。同时，作为独立的课程，它必须有自己完整的结构体系。以2015年学校出版的《童声古韵——经典古诗文小学生手绘悦读书（亲子悦读本）》为例，这本书以小学一、二年级的学生为目标受众，精选优美且朗朗上口的80首古诗文，配以拼音帮助阅读；配以精美的小学生手绘图，便于学生理解古诗文的优美意境；配以“亲子悦读”栏目，在亲子互动间，让孩子在愉快地阅读中背诵和记忆，增长知识，开拓想象思维和创新思维。全书共分为20个单元，分别是数字寻趣、童声稚趣、佳节情浓、感念恩情、时令放歌、田园妙趣、花鸟咏春、夏景舒心、秋色宜人、梅傲雪寒、岁寒傲骨、鲜花烂漫、踏青赏景、赏月感怀、秋韵悠长、别有童趣、勤奋好学、边塞感怀、人生哲理、山水寄情。同时，我们突破了教材的束缚，巧妙地将教材内容融合到拓展内容之中，形成以诗文涵养的主题系列。每一单元精选同一主题的4首古诗，如第二单元的主题是“童声稚趣”，选择《咏鹅》《回乡偶书》《牧竖》《田园乐（其一）》4首与儿童生活有关的古诗，最后辅以单元回顾。

2. 课时设置

根据校本课程的性质，校本课程的设置可以采取分散设课的方式，也可以采取集中设课的方式。分散设课，可以与国家课程和地方课程交叉排课；集中设课，可以集中在某一天的某一节，所有班级全部开设校本课程。

我们对拓展类课程的课时设置是有严格规定的，不能占用校本选修课与学生活动的时间。我们的基本原则是，学科拓展课程的时间由学科本身来提供。用通俗的话来说，在自己的“自留地”里做文章。做法是，压缩基础学科的教学时间，每周挤出一节课或半节课的时间来实施拓展类课程。如语文学科（5+2）变成（4+0.5+0.5+2），即把原有的阅读 5 节、习作 2 节，变成阅读 4 节、童声古韵 0.5 节、龙娃剧场与龙娃编辑部 0.5 节、习作 2 节。数学、英语及其他综合学科也是如此，保证总课时量不变。

（三）过程实施

1. 重视学习活动的设计

新课程改革倡导自主、合作、探究的学习方式，要求教师建立全新的“学习活动”这一概念，因此在拓展类课程的实施中我们强调的是学生学习活动的设计，而不同于以往的教学设计。学习活动才是教育教学中的重点，是一个相对独立的主体活动过程，而不应被视为教师教学活动的衍生和附属活动。

学习活动的设计，是以学习目标为核心，遵循学习规律，对应具体的学习内容，来设计学生学习活动的过程和形式。根据新课程改革的理念，我们关注基于合作、基于问题、基于实践、基于探究和基于网络的学习活动设计。

2. 关注对课型的研究

关于“课型”，有多种观点。王策三在《教学论稿》中指出，课型是由不同类型的课组成的课的体系；李秉德主编的《教学论》认为，课的类型是指根据教学任务而划分的种类，有单一课和综合课两大类型。对有关基础学科的课型，各地都进行了比较深入的研究。常州市教育科学研究院在“十二五”期间，重点研究国家课程的各学科的课型范式与实施策略，并出版了系列丛书。新课程改革启动后，学校课程增加了地方与校本两大层级的课程，这些课程既需要开发，又要实施，给学校既带来了挑战，也带来了机遇。郑金洲在《课改新课型》一书中提出了七种课型模式：以探究为主导的课型、以合作为主导的课型、以自主为主导的课型、以对话为主导的课型、以体验为主导的课型、以生成为主导的课型和以问题为主导的课型。毫无疑问，这种研究对一线的课堂教学设计具有很强的指导意义，但对于如何进行拓展类课型的设计与教学，我们进行了深入的探索。

以语文学科为例，课程标准把语文学习分为五个领域，即识字与写字、阅读、习作、口语交际和综合性学习。围绕五个领域的教学，我们进行了再聚焦，如针对阅读教学，我们研究了写人类课文教学、叙事类课文教学、写景类课文教学、说明文教学、说理文教学、童话故事教学、儿童诗教学、古诗教学等，应该说分类清楚，结构清晰，但这些指向的仅是教学内容，而没有考虑学习方法层面。在拓展类课程的具体教学中，我们转换视角，从方法视角来设计课型，如自主感悟课、吟诵鉴赏课、活动体验课、课外阅读课内方法指导课等，对课型研究做了进一步的拓展。

3. 突出发展性评价

发展性评价是指评价的目的不再仅仅是甄别和选拔学生，而是促进学生的发展，促进学生潜能、个性、创造性的发挥，使每一个学生都具有可持续发展的能力。发展性评价的核心是重视过程性评价。

在拓展类课程的评价中，我们注重采用发展性评价。关注学生在学习过程中的兴趣、态度和情绪，使学生获得学习的愉悦体验；关注学生的阅读兴趣和文化视野的拓展；关注学生把握和内化传统文化精神、形成自己的价值追求和人格涵养的过程；关注学生的创新精神和实践能力的培养。

此外，我们还关注评价主体的多元，既关注教师对学生的评价，也尊重学生的主体地位，指导学生开展自我评价、相互评价，甚至请学生家长参与评价，使评价成为教师、学生、家长等多个主体共同参与的交互活动。

根据课程的性质，我们制订了拓展类课程的评价表（见下表）。

______学年______学期　　　　______年级　　　　　　学生姓名：______

评价内容	评价等级											
	学生自评				学生互评				教师评价			
	A	B	C	D	A	B	C	D	A	B	C	D
参与活动的课时量与态度												
参与中的感悟和情感体验												
学科文化知识的积累												
课堂表现												
创新精神和实践能力的发展												
学习收获或成果												
教师综合评比等第												

三、品牌类课程的计划与实施

品牌类课程的建设是龙虎塘实验小学践行诗意教育的一大举措。学校立足原有的办学优势与传统，开发了一批具有学校特色的课程，如“少儿国学”“龙娃玩数学”“龙娃玩篮球”“龙娃看世界”等。下面以“少儿国学”课程为例，阐述品牌类课程的计划与实施过程。

（一）编制计划

1. 内容安排

2017 年春季“少儿国学”特色课程实施表

活动栏目	组长	责任人、合作团队	活动主题	备注
古韵新诵（小课堂，大国学）	金超	黄鹊(2 月 24 日) 薛娇(3 月 3 日) 曹晓曙(3 月 17 日) 杨楹(3 月 31 日) 房丽丽(4 月 7 日) 黄莺(4 月 21 日) 戴业鸣(5 月 5 日) 李鑫明(5 月 19 日)	3 月： 春意盎然 亲近自然	1. 每次国学讲座时间为 20 分钟，内容自定，但要关注前移后续，配以课件和音乐。 2. 串联词提前在周一给金超备查，活动后将电子稿、课件及活动照片发给金超，上传至网站；用 A4 纸打印夹入记载本。 3. 将各班学生听讲、互动情况纳入月考核。 备注：本学期“国学常识”为“明清文学名人系列”。
古韵新唱（常州吟诵唱诗）	周菲	周菲、孙洁 （3 月 10 日） （4 月 14 日） （5 月 12 日）	4 月： 校园美景 我爱我“家”	1. 每次的常州吟诵围绕国学课堂内容或月活动主题选择一首经典作品，唱吟结合，向全校现场示范展示。 2. 活动后将电子稿及活动照片发给周菲，上传至网站；用 A4 纸打印夹入记载本。 3. 将各班学生学唱、互动情况纳入月考核。

（续表）

活动栏目	组长	责任人、合作团队	活动主题	备注
馨竹之声（创作诗交流）	费菊媛	潘虹　三年级语文团队（3月24日） 洪丽英　四年级语文团队（4月28日） 张彩亚　五年级语文团队（5月26日）	5月：放歌童年，诗意绽放	1. 每次创作对象为二至六年级学生，将投稿数量和质量严格纳入本班语文教师古诗文小课月考核。 2. 责任教师对作品进行修改润色，并进行相关辅导。 3. 将串联词、学生作品、活动报道电子稿发给蔡彩霞，上传至网站，制作版面更换诗苑涂鸦栏；用A4纸打印，收齐作品交流纸，夹入记载本。
诗社活动	费菊媛、张洁			1. 用好《雏凤鸣春——龙小诗联一点通》，步步为“营”。 2. 做好课程资料收集工作，开发校本课程。 3. 第一周做好三至五年级学员选拔、确认工作。 4. 每周一下午第三节开展社团活动。
国学背诵考核特色活动	许华章		全体语文教师（6月1日）	与学生发展处“第四届诗意文化节”整合。

2. 课时设置

在课时设置中，每周小课是日常性学习的平台。全校学生全员参与，每周定时学习，学生的国学素养在日常学习中逐渐提高。每一节的活动课程是周学习成果的节点展示平台，既是学习进程的阶段巩固，也是学习成效的阶段评估；学期课程则是一学期的节点展示与汇报，内容和形式有一定的多元性和多样化，活动一般比较正式，规模比较大，学校层面组织，全校学生参加，一学期的成果得到充分展现。

课程	项目	年级/课时	说明
每周小课	古诗文吟诵	每周每班 0.5 课时（小课）	排入每班的课表，周一至周四第四节小课
活动课程	古韵新诵 古韵新唱 馨竹之声	每周每班 1 课时	每周五中午 12:00 开始，全校现场直播大课
学期课程	国学迎新 特色活动	半天	用竞赛、猜谜等形式组织开展国学研究活动
学期课程	诗意文化节	半天	用文艺节目展演的形式组织开展国学研究活动

3. 师资配备

“少儿国学”课程开发领衔人是学校的语文教师，包括许华章（“少儿国学”课程实施总负责人）、徐彩芬（语文学科负责人）和费菊媛（“少儿国学”校本课程实施具体负责人），其中费菊媛曾指导学生费东获全国少儿诗歌大赛一等奖。学校参与开发人员还有语文教师周菲、张洁，她们都是古诗文的爱好者、古诗文教学实践的探索者。此外，学校与常州诗联社合作，外聘常州诗联社社长谢孝宠老师（毕业于南京大学中文系，长期从事语文教学工作，楹联学家、诗人）定期指导课程实施，同时还引进社会师资力量专家——江苏省文化厅命名第二批江苏省非物质文化遗产名录项目代表性传承人秦德祥老师及其弟子来校进行指导。

（二）过程实施

1. 过程管理

（1）拓展、丰富课程内容。

在学校原有成熟的课堂教学方式的基础上，继续拓展开发“中华诗词创意盆景”“苏派诗词吟唱”等国学课程，充分挖掘其中蕴含的丰富内涵，着手编写相关课程纲要性著作，设计校本课程开发与实施指导纲要。

（2）继续进行“小课堂，大国学”特色课程开发与实施。

打通学科活动壁垒，将“少儿国学”课程与其他学科教学和活动进行有机整合，全面培养学生的人文素养。如与音乐、美术、综合实践活动、信息技术、班队活动、学校课题联袂合作，在其他学科教学和活动中融入国学元素，并把“少儿国学”课程实施过程中积累的教学策略、活动机制、评价方式等有机迁移至其他学科教学及活动中，以实现双向滋养。

（3）加强校园环境及班级文化等课程教学资源建设。

将学校的物理空间建设成学生的学习空间，让校园里的一花一树、一墙一角成为有效的课程资源，如学校的图书馆、专用教室或功能教室使用率较高。此外，学校充分利用校外资源进行课程教学，为学生发展服务。

2. 课堂实践

课堂实践的课型主要有三种：一是国家课程经典国学课型。学校基于学生的国学底蕴实际，对国家课程中有关国学的内容进行有机拓展与有效延伸，教学的形式也从基本的背诗、理解诗拓展到唱诗、吟诵、创作诗、表演诗等形式。二是校本古诗文小课。基于全校所有班级每周一节20分钟小课，依据学校自主开发的古诗文教材进行教学，拓展学生的古诗积累量，并通过各种形式提高学生学习古诗的积极性和兴趣，逐步提升学生的国学素养。三是“少儿国学”活动课（包括“古韵新诵”“古韵新唱”“馨竹之声”等），主要是阶段性成果展示和学期总结性展示，对全校学生学习国学的成效进行有效评估。评估的方式多样，有国学音诗画体验、情景剧表演、创作诗交流、富有地方特色的常州吟诵唱诗等，通过多样化的课堂教学形式有效提升全校学生的国学素养。

3. 资源建设

（1）自编教材资源。

从2002年起，学校十分重视课程资源建设，先后编著了《雏凤鸣春——龙小诗联一点通》《古诗文阅读自编教材》《童声古韵——经典古诗文小学生手绘悦读书》等5本校本课程自编教材。这些教材为学校开展“少儿国学”课程提供了强有力的资源基础。

（2）积累活动课程资源。

每周五，由学校教师组织开展现场直播全校大课——古诗文国学课程，内容主要有三个板块：古韵新诵（小课堂，大国学）、古韵新唱（常州吟诵唱诗）、馨竹之声（创作诗交流），积累了大量的活动PPT、活动视频以及活动设计文本稿，为学校开设国学校本课程提供了大量的优质资源。

(3) 积累学期课程资源。

学校根据工作年历，在每年“六一”举行诗意文化节，以节目展演的形式演绎国学经典，让学生在潜意识中受到国学的熏陶；同时在每年的国学迎新特色活动中，通过班级背诵考核、学校背诗大赛、国学现场 PK 赛、国学有奖猜谜等形式，让学生享受到丰富的国学课程。同时学校也积累了学期课程实施的优质经验和学生现场资料，对今后开设相关活动有重要的借鉴意义。

(三) 成效评价

在品牌类课程的评价中，我们采用多样化评价方式，将过程性评价和总结性评价相结合、量化评价和质性评价相结合，注重学生在活动过程中所表现出来的积极性、合作性、探究性和创新意识。

1. 班级背诵考核

根据学校国学学习的要求，每学期各班举行班级背诵考核，各班的优胜者将获得“国学小达人”称号。

2. 学校背诗大赛

每学期学校举行背诗大赛，参赛者都是各班的“国学小达人”，优胜者将获得“背诗大王”称号。此举意在激励全校学生多读、多背古诗，进行人文积累。

3. 国学现场 PK 赛

国学现场 PK 赛的内容不仅是背诵古诗，更多的是对国学的相关知识与应用能力的考核，每学期组织一次。参赛者不仅要有背诗积淀，更要有相应年段的国学常识储备。这样的 PK 赛更有利于学生对国学活学活用。

4. 国学有奖猜谜

为提高学生学习的积极性，在国学迎新特色活动中，把国学的相关内容与知识做成灯谜，学生通过有奖猜谜，大大提高了学习国学的积极性。

四、特色类活动的计划与实施

学校“少儿国学”课程的实施已在前面品牌类课程的计划与实施中做了阐述，课程内容包括古诗文吟诵、古韵新诵、古韵新唱、馨竹之声、诗意文化节和国学迎新特色活动等。下面以其中的国学迎新特色活动为例，阐述特色活动的计划与实施过程，有利于大家更加深入地了解学校特色活动的发展。

（一）编制计划

1. 活动时长

时间一般为半天，各个活动阶段时长各有不同，可根据具体内容进行适当的调整。

2. 内容安排

活动内容以少儿国学为主，活动的形式有识记类、猜谜类、创作类和竞赛类等。

活动项目	活动基本内容
国学展演	主要是利用国学的内容，采用唱、演的形式，以某个主题为主线，呈现音诗画类的艺术节目。
“我爱记诗词”	主要通过互背互考的形式对学生一学期学习的国学内容进行评价与反馈。
“我来猜灯谜”	根据学校“少儿国学”课程的内容，学生通过创作灯谜、猜灯谜，既提高了学习国学的兴趣，又加深了对国学的理解。
“我是小诗人”	学生根据已有的积累，自主创作诗，在全校展示。
龙小诗词大会	通过竞赛的形式，对各年级选拔出来的国学骨干学生，进行现场决赛，题型多样，形式丰富，趣味性强。

3. 师资配备

国学迎新特色活动的总负责人为许华章，常州市骨干教师，学校教科室主任，长期以来从事国学在中小学中的推广研究工作。参与开发人员有学校的语文教师周菲、张洁等，都是古诗文的爱好者。合作师资为全体语文教师，如费菊媛老师，热爱古诗词，对古诗词有着独特的理解和教学方法。

（二）过程实施

1. 过程管理

国学迎新特色活动是基于学生平时国学学习的积累，在元旦迎新的时间节点上，组织相关活动进行成果的展示和推广，通过学生自觉的学习和同伴的影响，营造学习国学的氛围，提高学生学习国学的质量与水平。

本活动是学校元旦庆祝活动系列中的一部分，主要由教科室牵头制订方案，以各班为活动主阵地，以班主任为组织主体，以学生为参与主体。评价主要是以生生互评、积分卡、过关卡为主，通过制订的评价机制，对学生进行评价颁奖。

2. 活动实践

在活动实践中，主要是对时间进行有效的划分，明确活动的具体内容、地点、要求和责任人，确保活动的有效开展。如下列安排表：

时间	地点	活动项目	活动要求	责任人
8:15—10:00	在本班教室内收看现场直播	国学展演	1. 参演学生全力以赴。 2. 现场观众与班级里的观众文明观看。	学生处
10:00—11:10	各班级自主活动	“我爱记诗词”	1. 学生复习本学期学会的诗词及平时积累的诗词。 2. 由各班语文教师组织小助手给每位学生计算背诗数量，数量不限，越多越好。填写考核表，自评满意获一颗★。	各班语文教师
10:00—11:10	各班级、同年级自主活动	“我来猜灯谜”	1. 各班学生根据《童声古韵——经典古诗文小学生手绘悦读书》本学期学习内容创作谜题，每人不少于10个，填写在考核表上，并制作成灯谜（彩条），在教室里布置好。（丝带、彩纸、双面胶、固体胶等由年级组统一领取发放） 2. 自评满意获一颗★。 3. 在班级内、同年级内文明猜谜，选取猜对的纸条贴到考核表上（不超过10个）。自评满意获一颗★。	许华章、年级组组长
11:50—12:10	在本班教室内收看现场直播	“我是小诗人”	1. 把本学期自己创作的最满意的一首诗填写在考核表上。 2. 自评满意获一颗★。 龙小诗词大会（全校总决赛）	语文教师吴静娟、二年级组

3. 资源建设

本特色活动的资源建设十分丰富，一是活动方案不断完善，使每年举办此特色活动有了总体的指引；二是活动项目不断更新，从原先的背诗大赛发展到背诗、猜诗、演诗、唱诗、画诗、创作诗等比赛，每一种形式都有资源的积累；三是已形成了背诗、猜诗、演诗、唱诗、画诗、创作诗等题库，为每年开展活动提供了丰富的素材和资源；四是学校自编教材5本，为开展相关特色活动提供了内容脚本。

（三）成效评价

国学迎新特色活动评价的方式有多种，既有针对全体学生的，也有针对少量优秀学生的，覆盖面大，适用性广，让每个学生都能成为评价的受益者。我们一般采用三种方式进行评价。

1. 国学积分

根据学生在活动中的表现进行星级积分，根据积分多少进行不同的奖励。这种奖励面向全体学生，难度系数级别为低级。

2. 过关盖章

根据学生在指定的场景中参加指定的活动，达到指定的规则与要求，予以在参赛体验单上盖章，以示过关。这种奖励面向大多数学生，难度系数级别为中级。

3. 竞赛颁奖

根据各班的选拔，将各班或各年级中最优秀的学生推举出来，组织全校级别的比赛，通过竞赛，决出第一、第二、第三名，当场颁奖。这种奖励面向小部分学生，难度系数级别为高级。

学校通过多种评价方式，让全体学生感受到学习国学是有意义、有价值的，从而激励自己不断加强国学积累，提高自身的国学素养。

第三节　诗意课程的实践案例

诗意课程的实施，是学校诗意教育的重要组成部分。上一节主要是从学校层面谈如何进行各类课程的开发与实施的，本节则以个案的形式，具体阐述各类课程的操作路径与方法。

一、美术学科课程的建设

《基础教育课程改革纲要（试行）》明确提出，基础教育改革的具体目标之一是“改变课程管理过于集中的状况，实行国家、地方、学校三级课程管理，增强课程对地方、学校及学生的适应性”。这表明我国的基础教育课程管理体制，将由原先过于集中的国家课程管理走向国家、地方、学校三级课程管理，学校有一定程度的课程自主权，共同参与课程决策并承担相应的责任。为了切实有效地履行课程管理的权责，落实国家基础教育课程管理政策，提高学校课程的整体质量，促进全体学生主动地发展，增强教师的课程管理意识，龙虎塘实验小学根据自身的发展历程以及学校的特色，创建了诗意文化课程。

对于作为基础课程之一的美术学科，我们坚持以美术课程标准为参照，以探究地方美术资源为补充，重新架构具有学校特色的美术学科纲要，对国家课程进行创造性实施。以下是学校“诗意美术”课程纲要的内容。

龙虎塘实验小学“诗意美术”课程纲要

一、背景

（一）基于对学校核心文化理念的践行

龙虎塘实验小学承季子故里的深厚文脉，扬诗乡联城的墨香雅韵，深涵百年风范，尽显江南情致。始祖季子是常州文明之源、尚德之泉、文脉之根、文化之魂，与孔子齐名，史称“南季北孔”，影响深远。这些为学校“诗意美术”课程的开发与实施提供了深厚的文化、艺术、物质资源。学校本着“为诗意人生奠基”的办学理念，立足课堂，扎根日常，创造性开展“诗意美术”课程实施与研究工作，打造“情趣、灵动、向美”的诗意课堂，使课堂达到“有向开放、有效互动、主动创造、生态评价”的诗意境界，让学生浸润在诗意的美术课堂、诗意的校园环境中，诗意成长。

（二）基于学生成长发展需要的诉求

多年来，龙虎塘实验小学的学生在古诗文的熏陶下，已有了一定的文化积淀，诗意文化对学生产生了较大的影响。但还缺乏美术学科独特的诗意内涵浸润，急需“经典、愉悦、生长”的“诗意美术”课程的开发与实施，培养学生独特的审美情趣、情操、审美能力和创造美的能力，从而实现学校诗意学生培养目标中的第三级指标（主动接受各类艺术作品的熏陶，初步形成审美能力和高雅的生活情趣）。

（三）基于对教师校本课程开发能力的提升

“诗意美术”课程实施团队中包括6名在编美术教师，五级梯队共4人，较强的美术专职师资力量为“诗意美术”课程的建设提供了强大的师资支持。但美术教师们对“诗意美术”校本课程仍存在不同程度的不解与困惑，而教师又是校本课程的编制者、实施者，搞好校本课程开发对提升教师的美术专业素养具有重要意义。英国课程论专家斯腾豪斯曾说：“没有教师的发展就没有课程开发。”相反，没有课程开发也就没有教师的发展。校本课程开发是提升教师专业能力的有效途径。

（四）基于美术学科核心素养的落实

美术核心素养（图像识读、美术表现、审美态度、创造能力、文化理解）的内化及形成基本的能力，需要美术课程整体设计与教学更关注学生原有的知觉经验，在艺术与生活的思维方法上得到提升。这样，学生才可以真正形成视觉审美的基本能力（方法），以及在当下和之后成长的路途中解决个人发展中遇到的问题的能力。

二、总目标

基于“为诗意人生奠基”的办学理念，通过国家课程校本化的实施和美术校本课程的诗意开发，激发学生的创意，提高学生的审美能力，丰富学生的视觉、触觉和审美经验；通过学习与创作表情达意，形成良好的美术素养。实施“诗意美术”课程，打造“诗意美术”课堂，形成品牌特色，促进师生的诗意成长。

教师目标：在参与“诗意美术”校本课程开发的过程中，教师在感受和理解教育工作的基础上所形成的关于教育的本质、目的、价值、生活的认识和信念逐渐走向成熟。教师通过与课程专家合作、与其他学科教师协作、与学生共同探究等形式，通过自己对课程开发活动的反思，形成新的教育理念，新的学生观、教材观、教学观、评价观，不断地更新知识、补充知识，扩大自己的知识范围，全面深化对知识的理解、掌握、创新，并以广泛的文化基础知识、精深的学科知识、丰富的教育科学知识和心理科学知识来重建新的知识结构，使自身的美术专业技能得以发展。

学生目标：

第一学段（一至二年级）

尝试不同工具，用纸以及身边容易找到的各种媒材，通过看看、画画、做做等方法大胆、自由地把所见所闻、所感所想表现出来，体验造型活动的乐趣。尝试不同工具，用身边容易找到的各种媒材，通过看看、想想、画画、做做等方法进行简单组合和装饰，体验设计和制作活动的乐趣。观赏自然景物和各类美术作品的形状与色彩，用简短的话语大胆表达自己的感受。采用造型游戏的方式进行无主题或有主题的想象、创作、表演和展示。

第二学段（三至四年级）

初步认识形状、色彩与肌理等造型元素，学习使用各种工具，体验不同媒材的效果，通过看看、画画、做做等方法表现所见所闻、所感所想，激发丰富的想象，唤起创造的欲望。学习对比与和谐、对称与均衡等形式原理，了解一些简易的创意和手工制作的方法，进行简单的设计和装饰，感受设计制作与其他美术活动的区别。观赏自然景物和各种美术作品的形状、色彩与质感，能用语言或文字对欣赏对象进行描述，说出其特色，表达自己的感受。采用造型游戏的方式，结合语文、音乐等学科内容，进行美术创作、表演和展示，并说明自己的创作意图。

第三学段（五至六年级）

运用形状、色彩、肌理和空间等造型元素，以描绘和立体造型的方法，选择适合的工具、媒材，记录与表现所见所闻、所感所想，发展美术构思与创作的能力，表达自己的思想和情感。运用对比与和谐、对称与均衡、节奏与韵律等形式原理，了解一些简单的创意、设计方法和媒材的加工方法，进行设计和装饰，美化身边的环境。欣赏、认识自然美和美术作品的材料、形式与内容等特征，通过描述、分析与讨论等方式，了解美术表现的多样性，能用一些简单的美术术语表达自己对美术作品的感受和理解。结合学校和社区的活动，以美术与科学课程和其他课程的知识、技能相结合的方式，进行策划、制作、表演与展示，体会美术与生活环境、美术与传统文化的关系。

三、美术课程校本化实施框架图

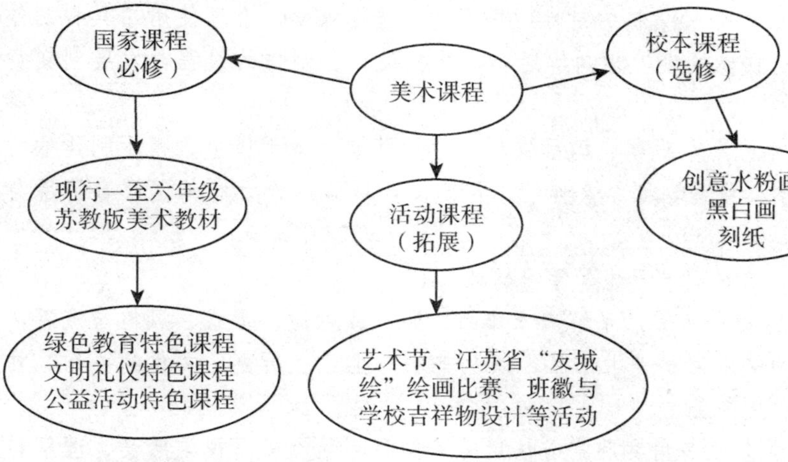

四、国家课程的内容整体结构

总目标：学生以个人或集体合作的方式参与美术活动，激发创意，了解美术语言及其表达方式和方法；运用各种工具、媒材进行创作，表达情感与思想，改善环境与生活；学习美术欣赏和评述的方法，提高审美能力，了解美术对文化生活和社会发展的独特作用。学生在美术学习过程中，丰富视觉、触觉和审美经验，获得对美术学习的持久兴趣，形成基本的美术素养。

美术课程内容分为“造型·表现”“设计·应用”“欣赏·评述”“综合·探索”四个学习领域。

（一）“造型·表现”学习领域

1. 观察、认识与理解线条、形状、色彩、空间、明暗、肌理等基本造型元素，运用对称、均衡、重复、节奏、对比、变化、统一等形式原理进行造型活动，增进想象力和创新意识。

2. 通过对各种美术媒材、技巧和制作过程的探索及实验，发展艺术感知能力和造型表现能力。

3. 体验造型活动的乐趣，敢于创新与表现，产生对美术学习的持久兴趣。

（二）“设计·应用”学习领域

1. 了解设计与工艺的知识、意义、特征与价值以及“物以致用”的设计思想，知道设计与工艺的基本程序，学会设计创意与工艺制作的基本方法，逐步发展关注身边事物、善于发现问题和解决问题的能力。

2. 感受各种材料的特性，根据意图选择媒材，合理使用工具和制作方法，进行初步的设计和制作活动，体验设计、制作的过程，发展创新意识和创造能力。

3. 养成勤于观察、敏于发现、严于计划、善于借鉴、精于制作的行为习惯和耐心细致、团结合作的工作态度，增强以设计和工艺改善环境与生活的愿望。

（三）“欣赏·评述”学习领域

1. 感受自然美，了解美术作品的题材、主题、形式、风格与流派，知道重要的美术家和美术作品，以及美术与生活、历史、文化的关系，初步形成审美判断能力。

2. 学会从多角度欣赏与认识美术作品，逐步提高视觉感受、理解与评述能力，初步掌握美术欣赏的基本方法，能够在文化情境中认识美术。

3. 提高对自然美、美术作品和美术现象的兴趣，形成健康的审美情趣，崇尚文明，珍视优秀的民族、民间美术与文化遗产，增强民族自豪感，养成尊重世界多元文化的态度。

（四）“综合·探索”学习领域

1. 了解美术各学习领域的联系，以及美术学科与其他学科的联系，逐步学会以议题为中心，将美术学科与其他学科融会贯通的方法，提高综合解决问题的能力。

2. 认识美术与自然、美术与生活、美术与文化、美术与科技之间的关系，进行探究性、综合性的美术活动，并以各种形式发表学习成果。

3. 开阔视野，拓展想象的空间，激发探索未知领域的欲望，体验探究的愉悦与成功感。

五、实施建议

（一）保证充足课时，把握教学内容，提高教学质量

“诗意美术”课程保证一周一课时集中的教学，适当组织课后的小组学习和个人探究活动。教师应认真钻研教材，正确理解、把握教材内容，创造性地使用教材，教学时针对教学内容进行专题化、系统化的解读；积极开发、合理利用课程资源，灵活运用多种教学策略和现代教育技术；根据不同的教学内容精心设计和组织教学活动，启迪学生智慧，提高“诗意美术”的教学质量。

（二）提供丰富的课程实施资源

可利用的课程资源有图书馆典藏名家书画集、历届学生的优秀作品、相应网站、学生用的线描画参考用书、教师订阅的相关杂志、视频教学录像等。丰富的图书、音像资源给学生提供了丰富的参考资料。

六、课程评价

促进学生素养全面提高的评价体系决定了评价工具与方法的多元化和多样化。一方面，我们采用多元评价方式，注重量化评价与质性评价相结合，关注学习过程的评价，包括展示性评价、过程性评价、发展性评价和终结性评价；另一方面，我们实行多元主体的评价，学生、教师、学校、家长和社会都是评价的主体，更注重学生的自我评价和学生之间的互相评价。

（一）日常星级评价

教师观察学生在课堂中的各种表现，并及时记录，加强学生之间的互相评价，采用星级评价的方式，每节课进行记录，并且利用记录的信息不断促进学生的成长。

（二）展示性评价

利用学生在美术活动中完成的各种作品，每学期举办一至两次学生作品展，并在学校诗意文化节等活动中做专场展示。

（三）过程性评价

龙虎塘实验小学美术学业水平评价表

项目__________ 姓名__________

平时作业	能级考核1	能级考核2	能级考核3	期末考核	等第

注：4个优1个良及以上为优，3个合格及以上为合格，其余为良，3个不合格为不合格。报教导处审核。

二、“玩转篮球”拓展课程的开发

在原有国家课程内容的基础上，结合学校诗意教育的特色需求及师生实际，进行内容重组，有选择地对课程内容进行拓展和补充。

对于拓展课程的计划与实施，我们有较规范的开发机制和实施管理办法，如“玩转篮球”的开发，纲要制订完善，实施过程规范，而且取得了较好的成果，成为学校的品牌课程，纳入了学校的品牌课程体系。

（一）编制计划

1. 内容安排

学校根据学生的年龄特征，将篮球纳入日常的体育大课程内容中，并根据年段特点，形成篮球教学序列。在体育大课程实施过程中，充分保证篮球教学内容的有效性。面向部分学生开设篮球校本课，保证一周一课时的集中教学。同时，成立校级篮球社团，通过市篮球队基地，提升学生对篮球的认识，提升学生的专业技能，促使学生热爱篮球，将篮球作为终身锻炼的项目。在学校一年一度的诗意体育节中安排与篮球课程相应的项目，让全体学生感受到篮球的魅力。同时在体活课、大课间开展班级间、学生间自发的篮球活动，提升了学生的课间活动质量，也为篮球课程在全校的推广奠定了坚实的群众基础。

附：一、二年级篮球校本课程内容

总类目	分类目	年段	细化类目
篮球公园 理论篇 （1～2 学时）	常识介绍类	水平一	球
			场地
			辅助器械
篮球公园 体验篇 （7～8 学时）	体验游戏类	水平一	速度竞赛游戏
			无球合作游戏
			单人有球游戏
			双人有球合作游戏
			团队无球合作游戏
			团队有球合作游戏
篮球公园 技术篇 （7～8 学时）	基本技术类	水平一	原地拍球
			高低运球
			花式运球
			原地双手胸前传接球
篮球公园 体能篇 （5～6 学时）	综合素质类	水平一	弹跳类
			综合跑类
			反应类

2. 课时设置

课程	项目	年级/课时	说明
体育课中篮球内容	日常篮球课	一至六年级/每周1课时	面向全体学生 每节课40分钟
校本课程	“玩转篮球”	一至五年级/每周1课时	面向部分学生 周一集中50分钟长课
校级社团	校级篮球竞技	一至六年级/每天2课时	面向少量拔尖学生 中午时间进行
特色活动	诗意体育节	根据内容动态分配课时	面向全体学生 每学年一次

3. 师资配备

师资类别	篮球课程开发领衔人	常州市篮球队基地合作师资	参与开发人员	引进社会师资力量
师资说明	耿怀明：本校篮球教师，体育硕士研究生	白瑛：市篮球运动队教练	蔡汝艳、谈煜棋：本校教师，篮球专业本科	“飞鹰”篮球俱乐部专业教练3人

（二）过程实施

1. 过程管理

学校对“玩转篮球”拓展课程的过程管理，坚持民主管理的原则，将课程的管理权下放到项目负责人。首先，在日常课中，篮球课程内容由体育教研组组长召集全体体育教师，根据国家体育课程纲要和本区体育学业水平评价要求，在“为诗意人生奠基”的办学理念指导下，进行多次研讨，并向专家求证，根据学生的年龄特点，给各个年段安排合适的篮球内容，用游戏教学、比拼激趣、文化浸润等教学方法和策略，让每个学生都有学习篮球的机会并对学习篮球产生兴趣。学校教导处巡查日常篮球课的质量，对出现的问题提出建设性建议；在周一校本课程的实施中，课程的内容就是篮球专业教师编制的校本课程，教师根据上课的质量和效果，及时对校本篮球课程的内容、方法与评价机制做动态调整；校级篮球社团则由常州市篮球队的专业教练进行指导训练，采用市篮球队最新、最优质的训练方法和策略，让校级篮球社团的学生有更好的发展；在诗意体育节中，安排一些富有趣味性的篮球活动内容，如行进间运球、投篮比赛、篮球操等，让全校学生都能感受到篮球的魅力。

2. 课堂实践

（1）游戏教学

篮球课程的内容总体上比较有趣味，但时间长了学生会产生厌烦情绪。在所有教学策略中，运动游戏教学是最能调动学生的学习兴趣和积极性的。在学校自编的校本课程中，游戏设计得最多，是重要的课程内容。特别是针对低年级，游戏更是贯穿整个课程，让篮球课程更显魅力。

（2）比拼激趣

篮球是对抗性运动，如果没有比拼就缺少生命力，所以在教学设计中，对抗比拼不可或缺。比拼的方式和内容不局限于篮球比赛，还有定点投篮、行进间投篮、原地运球、行进间运球等内容，让不同年龄段、不同水平层次的学生都能在比拼中获得乐趣，提升技能，感受篮球的魅力。

（3）文化浸润

篮球有一百多年的发展历史，学校篮球队 30 年的历史也是充满荣耀。用篮球明星的事迹感染学生，用学校历年的精彩成绩和优秀学生事迹教育学生，让学生把篮球作为一项体育技能来学习，让学生明白，学习篮球不仅是终身锻炼的需要，也是对学校篮球文化的传承和发扬。

3. 资源建设

（1）学校资源

学校积累了大量区级比赛以及和优质学校高水平的练习的录像资源，既有区外对手的，也有区内兄弟学校的，此外还购置了篮球电子教材。这些资源不仅为所有学生学习篮球提供了素材，还为篮球队外出比赛制订战术提供了依据。

（2）市队资源

目前学校是常州市体育局中小学篮球队的训练基地，有专职教练驻校，每天对校级篮球社团训练进行指导和训练，有效提高了学生的篮球水平。

（3）社会资源

“飞鹰”篮球俱乐部是学校引进社会优质篮球资源的一个成功案例。“飞鹰”篮球俱乐部是常州市较有名的正规篮球办学机构，规模大，教练素质高。他们为学校校本课程的实施提供了 3 名教练，参与学校的篮球教学，进行篮球教学的学术交流，为提高学校的篮球水平奠定了较好的基础。

（三）成效评价

1. 日常课篮球内容评价

根据学校的体育课程纲要，篮球是限学内容，被纳入学生体育学业水平评价体系。具体评价属于体育技能水平栏目中的限学内容，占10%，保证每一位学生能够学习篮球，促进一批学生能将篮球作为自己终身锻炼的项目，特别是对于男生，这项评价意义重大。

龙虎塘实验小学体育与健康学科学业水平评价表

学生信息						体育技能水平（70%）							表现性评价（30%）				总分（100分）	等第
姓名	性别	身高	体重	视力		必学内容			限学内容		自选内容		健康知识（10分）	技能特长（5分）	出勤及表现（10分）	锻炼意识（5分）		
				左	右	田径（10分）	体操（10分）	武术（10分）	篮球（10分）	韵律及传统体育（10分）	跳绳（10分）	合作跳绳（10分）						

2. 篮球校本课程评价

对校本课程的评价，被纳入学校整体课程实施体系，分为过程性评价和总结性评价。

过程性评价有纵向评价和横向评价之分。从横向评价来看，主要从资料记载、课程执行、教研活动、书香沙龙、课程开发五个维度进行系统评价，而每个维度的评价都明确了优秀、良好、合格、不合格的评价指标，评价更具操作性；从纵向评价来看，每月对篮球校本课程进行评价，具有时效性和针对性，确保篮球校本课程的实施质量。

总结性评价主要包括两种形式的评价：一是篮球技能展示，二是会议成果汇报。篮球技能展示是以比赛或展示的形式，展示篮球校本课程实施过程中学生的学业质量，是评价质量最直接的体现，直观、感性，现场感强；而会议成果汇报则是由带队教练根据一学期以来带队的计划、经验、成效和反思，进行提炼，然后在会议上进行成果汇报，虽缺少现场感，但理性成分较多，也是评价方式不可或缺的一部分。利用教练总结经验，优化课程实施方式，对今后的课程实施有更多的现实指导意义。

3. 校级篮球社团评价

学校对校级篮球社团的评价主要包括两方面：一是对教师的评价，二是对学员的评价。对教师的评价分为两方面：一是精神奖励。在学校各级会议上，对取得优异成绩的辅导教师进行表扬，通过学校网站、电子屏幕、生日贺卡等媒介，对教师进行肯定性评价，并与各级先进的评比和“感动校园”的评比相关联，让教师感受到带队训练和参加比赛不仅是学校的荣耀，也是自己的荣耀，能提升自己在学校领导、同事和学生心目中的认可度。二是物质奖励。将对训练表现的评价和比赛成绩纳入教师的年度绩效考核，与教师的年终绩效挂钩，以提高教师训练的积极性。

对学生的评价也分为两个方面：一是精神奖励。利用升旗仪式举行表彰大会，在全校学生面前向在比赛中表现优异的学生授奖，让他们感受到光荣，同时在学校网站、电子屏滚动播放他们的事迹，激励他们更加努力，取得更优异的成绩，同时也对低、中年级预备队的训练起到积极的示范作用。二是物质奖励。设置过程训练奖励机制，在练习的过程中以周为单位，进行训练周之星评选，举行简单的颁奖仪式，对学生进行体育用品、食品、电影票等形式的奖励，让学生感受到认真训练和比赛有精神和物质的双重回报，有利于提升学生的训练水平和质量。

4. 诗意体育节中篮球项目的评价

每年的诗意体育节，学校精心设计了评价机制，主要分为以班级为单位的团体评价和以学生个体为单位的集章评价。以班级为单位的团体评价，被纳入体育先进班集体的评选。根据春季运动会和诗意体育节中各年级开设的项目（其中包括篮球多项内容，如定点投篮比赛、原地运球比赛、行进间运球比赛），在年级内进行积分排名，并转化为体育先进班集体评选的积分，以调动每个班级的积极性，让每个班级都积极投入学校的体育课程、体育训练和体育比赛中，让学生真正成为体育课程实施的最大受益者。以学生个体为单位的集章评价是指，在每年的诗意体育节中，学校借鉴世博会的举办和评价方式，开设 48 个室内馆和 12 个室外馆（其中包篮球馆），每个馆都有印章，学生每在一个馆过关就会得到一个印章。最后学校根据学生获得印章的数量，评选出一、二、三等奖，并发放奖品，激励学生参加各种趣味体育比赛，增强体质，培养终身锻炼的习惯。

三、“龙娃看世界”品牌课程的建设

“龙娃看世界”是学校自主开发的品牌课程。通过对该课程的学习，学生能对英语学习中接触的外国文化感兴趣。该课程选择学生感兴趣的内容，以点带面，促使学生去了解、去探索，扩大学生接触外国文化的范围，便于学生更加全面地了解西方生活，帮助学生开阔视野，提高他们对中外文化异同的敏感性，进而提高他们的跨文化交际能力。学校历时三年进行课程规划，并出版了《玩转英语》的学材，共三册，分三个年级，与现行小学三至五年级教材配套使用，每个单元设置三个大板块，各个板块特色如下。

（一）Big eyes

该板块主要呈现的是跟主题配套的有关西方文化的具体内容，如科学技术板块有名人介绍、科技发明介绍等。另外还设计了一些练习或问题的反馈。如“Can you choose”“Can you match”等，具有互动性和生成性。

（二）Big mouth

该板块主要设计的是“Let’s learn”和“Let’s talk”，主要是让学生说与文化配套的英语单词，或进行相关对话练习，以促使学生对西方文化有更深层次的认识和运用。

（三）Big hand

该板块根据学生所学习的西方文化知识设计了配套的实践活动，有做手抄报、唱歌、动手制作等。例如，复活节可以进行一次制作彩蛋的活动。学习西餐知识时，可以组织学生制作三明治或学习如何摆放西餐餐具。

根据学校每周一次的校本课程时间安排，每学期完成四个文化的话题，每个话题四课时；每周一课时，每学期确保至少十六课时。

四、特色活动方案设计

学校的特色活动体现出一种个性化教育，为尊重、发展和展示学生的个性提供了广阔的空间，促进了学生个性、能力的健康和谐发展。学校特色活动具有多元培育的特性。2016年学校启动了暑假生活活动策划，并形成系列主题。

幸福嬉夏，知味询秋

——2016年暑假生活品评暨期初生活研究活动方案

一、活动时间

8月31日—9月7日

二、活动目的

以“暑假幸福作业”为载体，学生、教师、家长共同参与，分享、评价、展示暑假生活，将活动与班级、年级、学校的文化建设、学科学习、主题活动、开学典礼、年级节点成长课程等进行整合，让学生享受成功的喜悦，并充分品味“作业”背后的成长和困惑，带着“夏”的收获，对新学期的学科学习、个人发展进行规划，前移后续探询并迎接“秋”的灿烂。

三、奖项设置

（一）个人奖

评价对象以学生个体的作业成果为主。

1.“幸福作业单项奖”

某项作业做得非常棒，奖项名称由学生根据作业亮点自己申报，如“创意奖”“合作奖”“幸福小书虫”等，获奖学生为班级总人数的一半以上。

2.“幸福作业小达人”

作业整体做得比较好的学生获奖，每班3名。采用“学生自主申报—小组评议—教师、家长、小干部评议”的方式。获奖作品展示于班级文化墙、年级风采廊、七彩情韵廊。

3.“幸福生活十佳小创客”

人人一张“幸福导图”卡，通过品评自我及他人的暑假生活，盘点获得的成长“能量”，用以规划新学期的幸福生活。规划合理者获奖，每班10名。

（二）团体奖

评价对象以学生群体的汇报活动为主。

1.“幸福作业最佳团队”

可以是暑假里一起活动的小队，也可以是班级里重新组合的小队，每班3个。采用“班级海选—年级海选”的方式，年级海选的第一名在开学典礼上进行展示。

2.“幸福作业展评优秀年级组”

综合各年级的材料展示、活动展示，评选出2～3个优秀年级组。

3.“幸福家庭”

在完成“暑假幸福作业”的过程中，亲子合作表现优异的，或在小队、班级活动中贡献突出的家庭获奖，每班1个。

对获奖的个人和团队，学校将颁发奖品和奖状。

四、具体安排

（一）盘龙校区

一年级期初课程时间为9月1日—9月2日，结合“新生体验营”相关入学准备建议，在已开发的“一年级节点成长课程”基础上加以整合、优化，加强家校之间的合作、互动，确保有序，为建设“生长型年级”打下良好的基础。

（二）学校本部

二至六年级具体安排如下表。

时间		内容	责任人	备注
8月31日 上午 学生报到		作业的完善与奖项自主申报： 1. 下发《幸福嬉夏，知味询秋——2016年暑假作业评优自主申报表》。 2. 学生下午休息，在家完善作业并与家长一起填写申报表。	陈亚兰 班主任	
9月 1日	8:15 — 9:30	1. 班主任开学第一课：师生相互问候、新学期寄语、介绍作业展评流程及要求。 2. 个人奖的品评。(1) 依据申报的奖项在小组内展示作业，小组评定。小组评出的“幸福作业小达人”参与班级评选，最终选出3名，其余为“提名奖”。(2) 将单项奖作品展示于班级文化墙、黑板报。“幸福作业小达人”的作品交给年级组组长，布置于年级文化墙，各班最佳的一份作品布置于学校七彩情韵廊。展示时配以相应获奖学生的集体照。 3. 学科资源捕捉。所有任课教师有序巡班参与，对学生作业中的本学科元素进行观察分析。	班主任 所有学科教师	1. 语、数、英教师由班主任统筹协调，进入所教班级。 2. 综合学科教师由教研组组长统筹协调，进入各年段班级。

（续表）

时间		内容	责任人	备注
9月1日	9:40—10:40	非班主任的语、数、英教师开学第一课：每人20～30分钟，依据前面对作业的观察分析，对新学期的学科常规、努力方向等进行寄语。（注：一、三、六年级可整合已开发的年级节点课程内容；二年级没有英语课，可组织学生讲讲作业背后的故事、新学期岗位建设。）	语、数、英学科教师 班主任	由班主任统筹协调，安排语、数、英教师进班的时间段。
	10:50—11:10	岗位建设专题：以“新学期第一次用餐”为主要专题，结合假期的群体组织及活动经验，培养小队的自我组织能力和管理能力。	班主任 副班主任	
	13:00—14:35	1.“幸福作业小队汇报”活动的策划、准备，以暑假作业中的“实践活动”为主要载体。（严格遵守时间观念，提高效率） （1）学生组队，综合小队资源，策划暑假生活汇报活动，并进行小队分工。（开放电脑室，供小队制作PPT等） （2）小队准备。 2. 依据作业特点，鼓励各年级自主制订更合理的方案。 二年级：“美羊羊”竞技秀。各小队聘请家长导师，用喜欢的形式展示假期学会的新技能或有关学习的故事，也可班级统一组织技能PK赛。 三年级：“夜间趴”绘本剧场。可亲子合作，也可小队合作，充分运用视频或情景再现，展示暑假开展“夜间趴”活动的故事。 四年级：我们的“幸福游记”。化身小导游，和队员一起展示旅程，与他人分享。 五年级：“公益天使别动队”的飞行轨迹。 六年级：“龙娃闯关，嗨翻暑假”报告会或聚焦“奥运”主题——奥运军团，情报中转time。	班主任 家长导师 班级小干部	二、三年级各小队尽可能邀请自愿参加的家长导师合作参与，以增强合力，注意保障有序；其他年级的学生回家后请家长给予指导。

（续表）

时间		内容	责任人	备注
9月1日	14:45—15:40	综合学科的开学第一课：（结合已开发的三年级节点课程中的学科闯关活动，可通过校园电视台直播或报告厅现场组织）由音、体、美、科、信五个教研组组长邀请巡视中发现的科学、信息作业做得很棒的学生及三年级学生代表，以沙龙形式（作品展示、互动问答）组织，汇总对各年级作业的观察体悟，为全校学生上课（学科魅力、新学期学习常规等）。每学科的时间为8分钟左右。	金华 综合学科教研组组长 三年级年级组组长	
9月2日	14:45—16:00	1. “幸福作业最佳团队”班级海选：各小队在班级汇报展示，由班主任、学科教师、学生、家委会代表共同投票，评出3个最佳团队并颁奖。 2. 年级海选的准备：各班“幸福作业最佳团队”的第一名进行年级海选的策划、准备。	班主任 学科教师 家委会代表 学生	
9月5日 9:30—11:10		1. “幸福作业最佳团队”年级海选：由各班评选出的最佳团队第一名进行PK，选出年级最佳团队。（每个团队的展示时间为10分钟左右） 2. 年级海选初步建议：（1）地点在各专用教室。三年级组在报告厅。（2）评委多元：年级组组长统筹，吸纳骨干班主任、家长代表、学生小干部等。（3）一队一议。每个团队展示后，评委从假期生活、小队汇报等多个角度给予点评指导，提升小队活动的能力。 3. “幸福导图，绘就诗意新生活”：与年级海选同步进行，每个学生一张“幸福导图”，用关键词句填写。第一部分为“幸福能量”，即学生通过盘点自我的成功之处、分时段观摩各年级作品，明确自己获得了哪些能力	徐文英 各年级组组长 班主任 学生发展处 年级蹲点行政 家长志愿者	由年级组组长统筹，本年级班主任分工合作。

（续表）

<table>
<tr><th colspan="2">时间</th><th>内容</th><th>责任人</th><th>备注</th></tr>
<tr><td colspan="2">9月5日
9:30—11:10</td><td>和素养，也可根据遇到的问题罗列需要加强的能力。第二部分，以这些暑假生活中获得的能量规划新学期的生活，明确想要做成的事或需要解决的问题。评选“幸福生活十佳小创客”，将其作品展示于班级文化栏目。其他学生的“幸福导图”存放于个人成长档案袋，期末对照进行盘点。可邀请学生家长进行论证完善。</td><td></td><td></td></tr>
<tr><td rowspan="2">9月
6日</td><td>中午</td><td>开学典礼的准备：年级“幸福作业最佳团队”的第一名进行开学典礼展示的策划、准备。</td><td rowspan="2">鞠校
徐文英
各年级组组长</td><td rowspan="2"></td></tr>
<tr><td>下午</td><td>开学典礼联合预演：年级“幸福作业最佳团队”预演。</td></tr>
<tr><td colspan="2">9月7日
上午</td><td>年级“幸福作业最佳团队”在开学典礼上进行展示，并进行相关的活动总结。</td><td>徐文英
各年级组组长</td><td></td></tr>
</table>

第五章

诗意教育的课堂实践

第一节 诗意课堂的规程研制

一、诗意课堂规程的内涵

课堂是开展教育活动的主阵地，也是实践教育目标的重要场所。但在凯洛夫教学法的影响下，我们的教学强调知识的系统学习、教师的主导作用，形成了“以教师为中心、以课堂为中心、以知识为中心”的课堂教学模式。新课程改革实施十多年来，课堂教学还是没有突破这种藩篱，存在着各种问题：教学目标虚空，只满足于知识目标，而忽视过程与方法、情感态度与价值观目标；教学结构僵化，依然沿袭凯洛夫的五步教学法，即组织教学、复习旧知、讲授新课、巩固新课、布置作业；教学方式单一，只注重教师讲、学生听的单向传输，缺少自主、合作与探究式学习；教学评价片面，重结果而轻过程，重纸笔测试的单一评价而轻口头、操作等多元性评价。

为真正实现课堂的转型，龙虎塘实验小学从 2001 年就开始了诗意课堂的追寻之路，但教学理念与教学实践存在脱节现象。为了解决这一问题，在专家的引领下，学校尝试进行诗意课堂规程的提炼，试图找到有效途径，将诗意教育理念转化为教师的教学行为。

所谓教学规程，是指在一定的教育教学理论或理念指导下，旨在培养学生的某些特定素质，或为体现某种理念而对教师的教学行为提出的若干规定及相关的操作策略、操作指南，以引导教师转变教学行为，具有导向作用。在对教学规程有了深入的理解后，学校对诗意课堂规程的内涵进行了系统的界定。

首先，立足于“诗意”，它具有诗所描绘的那种抽象化的意境，是作为主体的人对美学的一种追求的形态。这里的“诗意”特指体现“情趣、灵动、向美”的一种状态。学校把“诗意”作为师生共同的价值追求和文化期待。

其次，诗意课堂规程紧紧围绕“情趣、灵动、向美”三个元素展开，三大元素又细化为“情意”“趣味”“愉悦”“主动”“开放”“创新”“文雅”“和谐”“德性”九个关键词，各个学科根据自身的特点，围绕这些关键词做进一步的细化，从而形成各学科的诗意课堂规程。它是课堂规程的校本化体现，是学校文化理念追求的体现，更是学科诗意课堂追求的指南。

二、诗意课堂规程的意义——实现课堂转型

（一）依托诗意课堂规程，实现日常课堂的转型

紧紧围绕诗意课堂规程的三个核心元素（情趣、灵动、向美）以及它们各自细化的三个亚元素，通过诗意课堂规程的落实，可以形成系列的诗意课堂评价表，所有学科的教学以此为标准，转变原有的教育教学观念，从根本上实现课堂的转型，真正实现课堂的“情趣、灵动、向美”。

在具体的课堂实践中，学校依托诗意课堂规程，逐渐实现教学方式的变革。第一是价值提升，依据诗意课堂规程，站在人的发展的角度来重新认识课堂的价值。第二是重心下移，要把课堂还给学生，让课堂焕发生命活力，教师不再是课堂的绝对权威和控制者。第三是结构开放，要营造“有向开放”的诗意课堂学习氛围，为学生的自主探究学习提供条件，有预设也有生成的课堂才是诗意课堂。第四是过程互动，促使师生、生生之间形成良好的互动关系。教师是平等中的首席，学生是学习的主体，二者之间不仅仅是一问一答的单边活动。第五是动力内化，提高学习的动力不仅是为了考试，更多则是为了体验学科的魅力，提升学科素养，提高综合素质。

依托诗意课堂规程，结合学校每月组织的课堂调研，将学科诗意课堂规程的落实作为调研的方向和评价依据，由教导处牵头，由年级组组长、教研组组长和学科骨干教师组成调研项目组，走进学科教师的日常课堂进行调研分析，汇报反馈，总结经验，发现问题，提出解决策略与后续跟踪策略，实现各学科诗意课堂规程的有效落实，使得诗意课堂规程成为学校日常课堂转型的一大助力。

（二）依托诗意课堂规程，实现学科课型研究的深化

诗意课堂规程的研制，促进了学校各学科课型研究的进一步深化和拓展。比如，语文学科的班报讲评课型、音乐学科的歌唱类课型、数学学科的概念课型、英语学科的阅读类课型等。以语文学科的班报讲评课为例，根据语文学科诗意课堂规程，在原来枯燥的作文讲评课中，实现“情趣”“灵动”“向美”的追求。在内容上，将班级生活与习作、习作讲评相结合，让学生有话可讲、有话想讲、有话乐讲；在形式上，采用现场发奖鼓励、互动讲评、情景再现、视频剖析等学生喜闻乐见的方式展开教学；在成效上，增强学生点评的自信心，提升学生点评的综合能力、比较阅读的能力、文章修改的能力等，在推进的过程中真正实现课型研究的深化。

三、诗意课堂规程研制的路径

（一）在理论的学习中寻求

要进行规程研制，首先要清楚何为规程，如何研制。我们在理论的学习中不断寻求路径，逐步明确诗意课堂规程研制的价值与意义，并在学习中形成共识：首先，研制一套课堂规程，必须有一定的理念做指导。从规程的实质来看，任何特定的教学规程都是某种理念的具体化，它本身就是将理念转化为实践的中介，因此规程本身必然具有理论性，它是理念的行为化、操作化的体系。其次，研制一套课堂规程，必须有相关的学科理论做支撑。课堂规程的研制必须建立在一些重要的专业理论知识的基础之上，这些理论知识可以帮助研制者在确定相关元素、拟定操作化条规时做出专业的判断，以使规程更加科学化、专业化，从而能对教学实践进行科学化、专业化的指导。

（二）在理念的解读中清晰

在规程研制过程中，学校全体教师学习了吴永军教授的《教学规程：将教学理念转化为教学行为的指南》一文，对什么是教学规程有了初步的了解。在此基础上，学校行政人员、各学科骨干力量在专家的指导下对学

科课堂规程进行了顶层设计，充分解读了学校的办学理念——为诗意人生奠基。学校通过营造诗意的文化氛围，力行诗意管理，开发诗意课程，打造诗意课堂，培育诗意学生，最终为学生的诗意人生奠基。围绕学校的育人目标，我们提炼了三个关键元素——“情趣”“灵动”“向美”，并且细化出“情意”“趣味”“愉悦”“主动”“开放”“创新”“文雅”“和谐”“德性”九个关键词。这样，我们完成了课堂规程的一级架构，提出了各学科课堂教学规范的共性要求。

（三）在学校共性规程的指导下学科创生

各学科以学校的共性规程为准则，学习《“新基础教育”学生发展与教育指导纲要》，进行课堂规程的二级架构。语文学科学习了《小学语文教学内容指要》等丛书，数学学科学习了《中小学数学课型教学研究》，英语学科学习了 *How to Teach English*……在学科教学理念的指引下，根据九个关键词进一步明确规程细节。以“趣味”这一关键词为例，语文学科的“趣味”，即要求在课堂中通过游戏、表演、合作等学生喜爱的形式来组织教学活动，激发学生参与活动的兴趣，活跃课堂气氛，让学生感受到学习带来的无穷乐趣。而数学学科的“趣味”则要求通过对文本资源、信息技术资源的开发与利用，在教学中激发学生的学习兴趣，让学生感受到数学好玩，通过发现数学与生活之间的联系，感受生活中处处有数学，数学有趣。同样是“趣味”，语文学科更多是通过多种学生喜爱的学习方式让学生感受到活动的乐趣，而数学学科则是通过对资源的开发与利用及发现数学和生活之间的联系让学生感受数学之乐。虽然追求的目标相同，但是依据学科特点，角度不同，方式不同。

四、诗意课堂规程范例及解读

诗意课堂规程的一级指标有三个元素，即“情趣”“灵动”“向美”。每个元素又包含三个亚元素，形成二级指标，即“情意”“趣味”“愉悦”“主动”“开放”“创新”“文雅”“和谐”“德性”，具体的课堂规程对二级指标的各条目给出了教师方面的具体行为或操作策略。三级指标（具体条规）的形成既要尽量体现诗意课堂教学的核心理念，又要从实践出发，体现出教师们平时在诗意课堂上开展有效教学的一些举措，且有一定的理论研究作为基础。

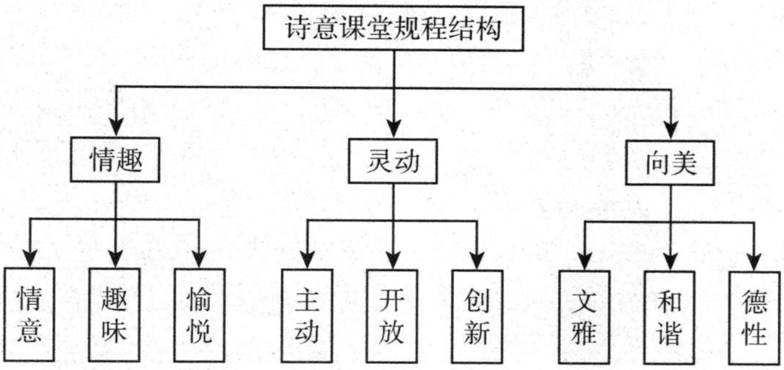

（一）“情趣”元素的解读与范例

“情趣”指志趣、志向或情调趣味，在这里指高雅情趣，是健康、科学、文明、向上的情趣。它符合现代科学和文明的要求，也符合社会道德和法律的要求。它体现了一个人对美好生活的追求、乐观的生活态度和健康的心理。“情趣”通过“情意”“趣味”“愉悦”三个方面来实现。“情意”指感情，也指心情，在这里指情感的熏陶。“趣味”在这里指能使人感到愉快，能引起人兴趣的特性。“愉悦”在这里指从课堂中体会到的成长感、成功感等。只有有情意、有趣味、有愉悦感的课堂才是有情趣的课堂。

如在教学苏教版小学语文三年级下册《荷花》一课时，通过展示一池的荷花，引导学生图文结合，“打开书本，自己读一读第二自然段描写荷花姿态的句子，圈点勾画，说说你最喜欢哪种姿态的荷花，为什么”，让学生在欣赏、圈点、勾画、朗读中感受荷花不同姿态的美。情在读中感，理在读中悟，法在读中明。鼓励学生寻找激发探究的切入点，积极与文本展开对话，引发跳跃的阅读思维，激活多元的感悟。通过反复品读欣赏，荷花的美跃然纸上，呼之欲出，课堂的情趣就在这里。如在教学苏教版小学数学二年级下册“角的初步认识”一课时，组织学生开展剪一剪、拼一拼、折一折等有趣的活动，让学生在动手实践中感受数学的趣味。

（二）“灵动”元素的解读与范例

“灵动”表示有了灵气，指活泼不呆板，富于变化。其二级指标有“主动”“开放”“创新”。“主动”指不待外力推动而行动，能够造成有利局面，使事情按照自己的意图进行，即自愿地、自动地发现问题，参与学习活动，大胆质疑，自主探究。“开放”指释放、张开、舒展，使关闭着的打开，在诗意的课堂中指大问题有开放度，师生、生生互动的氛围开放。“创新”指以提出的有别于常规或常人思路的见解为导向，利用现有的知识和物质，在特定的环境中，本着理想化需要或为满足社会需求而改进或创造新的事物、方法、元素、路径、环境，并能获得一定有益效果的行为。只有主动、开放、创新的课堂才是灵动的课堂。

如在教学《荷花》一文时，引导学生在小组主动探究学习中，感受荷花在微风下的动态美，并且通过不同的方式表达自己的感受，让课堂充满灵动的气息。在教学“角的初步认识”一课时，引导学生将感知角的大小与活动角的变化相结合，与钟面上时针、分针所形成的角进行比较，使课堂灵动起来。

（三）“向美”元素的解读与范例

“向美”指对美的追求，包括课堂上对审美情趣及美的言行举止的培养。其二级指标有“文雅”“和谐”“德性”。“文雅”指温和有礼貌，在这里指教师文雅表达，师生、生生之间文雅互动。“和谐”指不同事物之间相辅相成、互助合作、互利互惠、互促互补、共同发展的关系，在这里指平等对话，生态评价。“德性”指道德品性，人的自然至诚之性，在这里指提升学生的品质，优化师生之间的关系，使学生形成正确的价值取向、优良的品质和美德。

如在《荷花》一文的教学中，师生、生生和谐地互动，共同感受荷花带来的美的感受，培养审美情趣和热爱大自然的感情。在教学“角的初步认识”一课时，引导学生通过在生活中寻找角，感受角在建筑美学中的应用，并通过动手剪、折等活动，感受角变化中的奥妙。

诗意课堂规程的两级指标是所有学科课堂追求的规范，但由于各学科的性质不同，其教学目标与教学方式也存在着差异。在落实课堂规程时，我们又设计了三级指标，即具体的学科教学条规（见下表）。

龙虎塘实验小学语文学科诗意课堂规程

元素（一级指标）	亚元素（二级指标）	具体条规（三级指标）	备注
情趣	情意	1. 挖掘文本的情感因素，引导学生亲身体验，感受文本传递的情感，从而受到熏陶、产生共鸣。	
		2. 能够运用文本、适当的教学方式等引导学生通过合适的形式表达自己的情感。	
	趣味	3. 通过游戏、表演、合作等学生喜爱的形式来组织教学活动，激发学生参与活动的兴趣，活跃课堂气氛，让学生感受学习带来的无穷乐趣。	
		4. 通过教具、学具、教师的体态语言等，让学生在动眼、动口、动手、动脑中感受学习的乐趣。	
	愉悦	5. 通过参与学习活动，让学生在课堂上获得成功感，让课堂充满生长感，让师生的价值有所体现，并且有所收获。	
灵动	主动	6. 在教学中创设良好的学习氛围，引导学生主动发现问题，主动收集、整理、分享各类有用的资料。	
		7. 针对学生情况，创设情境，引导学生主动参与，亲身体验，逐步形成通过实践体验获得知识的能力。	
		8. 在教学中鼓励学生大胆地质疑、探究、实践，激发学生主动表达的欲望。	
	开放	9. 通过课堂的开放，引导学生从文本走向生活，解决生活中的问题。	
		10. 通过创设良好的互动氛围，引导学生多元交流，提高交际能力。	
		11. 设计有效的核心问题，体现开放性，增加学生解答多样的可能性。	
	创新	12. 结合文本、生活经验多元理解，珍视学生的独特感受，引导学生用独特的方式表达，激活学生的思维。	
		13. 在教学中通过适当地“留白”，鼓励学生大胆发挥想象，促使学生在探究性学习中发展创新思维。	
		14. 在教学中通过创设和谐、自由的学习环境，引导学生进行个性化表达，并逐步形成质疑、批判的能力。	

（续表）

元素（一级指标）	亚元素（二级指标）	具体条规（三级指标）	备注
向美	文雅	15. 通过教师文雅的课堂语言表达、行为举止等，使学生受到熏陶、感染。	
		16. 在教学中引导学生在倾听、互动、表达、评价等各方面表现得更文雅。	
	和谐	17. 在教学中通过师生、生生之间的合作，形成互相尊重的和谐关系，引导学生深入探究、广泛交流、取长补短。	
		18. 改变单一的评价方式，能够运用生态评价，促进学生成长。	
	德性	19. 充分挖掘和利用文本、教学过程推进中的资源，提升学生的品质，优化师生之间的关系。	
		20. 通过文本学习、良好的师生关系、适当的学习方式，引导学生形成正确的价值取向、优良的品质和美德。	

龙虎塘实验小学数学学科诗意课堂规程

元素（一级指标）	亚元素（二级指标）	具体条规（三级指标）	备注
情趣	情意	1. 通过亲身经历数学活动过程，使学生获得具有个性特征的感性认识、情感体验及数学意识。	
		2. 通过创设适当的情境，培养学生从数学角度出发的问题意识。	
		3. 通过数学学习，增强学生对数学的好奇心和求知欲。	
	趣味	4. 通过对文本资源、信息技术资源的开发与利用，在教学中激发学生的学习兴趣，让学生感受到数学好玩。	
		5. 通过发现数学与生活之间的联系，引导学生感受生活中处处有数学，数学有趣。	
	愉悦	6. 通过肯定与鼓励，让学生体验获得成功的乐趣。	
		7. 引导学生在生活中用数学解决问题，让学生感受到数学有用。	

（续表）

元素（一级指标）	亚元素（二级指标）	具体条规（三级指标）	备注
灵动	主动	8. 通过游戏创设、矛盾激发、数学故事导入等方式增强学生主动参与、自主探究的意识。	
		9. 通过学习与实践，引导学生积累数学活动经验，提升思维能力。	
		10. 通过弹性问题，引导学生学会独立思考，体会数学的基本思想和思维方式。	
	开放	11. 通过设计开放性的问题、对学生遇到的困难及时点拨，使学生形成多角度、多路径、多层次的思维。	
		12. 引导学生有效互动，形成深度思维。	
	创新	13. 通过个性化教学，培养学生发现问题、提出问题，不盲从书本和教师，有独立见解，敢于质疑的意识。	
		14. 引导学生通过分析问题、解决问题，体验解决问题方法的多样性，发展创新意识。	
		15. 引导学生通过观察、操作、比较等方法，提升想象力。	
向美	文雅	16. 引导学生在操作、解题的过程中呈现数学的“严谨之美”。	
		17. 引导学生在互动交流、良好习惯的培养中，呈现数学课堂的“礼仪之美”。	
	和谐	18. 引导学生通过互动交流，学会与他人合作交流，形成评价与反思的意识。	
		19. 通过平等对话、生态评价，形成师生友好共生的关系。	
	德性	20. 引导学生通过数学学习，体验克服困难的乐趣，逐渐建立自信心。	
		21. 引导学生通过课堂探索和合作交流，形成坚持真理、修正错误、严谨求实的科学态度。	
		22. 引导学生通过挖掘数学文化，感受数学的价值。	

龙虎塘实验小学英语学科诗意课堂规程

元素（一级指标）	亚元素（二级指标）	具体条规（三级指标）	备注
情趣	情意	1. 创设生活化情境，激发学生学习英语的兴趣。	
		2. 设计有意义的体验活动，引导学生主动参与、亲身实践，使学生形成英语学习的特有情感。	
	趣味	3. 巧用教具、学具，妙用体态语言，让学生在动眼、动耳、动口、动手、动脑中感受语言、体验语言、习得语言。	
		4. 通过游戏、儿歌、角色表演等多种形式激发学生的学习热情，满足学生强烈的参与欲望。	
	愉悦	5. 通过课堂活动的参与体验，让学生在易学、想学、爱学中感受英语学习带来的无穷乐趣。	
		6. 采用课堂多种形式的互动合作，优化信息传递的方式，引导学生深入探究、积极合作，满足学生的成就感，使学生获得学习英语的信心与持久的热情。	
灵动	主动	7. 给予充足的时间，为学生提供自由发挥、充分交流的机会及无拘无束的思维空间。	
		8. 培养学生独立思考与合作学习的习惯、能力和技巧，使学生善于自主发现问题、分析问题和解决问题。	
	开放	9. 创设开放性问题，激发学生展开想象。在课堂教学中，教师设计的问题要具有开放性，具有想象的空间，通过不断地解决问题，激活学生的思维，培养学生的想象力。	
		10. 在课堂教学中有意识地渗透西方文化，让学生通过学习英语，在语言学习中感受文化的传递，理解文化的共生。	
	创新	11. 变换角度思考，培养学生的发散性思维。通过“求异”来激发学生的学习兴趣，培养学生主动探究的求知精神，进一步促进学生想象能力的发展，提升学生的思维品质。	
		12. 在教学中通过适当地“留白”，鼓励学生跨越时空发挥想象，在探究性学习中发展创新思维。	

（续表）

元素（一级指标）	亚元素（二级指标）	具体条规（三级指标）	备注
向美	文雅	13. 教师带着微笑进课堂，让学生通过微笑感受到教师的爱与期待。教师带着鼓励进课堂，让学生充满信心、积极投入、善思多问。	
		14. 注重培养学生良好的倾听习惯，使学生做到边听边想，若有补充或不同的看法，等别人把话讲完，再发表自己的建议和意见。	
	和谐	15. 建立和谐、民主的师生关系，教师以自身的人格魅力感染、影响学生，师生之间互相尊重，彼此欣赏。	
		16. 培养学生发音准确，语言流畅，富有韵律和节奏感，能分清重读音与非重读音，掌握略读、爆破、变音等技巧。	
	德性	17. 在教学设计中，德育与智育相互融合、相互渗透，在感悟与体验中注重熏陶感染、潜移默化，为学生形成良好的品性奠定基础。	
		18. 通过体验式、实践式教学活动帮助学生形成大胆尝试、勇于探究、坚持信念的优良品质与坚持不懈的学习精神。	

第二节　诗意课堂的建设路径

诗意课堂的建设路径主要有以下几个方面：方式多样的学习内化、常态与焦点相结合的过程研究、机制多元的评价反馈。内化方式有理论引领、案例分析、话题沙龙等；研究不仅关注常态，还能聚焦重点，日常与焦点相互结合，相辅相成；借助多元的评价反馈，促使教师对诗意课堂深入理解并落实到行动中。这三个方面并非孤立地存在，而是相互作用、相互交织的。三方合力，共同推进诗意课堂的发展，取得了较为明显的成效。

一、方式多样的学习内化

学校对诗意课堂的学习内化方式进行了整体设计、统一规划，主要有理论引领、案例分析、话题沙龙等。这些学习内化方式具有生成性、开放性，有助于教师对理论知识的领悟、对教学实践过程的反思，从而提升教师边学习边内化的自主学习能力、边实践边重建的自我反思能力。

（一）理论引领——厘清诗意课堂的内涵

这里的“理论”，是指关于诗意课堂的论述和对诗意课堂的理解，可以用来解释课堂教学行为现象。这里的“引领”，是指带领教师解读诗意课堂理论。通过理论引领，帮助教师重新认识课堂，厘清诗意课堂的内涵。

首先，学校专门邀请大学、教科院、教研室的专家及学者来校进行指导研究，定期为大家做专题报告，从内涵解读到规程制订，从课堂评价到新常规确定，特聘专家的多次报告为教师厘清了诗意课堂的内涵，让教师对诗意课堂有了深入理解。

吴永军教授专题报告安排表（部分）

阶段	时间	活动内容	活动地点	负责人	参加对象
诗意课堂研究初期	2014年1月19日上午8:30—11:00	“诗意课堂”之诗意内涵解读	三楼会议室	钱丽美	全体行政人员、年级组组长、教研组组长
	2014年8月22日上午8:30—11:00	“诗意课堂”之诗意规程制订	报告厅	顾惠芬	全体教师
诗意课堂研究中期	2015年1月31日上午8:30—11:00	“诗意课堂”之诗意课堂评价维度	三楼会议室	钱丽美	全体行政人员、年级组组长、教研组组长
	2015年8月21日下午1:30—4:00	“诗意课堂”之诗意课堂评价表制订	报告厅	顾惠芬	全体教师

（续表）

阶段	时间	活动内容	活动地点	负责人	参加对象
诗意课堂研究后期	2016 年 1 月 23 日上午 8:30—11:00	“诗意课堂”之诗意课堂学生新常规	三楼会议室	钱丽美	全体行政人员、年级组组长、教研组组长
	2016 年 8 月 20 日下午 1:30—4:00	“诗意课堂”之诗意课堂教师新常规	报告厅	顾惠芬	全体教师
	2017 年 1 月 20 日上午 8:30—11:00	“诗意课堂”之诗意课程建设	三楼会议室	钱丽美	全体行政人员、年级组组长、教研组组长

学期初，学校邀请校内外专家参与校本培训，从“德性”“向美”等方面、多角度、多方位整体提高教师的诗意素养及课程设计能力。

2016 年暑假校本培训安排表（部分）

阶段	时间	活动内容	活动地点	负责人	参加对象	备注
学校管理层与骨干教师培训	8 月 20 日上午 8:30—11:00	行政人员课程领导能力提升	会议室	钱丽美	全体行政人员、年级组组长	共有五位专家参与指导
	8 月 21 日下午 8:30—11:00	《放牛班的春天》教育意蕴赏析	三楼会议室	顾惠芬	骨干教师	
全体教师培训	8 月 24 日上午 8:30—11:00	教师国学素养提升	报告厅	许华章	全体教师	
	8 月 24 日下午 1:30—4:00	暑期读书交流《美学漫步》	语：三楼会议室 数：二楼多媒体教室 英：四楼党支部 综合：科学发现室 1	徐彩芬、倪敏、殷利丹、金华	全体教师	
	8 月 25 日上午 8:30—11:00	校本课程顶层设计、开发实施培训	报告厅	顾惠芬	全体教师	
	8 月 25 日下午 1:30—4:00	学校品牌课程建设沙龙	报告厅	徐彩芬、倪敏、殷利丹、陈亚兰	全体教师	

其次，学校组织教师对一些经典影片进行赏析，从中寻找教育诗意，感受教育浪漫，培养教育情怀，之后再进行心得交流，帮助教师进一步体会诗意教育的内涵，提升诗意理解的能力。

教师电影欣赏、心得交流安排表（部分）

时间	活动内容	活动地点	负责人	参加对象
2014年8月22日 下午1:30—4:00	电影欣赏《死亡诗社》 教育意蕴赏析	报告厅	顾惠芬	全体教师
2015年8月22日 下午1:30—4:00	电影欣赏《三傻大闹宝莱坞》 诗意教育评价机制交流	报告厅	顾惠芬	全体教师
2016年8月21日 下午1:30—4:00	电影欣赏《放牛班的春天》 诗意教育学生立场分享	报告厅	顾惠芬	全体教师

《死亡诗社》中那个春风化雨的教师形象、《三傻大闹宝莱坞》对教育评价机制的挑战、《放牛班的春天》中被社会遗忘的孩子绽放出的生命光芒，都给教师们留下了深刻的印象。观影结束后，教师们进行心得交流，直指教育现状，也为诗意教育理论注入了新思想。

再次，相关书籍的阅读分享也为诗意教育的内涵挖掘、不断内化提供了保障。学校通过精心挑选，为教师提供了推荐阅读书目，使教师在图书阅读与分享心得中进一步内化诗意教育的内涵。

教师阅读书目（部分）

推荐书目	作者	出版社
《陶行知文集》	陶行知	江苏教育出版社
《教育家书院丛书》	顾明远	教育科学出版社
《“新基础教育”成型性研究丛书》	叶澜	广西师范大学出版社
《“生命·实践”教育学论著系列丛书》	叶澜	福建教育出版社
《美学散步》	宗白华	上海人民出版社
《什么是教育》	雅斯贝尔斯	生活·读书·新知三联书店
《教学勇气——漫步教师心灵》	帕克·帕尔默	华东师范大学出版社
《第56号教室的奇迹》	雷夫·艾斯奎斯	中国城市出版社
《哲学与幼童》	加雷斯·皮·马修斯	生活·读书·新知三联书店
《苏菲的世界》	乔斯坦·贾德	作家出版社
《教育的目的》	怀特海	中国轻工业出版社

（二）案例分析——挖掘诗意课堂的价值

案例分析是先呈现一个教学片段，然后依据诗意教育的理论知识，或做出解释，或做出评价，或提出具体的可操作的方法或建设性的意见等。在案例分析的过程中，教师会聚焦某一节课，或一节课的某一个片段、某一个知识点、某一道题，充分挖掘其诗意特质，找寻其研究价值。

下面以学校的一次专题研讨会——“探龙小诗意数学，促学生诗意成长”为例进行介绍。

【教学片段回放】

苏教版小学数学新教材重视动手做的训练，多处设计了“动手做”活动。一年级下册第二单元“练习四”的最后一题是本套教材第一次安排“动手做”活动。

教材提供了已经拼好的小船图、房子图、汽车图，供学生学习临摹，并进行“你拼出了什么？是怎样拼的?”的追问。

【课堂诗意设计】

“动手做”活动教学案例

一、课上尝试

1. 理解题意——这些图形拼什么

出示课本要求：把第 99 页上的长方形、正方形、三角形和圆剪下来，拼成美丽的图案。

师：轻声读一读，你读懂了什么？

生：要我们把第 99 页的四种图形剪下来，再拼成美丽的图案。

出示课本第 99 页提供的图形。

师：仔细看看课本第 99 页为我们准备的图形，想象一下，可以拼成怎样的美丽图案呢？

2. 观察构图——美丽图案怎么拼

出示课本上的三个图案。

师：仔细看一看，课本上用学过的图形拼成的各是什么图案？这些美丽图案是怎么拼成的？

同桌二人各选择一个图案说一说。

教师指名汇报。

生：我说的是帆船，这条船是用 4 个三角形、1 个正方形、1 个长方形拼成的。

生：我说的是汽车，2个圆做车轮，1个正方形做车头，2个长方形做车身，1个三角形做车上的货物。

师：同学们观察得真仔细，不仅看出了是什么图案，而且看懂了拼法呢！

3. 模仿操作——我们也来拼一拼

师：看到这么美丽的图案，大家一定也想试一试，下面我们进行小组合作，比比哪一组合作得最好。

活动要求：

(1) 选一选：组长带领组员确定一个要拼的图案。

(2) 数一数：每种图形分别要用多少个。

(3) 剪一剪：分工从练习纸中剪下所需要的图形。

(4) 拼一拼：在A4纸上拼出图案并粘贴。

(友情提醒：使用剪刀时注意安全哦！)

学生小组合作完成。

教师在黑板上呈现最先完成的几幅作品。

①

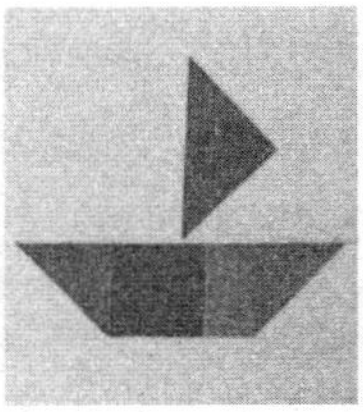

②

③

师：看看这些作品，你有什么想说的？

生：②号的小船和书上的一模一样，做得很漂亮。

生：①号的脸、树和汽车，做得很像，但是太脏了。

生：③号的坦克做得也很像，还做了一个太阳，但是剪的三角形和正方形边上有白色的，不好看。

生：②号的小船虽然很漂亮，但是太简单了，可以像①号、③号一样加一些东西，那样更好看。

小结：同学们真是观察仔细、善于思考，如果大家在剪的时候能更细心些，沿边线剪；在想的时候能更大胆些，加上背景；在拼的时候能更整洁些，干干净净，那么拼出来的作品会更美观。

二、课后拓展

1. 创意设计——我能做得更好

师：你还能拼出怎样的美丽图案？

学生先自己独立思考，再在小组内交流。

师：明后天正好是双休日，请大家用课本第 99 页提供的图形再次进行“动手做”活动，老师期待看到你们更加精美、更有创意的作品哦！

2. 收获惊喜——领略创意无限

双休日过后，学生呈现的作品着实令人感动。

④

⑤

⑥

三、评比回味

1. 评比奖励——“决定”权在学生

数学微课程时间，将精美作品展示在班级黑板上，让学生自己投票，选出他们心中最美的图案。

与学生沟通，在下一期班级布置中，用大家创作的美丽图案来布置教室。

2. 家校沟通——“感动”权在家长

将评奖结果、学生作品及时告知家长，家长进行及时点评。

诗意设计之后的课堂变得更加灵动、更加立体、更加完整，师生、家长都收获了无限的创意、无穷的回味。

【专题沙龙研讨】

教师 1：激趣促学，用“动手做”彰显数学的变幻

同是新教材中的新内容，“动手做”与“思考题”“你知道吗”不同。“动手做”具有更强的趣味性和可操作性，为学生提供了一种不同于听讲、阅读、解题的学习方式，能引导学生在有趣和富有数学味的操作活动中，逐步增强动手实践的意识，提高动手实践的能力。

教师 2：补充

“动手做”活动提供了解决新问题的机会，彰显了教材的厚度。这种厚度是数学的趣味性，让学生在经历中感受到数学的乐趣；这种厚度是数学的挑战性，让学生在活动中感受到数学的变化无穷。所以，“动手做”活动并非无足轻重的内容，日积月累，它对学生学习数学的作用不可小觑。

教师 3：躬身践行，以“动手做”彰显过程的价值

“动手做”活动和“综合与实践”有不同之处，“动手做”活动是一节课的组成部分，它更侧重于对日常课学习方式的改善，能使学生在短暂操作中积累数学基本活动经验，提高动手实践能力，为学生提供发现问题和提出问题、主动求异的机会，使得课堂更加灵动。当然，它和“综合与实践”也有相通的地方，它们都重实践，重视让每个学生都参与其中，根据不同的内容采用不同的处理方式，如“记录每人的反应速度并形成统计图”，因人人参与实验要有充分的时间做保障，所以可以在课后完成；再如，学生对“让支架上的珠子保持平衡”要求的理解感到有难度，可以要求学生在课内统一完成，从而使学生充分感受到成功的乐趣。

教师 4：补充

本课教学采用的是课内外相结合的方式。课内，在理解题意、观察构图之后，通过小组合作的方式让每位学生都进行初次实践，教师为学生提供了选一选、数一数、剪一剪、拼一拼等具体的活动要求，让学生对活动的过程一目了然，十分清楚自己要先干什么，再干什么。课后，要求大家动手试一试，拼出更独特、更有创意的作品，学生有合作的实践经验，有充足的时间与空间，有能力更强的合作伙伴，自然是信心倍增，这种躬身践行的乐趣、灵动充分吸引了他们，才使作品较课上的作品质量有了很大程度的提高。

教师 5：评比回味，借“动手做”领略数学之美

本次活动后，家长进行了热烈的点评，可见，对于这项活动，学生及家长仍意犹未尽。之所以能受到学生的欢迎，除了活动本身的吸引力，还因为教师设置的评比回味让他们领略到了数学之美。课上教师组织学生进行了一次点评；课后的评比，则完全由学生进行投票、选择，评出心中最美的图案。

教师 6：补充

在后续活动中，师生用这些图案布置了教室。从这次活动中，学生一

定能强烈地感受到数学源自生活，生活中处处有数学。数学之美正沁入学生的心脾。有了全体学生的参与，数学之美便由点向面辐射；当家长参与其中后，数学之美便向纵深拓展；当班主任及学科教师也加入后，数学之美便找到了更广的传递渠道。学生通过“动手做”活动进一步领略到了数学之美。

（三）话题沙龙——指明诗意课堂的方向

所谓话题沙龙，是指就诗意课堂有关的内容定期举行的、谈论自由的小聚会。这类沙龙既可以是专家与一线教师进行对话，也可以是学校管理层之间进行研讨，还可以是同一学科组内进行交流。

首先，学校特聘南京师范大学的专家、教授每月与一线教师团队开展话题沙龙，就诗意课堂规程与教师进行面对面的、深入的交流。

2017 年 1 月 19 日南京师范大学教授指导诗意课程安排表

时间	交流团队	内容
9:30—10:10	徐彩芬团队	语文学科诗意课堂规程
10:10—10:50	殷利丹团队	英语学科诗意课堂规程
10:50—11:20	倪敏团队	数学学科诗意课堂规程
13:00—13:40	金华团队	综合学科诗意课堂规程

每个教师团队就自己的具体研究内容、研究进展向专家进行汇报，提出研究过程中遇到的问题。专家则结合实际进行具体的、有针对性的指导，指出新的研究方向，提出更合理的研究方法，推进诗意课堂的实施。

其次，学校管理层定期通过 QQ 开展网络话题沙龙，围绕诗意课堂的一个角度，表达自己的观点和主张，互相学习、互相评价、互相督促，促进诗意课堂相关理论的内化。

再次，各学科组围绕具体的课堂教学，开展话题沙龙，使理论与实践相结合，用理论指导实践，用实践验证理论。

2016 年 12 月数学学科诗意课堂规程话题沙龙安排表

活动时间	活动内容
13:00—13:45	五年级“平行四边形面积”
13:55—14:35	形体知识诗意设计微报告（报告人：操锋）
14:45—16:00	话题沙龙，各抒已见（主持人：操锋）

二、常态与焦点相结合的过程研究

（一）常态研究——诗意课堂规程逐步完善

诗意课堂是融入日常中的，每节日常课前，每个组的教师都会围坐在一起，进行“微备课”，讨论每节课的内容结构，确定诗意目标，分析每节课的教学重难点，设计诗意练习。每个组都有自己的QQ群，大家在群里共享诗意教学设计及PPT、诗意练习设计等资源。

例如，在学习“20以内进位加法”前，了解“数的运算”在教材中的分布情况，便于教师对数学课堂进行整体设计，体现数学课堂目标的诗意递进。

领域	范畴	内容	分布
数与代数	数的运算	分与合，10以内的加法和减法，20以内的进位加法	一年级上册
		20以内的退位减法，两位数加、减整十数或一位数的口算，100以内的加法和减法的笔算	一年级下册
		连加、连减和加减混合式题（百以内），表内乘法和除法	二年级上册
		有余数的除法，两位数加、减两位数的口算（百以内），两、三位数的加法和减法笔算（含估算）	二年级下册
		两位数乘以或除以一位数的口算（百以内），两、三位数乘以一位数的笔算（含估算），两、三位数除以一位数的笔算，简单的同分母分数加减法	三年级上册
		两位数乘以两位数，两步混合运算（含认识小括号）	三年级下册
		两、三位数除以两位数（含商不变规律），三步混合运算（含认识中括号）	四年级上册
		三位数乘以两位数（含积的变化规律），用计算机计算，运算律（含简便计算）	四年级下册
		小数加法和减法，小数乘法与除法，小数四则混合运算	五年级上册
		分数加法和减法	五年级下册
		分数乘法和除法，分数四则运算	六年级上册

在此基础上确定诗意目标，分析教学重难点，设计诗意练习。

上课结束后，教师围绕诗意课堂规程进行自评，哪些地方符合数学学科诗意课堂规程，哪些地方未达到目标，再由其他教师点评，并及时调整设计，优化规程。

（二）焦点研究——诗意精品课例生成

每学期每个学科都会安排公开课研讨活动，每次活动都能形成一至两节诗意精品课例，教师以教研简报的形式进行记录。下面以语文学科组研究简报为例进行展示。

语文学科组研究简报：读写结合，创新向美

【活动安排】

一、课堂教学研讨

研讨时间：2015 年 9 月 16 日下午

研讨主题：读写结合，创新向美

观课视角：活动设计与年段目标的匹配，师生、生生之间的有效互动。

议程	时间	活动内容	地点	责任人	合作团队
1	1:00—1:45	三年级《北大荒的秋天》	多媒体教室	黄鹊	三年级组
2	1:55—2:35	三年级《拉萨的天空》	多媒体教室	胡芝芬	
3	2:40—4:00	互动研讨活动	三楼会议室	徐彩芬、胡芝芬	

二、相关准备工作安排

项目	责任人
评课	主评：一年级、三年级教师，其他教师根据观课视角，结合课堂评价表互动评课。（每位教师至少完成一张课堂观察表，每次活动教研组教师轮流评课）
摄影及活动报道	二年级组、四年级组
课堂录像	一年级组、三年级组
研讨活动全程实录	一年级组、三年级组
本月研究简报制作	一年级组、三年级组
后期资料收集、上传	徐彩芬
会议室布置、清洁	五年级组

【教学设计】

《北大荒的秋天》教学设计（第2课时）

教师　黄鹊

教学目标

1. 通过在情境中的反复朗读，能正确、流利、有感情地朗读课文，并背诵部分课文内容。

2. 在第4自然段的学习中掌握先概括、后具体的构段方式，能运用这种方式写话。

3. 通过学习第3、4自然段中的例句，掌握拟人修辞手法。

4. 通过对课文的诵读感悟，知道北大荒是个美丽富饶的地方，并喜欢上北大荒。

教学过程

一、以第2自然段导入

师：上节课，我们走进了北大荒，欣赏了北大荒的天空，那里的天空有什么特点呢？

生：一碧如洗。

二、感知北大荒小河之美，体会小河的清、蓝、静

师：作者是怎样来描写天空的特点的呢？

生：作者用了比喻句。

生：作者还写了流云的颜色、颜色变化的速度。

师：让我们再次仰望北大荒的天空，齐读课文。

1. 要求学生自读第3自然段，出示自学要求。

（1）自由朗读第3自然段。

（2）说说这是一条怎样的小河。

2. 自学反馈。

（1）小河清澈见底，如同一条透明的蓝绸子，静静地躺在大地的怀抱里。

生：作者采用了比喻的修辞手法，我从中感受到小河很清。

生：从这句话中，我还感受到了小河很蓝。

生：作者把小河当作人来写，让我感受到小河很安静。（抓住“躺”体会小河的安静）

师：谁来感受一下小河的静？（指名读）

(2) 一群小鱼顶着水游过来，明镜一样的水面顿时漾起了一道道波纹。

师：可爱的鱼儿游过来啦！它们在这么清澈的河水里，心情该是多么——

生：快乐、高兴。

师：男生快乐地读一读。

三、细细体会北大荒原野之美，掌握构段方式

师（过渡）：告别小河，来到原野，那里是否别有一番风味呢？我们一起来看一看。

反馈：在第 4 自然段中，作者是围绕哪句话来写的呢？

师：作者先用“原野热闹非凡”这句话概括地写出了原野的景象，围绕这句话，作者描写了哪些景物呢？你从哪句话中感受到热闹非凡了呢？

学生带着问题读第 4 自然段并思考。

(1) 成片的大豆摇动着豆荚，发出了哗啦啦的笑声。

“成片”说明大豆很多，“哗啦啦”还写出了声音。

(2) 挺拔的高粱扬起黑红黑红的脸庞，像是在乐呵呵地演唱。

师：是啊，人们的内心像火一样热情，眼看着就要大丰收了，心里是那么兴奋。现在我们就是北大荒人，让我们大声朗读这一句，表达我们心中的喜悦。

学生朗读。

四、读写结合，实现知识迁移

师（过渡）：你能模仿第 4 自然段的总分式结构，写一写大课间热闹非凡的场面吗？首先我们可以想一想，要抓住哪些方面来表现热闹非凡呢？

生：踏步。

师：具体一点儿呢？

师：现在拿出你的练习纸，选取其中一个活动来写出大课间热闹非凡的场面。

选择两份练笔反馈。

五、整体感知北大荒的富饶

师：学到这儿，我们知道，九月的北大荒是丰收的季节，生活在这里的人——（学生读），这里的田野——（学生读）

经过农民艰苦的劳动，曾经一片荒芜的北大荒，变成了如今的北大仓，面对如此富饶的北大荒，怪不得作者会赞叹道——（出示 PPT，学生

读：啊，北大荒的秋天真美呀！）

【教后反思】

《北大荒的秋天》是一篇文质兼美的文章，作者以饱满的感情和浓郁的色彩为我们描绘了北大荒令人心醉的美景，展示了北大荒的劳动者辛勤耕耘的成果，勾勒了一幅独具魅力的北大荒秋景图。优美的文字对学生具有感染力，这也是我选择这篇课文的原因。另外，本次的调研主题定位于读写结合，这篇课文正好符合这样的主题要求。

《拉萨的天空》教学设计（第2课时）

教师　胡芝芬

教学目标

1. 正确、流利、有感情地朗读课文。

2. 认真摘录自己喜欢的课文中的词语和段落，做到端正、美观。

3. 初步体会比喻、夸张在文中的作用。

4. 凭借具体的语言材料，体会作者对拉萨湛蓝天空的赞美和神往，培养审美情趣，到生活中去感受美。

教学过程

一、谈话导入，整体感知

师：我们的祖国幅员辽阔，有豪情的塞北，有秀美的江南。前几天，我们刚刚领略了美丽富饶的北大荒。今天，我们再到我国西部海拔最高、离天空最近的拉萨去看一看，感受一下那里的天空。

学生齐读课题。

师：拉萨海拔3000多米（科学家把海拔3000米以上的地方称为高原），阳光是那样充足强烈，所以，拉萨的天空比起我们头顶上的天空可有意思多了。通过上一节课的学习，拉萨的天空给你留下了怎样的印象？

提供句式：我觉得拉萨的天空很（　　）。

学生自由交流：湛蓝、透亮、蓝宝石、蓝晶晶等。

师：不知你们有没有发现，虽然这篇课文不长，描写天空时，有个字出现的次数却很多。（指名读，学生齐读）

蓝：蓝天、湛蓝、蓝宝石、蓝晶晶、蓝得让人神往。

二、品味“天蓝”

（一）湛蓝、透亮

1. 师：（出示拉萨天空的图片）瞧，这就是拉萨的天空，课文第1自然段用了这样一句话来描述：那里的天空总是那么湛蓝、透亮，好像用清水洗过的蓝宝石一样。这是一个（ ）句，把（ ）比作（ ）。

2. 指名读第1自然段。

3. 拉萨是有名的“日光城”。

（二）纯净、明洁

1. 师：多么神奇的天空啊！让我们走进课文的第2自然段，看看拉萨的天空还有哪些方面也吸引着你？

2. 交流。

(1) 大声读读第2自然段，用横线画出你最喜欢的一句话，展开想象：你仿佛看到了什么？听到了什么？感受到了什么？

(2) 四人小组合作：互相说说各自对画线句子的理解。先读课文，再说自己的想法，其他人补充。

（三）蓝晶晶

1. 师：接下来我们一起去看看布达拉宫的天空是怎样的？

2. 看图说说，你看到了怎样的天空？

三、圣地的窗帘

1. 师：面对这么美的天空，作者纵有千言万语，都汇成了一句话。（学生齐读最后一段）

2. 师：我们都知道，好看的窗帘能使房间变得更加美丽。在作者的眼中，这广阔无垠的蓝天就像巨大的窗帘，有了它，圣地拉萨显得更美，更让人神往了。

四、词句积累

师：这么美的课文，我们不光要读得美，还要把它美观地书写下来。

学生摘录自己最喜欢的4个词语和2个句子。

五、总结延伸

师：同学们，无数的文人墨客来到拉萨，都被这湛蓝、透亮的天空深深吸引，在拉萨的蓝天下创作了许多的艺术作品。课文的作者王宗仁先生来到拉萨后写下了很多散文，这篇课文就来自他创作的《拉萨的天空》的前半部分，如果你想对拉萨有更多的了解，可以再去读读作者其他有关拉萨的文章。今天这节课我们就在《拉萨的天空》这首歌中结束。

【教后反思】

《拉萨的天空》是一篇意境优美的散文，作者以细腻的笔触和优美的语言描写了拉萨天空的“蓝”，喜爱之情溢于言表。课文语言精美，用词准确、生动，比喻贴切，对拉萨的天空描写细致且形象，是培养学生语文能力、激发学生审美情趣的好文章。教学中，我让学生充分感受美景，细细品读语言，让学生在与文本的对话中，很自然地感受到拉萨天空的“蓝”和“美”。

【研讨实录】

黄老师陈述要点：

教学思路：环节一，利用第2自然段导入，学习写作方法和写作特点，体会表达方式。环节二，意识渗透，学习第3自然段，学生自己感悟小河的清、蓝、静，体会字词句，学习比喻句。环节三，以第4自然段为重点，学习总分式结构和比喻、拟人修辞手法；活学活用，让学生观察大课间，进行具体描写。反思疑惑：课文抓的点很多，诵读、体会比喻和拟人、总分式结构、表情达意等，如何权衡才能做到不顾此失彼。

胡老师陈述要点：

设计理念：简约美，渗透美的熏陶；小组合作活动；写作，文本教学服务于写作；学会积累为写作做铺垫；教学目标不够清晰。

徐主任点评要点：扎实日常教学，体现了诗意课堂规程。教学活动设计和年段目标匹配，生生和师生之间的互动是重点。

三年级巢老师点评：黄老师将读写相结合，教学有条不紊。第3自然段的教学比较细腻，教师引导学生感受小河的清、静、蓝，学习作者运用比喻、拟人修辞手法；第4自然段的教学引导学生学习总分式结构，应该首先找出中心句，再找出景物，进行细致观察，可以结合图片展示。方法：教师读总句，一个小组代表一种植物，读有关植物的句子，课堂气氛会更活跃；活学活用，板块需商榷，除了读写结合，还要考虑课文美感。胡老师引导学生感受“天蓝”，读第2自然段，展开想象：你仿佛看到了什么？听到了什么？感受到了什么？这个问题难度过高。

五年级鞠老师点评：胡老师这节课善用资源。首先是文本资源，引导学生感悟文中的字、词、句，使学生对拉萨的天空有了初步了解；其次是学生资源，学生采用小组合作的方式学习，效果很好。建议：小组学习要有前期的训练做铺垫，学生第一步做什么，第二步做什么，应如何交流，要选出组长来协调，最后应让学生谈谈合作的感受。

六年级万老师点评：胡老师的这节课层次清晰，在字词理解上是非常深入的。印象最深刻的是借助板书对写作手法进行总结，按关键词来梳理课文，值得我学习。

专家朱洁茹老师点评：龙虎塘实验小学的语文教学以三年级作为突破口，来把握读写结合的技能。语文基本功就是听说读写，但其顺序应该是听读说写才对。听说读写是输入性学习，听读说写是输出性学习，一进一出。两节课都关注了学生的写作能力，写作能力在整个小学阶段很重要，抓点很好。此外，两位老师对自己的不足反思到位，其他老师的点评都是和而不同的，能捕捉到课堂的不足及自己的困惑，体现了教研课的价值。

钱丽美校长点评：胡老师让学生摘录自己喜欢的词句的做法很好，给了学生自主选择的权利，让他们有兴趣去做，平时在教学中日积月累很好。让学生有感情地诵读很重要，同时也能培养学生的语感。语文对其他学科有着较大的影响，培养学生的语文能力很重要。我们的诗意语文就应该体现“情趣、灵动、向美”。

三、机制多元的评价反馈

为了进一步掌握学校诗意课堂的落实情况，一方面，学校每月都会进行调研，如果发现未按规程执行，会进行及时诊断，跟进调整；另一方面，教研组针对诗意课堂规程的某一个方面进行评价反馈，制订课堂研究计划，每学期都会定期进行课堂教学研究，关注诗意课堂的落实情况。此外，学校还通过师徒结对的方式，以老带新，开放课堂，进行实时评价。

（一）课堂调研——定期诊断

课堂调研是对课堂的调查研究，这里指依据课堂规程，通过听课、访谈等方式系统客观地了解课堂情况，并进行研究分析，对课堂的实际情况做出判断，调整后面的研究方向。

学校每月都会围绕一个侧重点进行课堂调研，并进行及时汇总。

二月随机调研情况反馈表

调研对象：青年英语教师			评价等第：优秀	
调研内容	整体情况	亮点	问题	改进策略（教研组）
诗意课堂	本月调研了三到六年级四位英语教师的课堂。其课堂有诗意课堂规程的元素体现，有较大的潜力，但是亚元素的落实还不够明显。	1. 教研组的研讨氛围比较浓厚，大家都能做到先备课再上课。教师对教材的解读比较到位，教学环节较为清晰。 2. 课堂中教师已经有了指导意识，在练习课中比较善于引导学生掌握解题的方法和路径。 3. 课堂教学关注到了学生，学生学得扎实。	1. 教师的开放意识还不够，替代思维比较严重。 2. 小组合作意识还不够强。 3. 对学生资源的处理不够有效，师生交流互动不足，课堂不够和谐。	1. 需要增加更多的两人小组合作和四人小组合作，让学生在合作中迸发出思维的火花，让课堂更加灵动。 2. 练习也要进行语言训练。教师需要关注题型的多样性，选择不同的方式让学生在练习前、练习中、练习后进行语言运用，使课堂更加有效。 3. 要教给学生方法，让学生学会用思维导图或树形图等方法，把一些复杂的东西简单化，更加开放地来理解知识。

（二）过程督促——有的放矢

组内研究是很多学校都采用的方法，龙虎塘实验小学的不同之处在于每个组的研究都会围绕诗意课堂的一个侧重点进行，立足诗意课堂规程，进行过程督促，推进诗意课堂的实践。

例：学生点评的解读——交往氛围的推进，点拨价值的导向

我们就“龙虎塘实验小学数学诗意课堂规程”中的如下内容展开了实践与研讨。

元素	亚元素	课堂规程
灵动	开放	引导学生有效互动，形成深度思维。

【教学片段回放】

师：请“飞翔的翅膀组”的 2 号汇报第 1 题，“阳光小组”的 1 号汇报第 2 题。

第 1 题：$\frac{5}{6}-\frac{1}{3}=$

生 1：我是采用通分的方法，先把异分母分数减法$\frac{5}{6}-\frac{1}{3}$转化成同分母分数减法$\frac{5}{6}-\frac{2}{6}$，再进行计算的，$\frac{5}{6}-\frac{1}{3}=\frac{5}{6}-\frac{2}{6}=\frac{1}{2}$。

生 2：我觉得生 1 的计算是对的，但是她的数字写得不漂亮，希望以后能写得更加美观些！

生 1：我接受你的意见，以后我会写得更好。

生 3：我认为生 1 的计算是对的，但是我对生 1 的回答有补充。你可以把通分的过程记录下来，分母 $3\times2=6$，分子 $1\times2=2$，这样记录下来不容易错。

生 1：我觉得这里可以进行口算，不用记录过程，如果实在不行，我会用你的方法进行记录的。你看呢?

生 2：我觉得可以。

第 2 题：$1-\frac{4}{9}=$

生 4：因为 $4-1=3$，所以 $1-\frac{4}{9}=\frac{4-1}{9}=\frac{3}{9}$。

(其他学生纷纷举手。)

生 4：我算错了。

师：你发现错误了，哪儿错啦?

生 4：我没有通分。

师：既然发现了错误，就自己改吧！

生 4：$1-\frac{4}{9}=$（愣在那里不会改了）

生 5：我觉得你还没有弄懂怎样通分，通分就是把这个分数转化成同分母分数。(拿出自己的作业）你看看我的：$1-\frac{4}{9}=\frac{9}{9}-\frac{4}{9}=\frac{5}{9}$。

【课后研讨】

师 1：这段生生间的互动让我们对学生的能力刮目相看，他们不仅能提出问题、分析问题，还能解决问题，这与教师平日里注重培养学生的语言表达能力是分不开的。课堂上，教师为学生营造了宽松的学习氛围，学生放松而活跃。

师 2：学生的评价是如此精彩，是不是可以就止于此呢？基于这样的学生实际，教师又该如何进行再提升呢？

师 3：针对学生的表现，我们可以这样点评：刚才大家相互交流，相互点评，观察仔细，发言大胆，非常不错。我们一起来回忆一下大家的点评给我们的几点提醒：一是书写要工整美观，二是记录过程要灵活简洁，三是含有 1 的分数通分方法。你觉得就这一题来说，这三点中哪一点最重要呢？

师 4：通过教师的点拨，学生发现了自己的优点，找到了继续努力的空间，明确了有些东西要当成一种习惯来慢慢养成，不过有些亮点是要在课堂上进行推广的。相信长此以往，学生能进一步做到主次分明，更准确、犀利地进行点评。

在学生的有效互动中，我们确定了“教师认真倾听学生发言，及时进行提炼”的新常规，从而引导学生形成深度思维，使课堂更加开放、灵动。

（三）师徒结对——以老带新

师徒结对的方式有很多种，学校要求徒弟每节新授课都先听再上，师傅每周听徒弟一节课，以老带新，并以此作为师徒评价的标准，以尽快实现诗意课堂的有效落实。

下面是 2017 年 6 月倪敏老师听朱嘉韵老师《了解你的好朋友》一课后的部分交流记录：

倪：上完这节课，你有什么想法？

朱：我感觉学生的回答有很多都出乎我的意料，我不知道怎样处理。

倪：我们的数学课要体现灵动、开放，但是，在此基础上要引导学生有效互动，基于学生的实际，利用学生的资源，引导学生形成深度思维。

朱：是的，看来诗意课堂对教师的要求很高。

倪：其实，在诗意浸润下你的课堂已经有了很大的改变。例如，你能基于活动课的特点，创设有效的情境，让学生经历活动，感受到数学好玩，体现了诗意课堂“情趣”的特征；你能对学生的成果进行有效鼓励，从而让学生体验到成功的乐趣，体验到数学学习的愉悦。

朱：谢谢师傅的鼓励。

倪：但是，你在问题设计上缺乏弹性。如“你们的好朋友是谁”，对于这个问题，学生会有不同的答案，一提出来课堂顿时就沸腾了。如果换成“想一想，你的好朋友是谁，举手回答”，同样的问题，思考的含量相同，开放程度相同，但是课堂不会那样无序。

朱：看来，提问的方法值得好好设计。

……

师徒结合课堂实际的对话，不仅可以给徒弟指出问题，也能引发共同的思考，从而促进诗意课堂规程的落实。

第三节　诗意课堂的学习创新

诗意课堂的学习创新主要是指学习方式的变革，这是新课程改革倡导的理念。建构主义认为，学习是学习者自我建构的过程。教学活动应是师生积极参与、交往互动、共同发展的过程，“教与学在教学过程中是不可剥离、相互锁定的有机整体，是一个‘单位’，不是由‘教’与‘学’两个单位相加而成”，因此，我们必须一改传统教学中以教师讲为主的课堂教学模式，积极倡导自主、合作、探究的学习方式。当然，我们不能把“自主、合作、探究”简单地理解为三种模式，因为任何学习都是多种方式的混合，在具体的学习过程中可以以一种学习方式为主，也可以综合运用多种学习方式。

龙虎塘实验小学的课堂学习方式，更多的是一种基于交往互动的小组合作学习模式。这种模式大致可以分为这样几个流程：一是基于问题的独立学习；二是聚焦核心问题的小组合作学习；三是指向能力或素养发展的探究学习。

一、基于问题的独立学习

诗意教育倡导“创造适合每一个学生的课堂”，诗意课堂规程中指出：要在弹性问题的解决过程中，引导学生学会独立思考，体会解决问题的基本思想和思维方式。这就需要我们在课堂上提出开放性的问题，给予学生充分的自主学习的时间和空间。自主学习是合作学习、探究学习的基础，我们要关注每一个学生在课堂上是否真正进行了自主学习，是否获得了真实有效的生长。

（一）问题开放，适合学生自主学习

在课堂上努力创设一些新的学习情境，让问题变得更加开放，使学生面临的不仅是一个个需要设法认知的抽象的事实，而是一个个需要解决的实际问题。开放的问题，更适合学生自主学习，每一个学生通过自己的努力，可以获得不同的生长。

（二）时间充足，保障学生自主学习

诗意课堂不一定是热闹的，却是有思维含量的；不一定是完美的，却是能促进学生真实生长的，因为课堂上学生有充分的自主学习的时间。在诗意课堂中，我们变师生一对一的问答为学生在开放性问题的引领下，利用自己的智慧或经验，尝试着学习新知、解决问题，获得知识体验、方法经验。

（三）及时关注，促进学生自主学习

每一位学生在自主学习的过程中都会遇到问题或困难，而思维方式如糊了薄纸的窗户，远观则只能看到一层薄纸；要是接近了，轻轻捅破，便能看到窗户里边的各种事物。学生思维窗户上的薄纸需要教师去轻轻捅破，教师的及时关注、个别指导，可以帮助学生捅破窗户纸，促进学生的自主学习。

二、聚焦核心问题的小组合作学习

合作学习就是以合作学习小组为基本形式，系统利用教学中动态因素之间的互动，促进学生的学习，以团体的成绩为评价标准，共同达成教学目标的教学活动。诗意课堂不仅重视学生的自主学习，而且尤其关注学生的合作学习，因为适时开展小组合作学习，不仅能打开学生的思路，还能让学生在互动交流中感受课堂的“礼仪之美”，悟出学习的向上、向美。小组合作学习的方式是多元的，对于不同年龄段的学生来说，合作学习小组的编排形式、合作常规、合作方式等都是不同的。

（一）小组编排形式多样

对于不同年龄段的学生，小组编排的形式是不同的；基于不同的知识内容，小组编排的形式是多样的。低年级的学生合作能力较弱，合作学习

主要以同伴互助为主，合作人数一般为两人，以同桌或前后学生两人为一组。中年级开始，学生的自控能力逐渐提高，结合具体教学实际，合作学习逐步向四人小组过渡。组建四人小组时，各小组的水平应相对均衡，要遵循“组内异质、组间同质”原则，这样各小组的研讨速度、探索水平才可能大体保持一致。因此，一般采用“一优二中一差”的编排方式来组建，这样可以保证组内成员之间在各方面的差异互补，为成员之间的互相合作、取长补短和优势互补奠定基础，有利于大家从不同的角度看问题。各小组的水平相对均衡，又为全班各个学习小组之间在同一起点和同一水平上公平、合理地竞争创造了条件。随着年级的升高，学习内容的不断加深，还可以组建六人小组、八人小组，但不管合作小组的人数是多少，都要遵循“组内异质、组间同质”原则进行合理搭配。

（二）合作常规逐渐形成

要想让合作学习取得良好的效果，就需要帮助学生养成良好的合作习惯。

1. 积极思考的习惯

小组合作学习必须建立在学生独立思考的基础之上，在小组合作学习之前，必须给学生留有足够的思考空间，让每个学生都投入到思考当中去，这样才能为小组合作学习提供基础保证，提高学生参与小组合作学习的质量。

2. 主动交流的习惯

交流是合作学习重要的表现形式之一，合作学习需要小组中的每个成员清楚地表达自己的想法，互相了解对方的观点。由于低年级学生口语表达能力较低，每个人的表达能力也不一样，因此，在交流时，应尽量让表达能力较强的学生先发言，其余学生注意倾听，仔细学习；还可以让表达能力较强的学生在全班同学面前带头叙述，教师教给学生基本的叙述策略，慢慢培养学生的表达能力。随着学生习惯的逐渐养成、合作能力的不断提高，教师再调整交流顺序：让表达能力中等的学生先说，表达能力较强的学生补充，表达能力较弱的学生模仿；或由表达能力较弱的学生先说，表达能力中等的学生补充，表达能力较强的学生总结，以促进不同层次的学生都获得发展。

3. 认真倾听的习惯

在合作学习中，学生除了要独立思考，敢于发表自己的见解外，还应养成认真倾听他人发言的习惯。倾听是合作学习的重要环节，不仅要让学生肯听，更要让学生会听，能够听出别人说的重点、问题，并加以思考，从而重视并采纳他人的意见，达到优势互补、共同提高的目的。低年级学生刚开始参与小组合作学习时，最大的问题是不能容纳别人的意见，对此，教师要逐步要求学生学会“三听”：一是认真听每个同学的发言，不插嘴；二是听出别人发言的要点，培养自己收集他人发言中重要信息的能力；三是听后需进行思考，提出自己的见解，提高自己处理信息、反思评价的能力。但低年级学生因已有知识、生活经验有限，有时在别人发表见解后不能做出正确的判断，此时可向教师或组内其他同学请教。

同时，要形成合作常规，就要让学生清晰地了解合作中的具体要求，如如何倾听、如何讨论、如何解释，教师要明确合作常规培养的策略。

合作常规	具体要求	培养策略
倾听	1. 倾听时，眼睛注视发言人，既要倾听老师发言，也要倾听同伴发言。 2. 组内交流时，要注意倾听每个人的发言，如有不同意见，听完后再补充。 3. 组际交流时，如果有不同见解，要坚持听完别人的发言后再举手示意。 4. 对于精彩的发言，要给予真心实意的赞扬。 5. 边听边思考，注意力高度集中，学会快速记录，及时点评、调整预设的方案或成果。	专项训练：学期初进行具体讲解。 渗透式训练：联系课堂教学内容展开。
讨论	1. 要在自主学习的基础上，带着问题、思考、见解和感受参与讨论。 2. 讨论时积极发表自己的见解，提出疑问，对同学的发言要做出回应，或接纳或补充或发表不同见解。 3. 讨论后要对结果进行完善与整理，使思考更有条理、更深刻。	
解释	1. 学会在组内交流时完整地表达自己的想法，并表明想法背后的原因。 2. 学会在组内交流时征询、追问同伴这样表达的原因，使讨论更深入。 3. 学生代表小组汇报合作学习成果时要做到“知其然”并“知其所以然”。	

（三）合作方式有序推进

在合作学习过程中，常常会出现这种现象：各小组的活动速度有快有慢，速度快的小组完成任务后，或无所事事，静静等待；或不能自控，乱说乱动。而速度慢的小组或组织无序，不知所措；或秩序紊乱，重复低效。所以，合作方式的有序推进是有效进行合作学习的重要保障之一。

1. 激发需求，分工合作

在合作之前，充分激发学生的合作需求，并进行具体分工。如在教学“统计”一课时，教师要求学生对各种图形的个数进行统计，然后通过多媒体逐个出示很多不同的图形，学生感觉投影显示太快，来不及记录。教师应学生的要求再次进行播放，学生仍反映显示太快，来不及记录。这时，教师鼓励学生想办法，引导学生开展合作学习，四人为一组，一个人记录三角形的个数，一个人记录正方形的个数，一个人记录平行四边形的个数……再次多媒体演示后，学生就能争先恐后地举手要求汇报统计结果了。这里，教师没有事先要求学生进行小组合作学习，学生的合作完全出于一种内在的需要，是自然生成的。学生在这个过程中既体会到了合作的益处，又掌握了一些合作的方法。长此以往，在需求的驱动下，学生的合作学习会更加高效，合作能力会得到提高。

2. 明确要求，有序互动

从一年级第一节课开始，教师就可以帮助学生明确合作的要求，引导学生有序互动。如同桌互相介绍名字，先由左边的学生说给右边的学生听，说的时候声音要轻，不能影响其他同学，还要让同桌听清楚，可以双手握成喇叭状，嘴对着同桌的耳朵说，保证同桌能听清楚；再由右边的学生说给左边的学生听，方法一致；同桌两个人都说完后安静地坐在位置上，向老师点头示意。当然，教师可以结合学生的实际情况提出不同的要求。总之，要通过语言或文字提示，让学生明确要求，有序互动。

3. 分工合作，职责分明

随着小组合作的深入推进，每个小组需要有一个组织者来组织学生有序开展活动，所以要选择小组的组长。每个小组最核心的人物是组长，组长应由充满正能量、责任心强的学生来担任，组长的能力直接影响着小组的发展，因此教师要结合各小组的实际情况，精挑细选，并对组长提出具体的要求。当然，每个学生都是发展中的人，教师要给每个学生提供机会，帮助每个学生不断成长，所以要让更多的学生体验组长岗位。起初，可以一个学期选择一位组长，慢慢地可以让组长半个学期、一个月轮换一次，以促进每个学生的发展。

组员要明确自己的责任，明确合作的方式。合作学习尽管是小组化学习，人数不多，但只有每个人明确了自己的责任，才能更加有序地开展活动。如在小组里可先确定每个人一个号码，交流时按照号码的顺序一个一个轮流说出自己的见解；其他学生边听边思考，别人说过的，轮到自己说的时候尽可能不重复；没有听懂的，马上举手提问，保持组内意见一致。每次由一位学生负责记录，如果每个人都有自己的思考并有文字记录，可以直接利用这些文字，将其标号、分类，以便于汇报。每次由一位学生负责在全班进行汇报，汇报要全面、简洁、清楚。汇报完毕，其他成员可以结合讨论情况及时进行补充，以便完整呈现本组的想法。同伴合作，有序完成，能提高小组合作学习的效率。

4. 文化建设，诗意呈现

随着合作的不断推进，小组将不仅仅是学生的简单集合，而是一个文化小团体，他们可以形成共同认可的奋斗目标、管理制度、小组组名等小组文化。教师可以利用主题班队会，开展小组文化建设，进行成果诗意呈现，促进小组的良性发展。

三、指向能力或素养发展的探究学习

探究学习是在学生主动参与的前提下，根据自己的猜想或假设，在科学理论指导下，运用科学的方法对问题进行研究，在研究过程中提高创新实践能力、获得思维发展、自主构建知识体系的一种学习方式。诗意教育不仅关注学生知识的习得，更关注学生能力的提升、思维的发展。诗意教育期待学生能发现问题、提出问题，不盲从书本和教师，有独立见解，敢于质疑；期待学生通过分析问题、解决问题，体验解决问题方法的多样性，培养创新意识。

（一）经历过程，探究问题

诗意课堂要求教师引导学生积极主动地参与学习活动，养成自主探究、自我反思的良好习惯。如在“倍的认识”这节数学课上，教师设计了一道较为复杂且一题多解的“种庄稼”问题，教师放低重心，通过核心问题推进教学：请每位同学在练习纸上画一画、想一想、填一填，如果在上面种（　　），那么（　　）是（　　）的（　　）倍；如果在上面种（　　），那么（　　）是（　　）的（　　）倍。把活动化为行动，让学生真正经历两种情况的问题解决过程，这样才能在“做”的过程中积累数学活动经验，真正探究问题。

（二）主动建构，完善结构

我们常常在课堂上看到学生只能一个点一个点地谈收获，那是因为课堂上学生没有进行主动建构，其认知结构没有真正得到完善。根据各年级学生的年龄特点及认知规律，帮助学生基于已有经验主动建构并完善知识结构，是探究学习的重要过程。如低年级的教师应积极创造条件，让学生通过学具操作和动手实践来理解、掌握新知，发现新旧知识之间的联系。而中、高年级的教师可以让学生通过画思维导图等方式对相关知识进行整体梳理，形成知识网络。只有主动建构，才能完善知识结构。

（三）适当点拨，提纲挈领

在探究学习中，学生是主动学习的，但是也不能忽视教师的点拨作用。如教学“认识人民币”时，学生认识了各种面值的人民币之后，教师用投影显示一个漂亮的娃娃，问：“这个娃娃以一元的低价出售，你会付钱吗?”学生说出了几种不同的付钱方法，教师适时进行点拨：“瞧，一元钱有不同的付法，可以只付一种面值的人民币，可以付三种面值的人民币。同学们想一想，还可以怎样付钱呢?”学生思维的闸门一下子被打开了，分门别类地想出了多种不同的付款方法。探究与点拨的紧密相连，能促成学生理解数学与生活的关系，帮助学生逐渐掌握探究学习的方法。

第四节　诗意课堂的作业变革

《教育大辞典》把完成学习任务的作业分为课堂作业和课外作业两大类。课堂作业是教师在上课时布置学生当堂进行检测的各种练习；课外作业是学生在课外时间独立进行的学习活动，是检测学生是否掌握了课上学习的知识点的一种方法。诗意教育在教学实践过程中完善了课堂规程，丰富了建设路径，创新了学习方式，同时，在作业，特别是家庭作业方面也尝试开展积极的变革，倡导并实践“幸福作业”。

一、作业变革的价值与意义

（一）家庭作业的重要性

作为学生学习过程中不可或缺的一部分，家庭作业的必要性和价值一直以来都得到世界各国政府和人们的基本认同。澳大利亚、法国等国家曾开展过“废除中小学生家庭作业”的行动和讨论，但目前为止，全世界还没有一个国家完全取消家庭作业。

（二）家庭作业问题成为当前教育界的热门话题和难题

2017 年 2 月，《光明日报》连续刊发评说《在教育发展的大背景下看待家庭作业》《德国为什么想要废除家庭作业》……“学生因未完成作业而自杀”“孩子因不会做作业而被父亲暴打”的新闻频频出现；家长、学生对作业负担的抱怨声越来越大……家庭作业成为学校与家庭、教师与家长、家长与孩子之间多元矛盾的“导火索”。随着教育的发展，学生与家长的自主意识不断增强，开始思考和质疑家庭作业，在访谈中表达了“作业最让我不幸福”的感受。学校曾针对学生、家长开展关于“你对以往家庭作业的感受”的专题调研，通过数据我们发现，其感受主要集中在价值取向、内容、形式、数量、难度、效果、时空这七个维度，再对学生、家长的“消极感受”进行梳理，发现家庭作业的根本性、总体性问题在于课业负担重，具体凸显在以下四个方面：

（1）量大费时。各学科的作业缺乏统整与协调，加起来题量大，耗时多，效率低，实用性不强。

（2）单调无趣。大部分学生和家长认为以往的家庭作业内容单调，以知识巩固为主，对此缺乏兴趣。

（3）被动划一。以往的家庭作业由教师统一布置，学生被动接受，形式单调，缺乏自主安排的空间和家长的参与。

（4）碎片割裂。点状的知识学习，缺乏从课程角度的统整，学科与学科之间更是“各自为政”；缺乏实践，与学生的生活割裂；缺乏教育意识，知识、能力、情感目标分离。

（三）家庭作业具备了变革的空间及可能

第一，不仅仅是学生和家长，教师也有变革的需要。教师面临着教育教学工作整体转型的新要求，而作业领域的变革明显落后于课程建设、课堂教学。以学校、上级行政部门的考核为例，都不会考核家庭作业，更不会关注家庭作业对学生发展所具有的意义。第二，家庭作业是家校关系研究中的永恒话题。对家庭作业的研究，可以完善教师、家长、学生三者之间的合作关系。第三，具备了一定的支持体系。在欧美发达国家，已经形成了一些有价值的思考，如爱泼斯坦和贝克尔于1982年研究表明“家庭作业目的的十大定位”等；在中国，各级政府与教育部出台了关于“减负”的文件，对作业量、作业时间做出了规定。此外，教育部也明确要求所有中小学、幼儿园建立家长委员会，促进家校合作。区域与个体层面，也出现了“亲子作业”等实践研究。

近年来，龙虎塘实验小学在全区率先进行了作业变革，以“综合创生式幸福作业”为项目，进行了一系列的研究。

二、作业变革的内涵与目标

（一）内涵

1.“综合创生”

以家庭作业为研究本体，在整合学生各类学习的时空、学科领域内容、生活资源等的基础上，根据不同的情境需求，不断生成学生所需完成的、样态丰富的学习任务，促进教育工作的高度融通及学生综合整体的生命发展。

2.“幸福作业”

“幸福作业”是学生、教师、家长合作参与，旨在解放学生、成就学生，让学生体验生命成长的幸福的一种新型家庭作业体系，具有四大特质：①自主合作。家庭作业从学生的需求出发，又依靠学生的主体创造，并在策划、实施、评价的全过程充分展开与教师、家长及社会人士之间的合作，实现生长式发展。②整体结构。家庭作业与班级生活、家庭生活、社区生活融通，整体架构，并将学科关键能力与综合素养培育共同渗透其中。③全纳共生。关注每一个学生的累进发展，激励每一个学生的发展可能。④愉悦体验。依托评价，校内校外联通，线上线下互动，促成交流平台最大化；依靠民主，构建学生、家长、教师之间的和谐关系，让学生在分享与交往中获得愉快的体验。

（二）价值

1. 攻克现实难题

本研究致力于破解当下家庭作业中存在的量大费时、单调无趣、被动划一、碎片割裂等问题，旨在化解学生、家长、教师之间因家庭作业而产生的矛盾。

2. 渗透前瞻理念

一是家庭作业要“解放儿童、成就儿童”。学校教育的内在价值在于提升人的生命质量，我国已经发布了《中国学生发展核心素养》，我们以“全息”的方式重新理解家庭作业的教育意义和生命价值，认为家庭作业要关注生活世界中学生的整体发展，要成就学生的优秀与幸福。二是家庭作业要促进家校合作。家校合作的新理论指出，亲子关系的内容会发生诸多改变，从原有的家庭教育，逐步转换到家庭文化活动开展、班级活动开展、学校活动参与、社会事务介入等更丰富的生活领域。每一领域都会因学生意识的觉醒、能力的提高和关系性质的转变，而使得亲子关系不断支持、催生、滋养学生的全面发展，因此，家庭作业要以“全人”的立场促进学生、家长、教师的和谐合作与共同发展。三是家庭作业要体现综合创生。家庭作业具有学科共通性，学校、家庭、社会具有关联性，所以需要以“全程”的视野统整教育或生活中的时间，以“全面”的意识开发各类资源，促成内容的综合融通、不断创生。

（三）目标

总体目标：多方提高对家庭作业的满意度，形成“幸福作业成就学生幸福的生命、生活和人生”的学校文化；激发学生潜能，提升学生的核心素养；加强理论和实践对话，对本研究进行生态性开拓与辐射，使教师关怀生命；以教师为专业指导者，以学生和家长为核心，将家庭作业过程转化为教育过程，构建家庭、学校、社会和谐合作的终身教育微系统。

具体目标：

（1）明确“综合创生式幸福作业”的价值取向。以“解放儿童、成就儿童，让儿童体验生命成长的幸福”为根本宗旨，基于“21世纪全球公民素养”“中国学生发展核心素养”建构幸福作业的核心素养框架。

（2）构建“综合创生式幸福作业”体系。探索融通时空、多样综合的家庭作业结构，开发丰富高效的家庭作业类型，渗透多元弹性的学习方式，让完成作业的过程成为学生灵活学习的过程，成为学生喜欢的一种学习方式。

（3）探索“综合创生式幸福作业”的运行机制。驱动、评价等注重全员参与、全面共享、全程联通，形成行之有效的实践范式和策略。

三、作业变革的路径与策略

（一）基于价值追求，形成“综合创生式幸福作业”核心素养框架

《面向未来：21世纪核心素养教育的全球经验》报告中，将“人生规划与幸福生活”列为重要的通用素养之一；我国将学生发展核心素养分为三大方面、六大素养、十八个基本点。基于上述提出的育人新要求，结合家庭作业的特质，“综合创生式幸福作业”核心素养框架围绕“自主发展”“文化底蕴”“社会参与”三大方面，综合表现为学会学习、幸福生活、责任担当、实践创新、科学精神五大核心，具体细化为乐学善学、勤于反思、问题解决、技术运用、领导力、人文积淀等基本点。

（二）基于作业境脉，建构“综合创生式幸福作业”顶层模型

梳理家庭作业涉及的对象、内容、时空等，对“幸福作业”进行顶层设计：以“解放儿童、成就儿童”为核心理念；以“学期内作业”“寒暑假作业”为基本内容，将传统节假日融入其中，全程打通。学期内作业分科实施，统整评价，重点推动“学科学习与学生日常生活的综合融通”，提升学生学期生活的质量。寒暑假作业学科统整安排，分层评价，重点推动“假期生活与期初生活的重建”，整体优化学校教育生活的节律；以学生、家长、教师“三力驱动”，学校生活、家庭生活、社区生活“三环交融”为运作模式，借助“互联网＋”等加强过程中的互动，促成教育教学高度融通，人、事、组织互促共长。

（三）基于学习环境，建构“综合创生式幸福作业”顶层设计模型

首先，基于当代学校学习来自课程、学习者、教学技术等方面的重大变化，以及所面对的不同时空，以开放、弹性、整合、高效为基本原则，形成“幸福作业”两大基本内容的主体设计思路：学期内作业，将学科学习内容与学生的学校生活、家庭生活、社区生活相结合，并将学科关键能力与应对日常生活的综合素养培养渗透其中，结构化为一周七天的项目型作业；寒暑假作业强调学科素养提升和社会实践活动两大维度，将所有学科作业融为一体，注重综合运用学科知识解决生活问题的能力培养，主要体现为主题统整下的模块组合型作业。

其次，基于每天、每周、每月家庭作业所面对的现实的具体环境，将与之相关的课程、课堂、活动等元素充分整合在一起，鼓励学生灵活选择和创造“幸福作业”样态：书面型、视听型、实践型、体验型、混合型……重点探索四大综合样态：①“媒体式”。让家庭作业成为“班级报纸”“发布的新闻”“展销的产品”。②“交互式”。让家庭作业成为学生与家长、玩伴，互为选手、互为导师、互为评委等的过程。③“课程旅行式”。围绕新课程标准，以一周、一单元或一月的教学内容为单位，对教材的结构、阶段的核心目标、时段的社会热点、学校的重大活动等进行整体梳理，在这个周期内带着课程目标穿梭于每天的家庭作业之间，使学生各方面的能力在具有内在逻辑性的推进型作业中得到有效提升。④“镶嵌式”。强化学生的公民意识，让家庭作业相得益彰地镶嵌在实践情境、生活情境中，解决社区、社会中的问题，为生存其中的世界和他人服务。四大综合样态也可混合运用，促进多元生长。

（四）基于文化特质，开发“综合创生式幸福作业”评价工具

基于“幸福作业成就学生幸福的生命、生活和人生”的文化追求，以“情趣、灵动、向美”为要素，开发“综合创生式幸福作业”观察和评价量表；以“阳光、文雅、灵动”为要素，开发作业中的学生评价标准；以家校合作为着力点，开发亲子评价、家校社共评等合作评价方式；以“学科学习与班级建设整合融通”为思路，开发学期内作业的班级整体设计、全学科参与、贯穿学期全程、班报阶段讲评的日常评价范式；以学校期初课程的探究为线索，开发“假期作业与期初生活”的活动式展评模式。同

时借助“互联网+”进行线上与线下的多元互动，使“幸福作业”在评价中得到最大范围的分享。

（五）基于关系思维，建设“综合创生式幸福作业”共生组织

①完善“学生主导，三力共驱，三环交融”的驱动机制，促成家长、教师、学生三者之间和谐关系的建立以及家校社共生体的良性发展。在合作过程中，要以学生为中心，尊重他们的需求，尽量把思考和实践的权利更多地还给他们。②圆环回归，促成自组织。努力促成本研究走向生生不息的自组织形态。从产物与结果的角度，建设“作业↔教育”的圆环；从目标与手段的角度，建设“作业↔学校生活↔家庭生活↔社会生活”的圆环。③发展学习组织，推动教师教学方式和学生学习方式的联动性变革。形成学生学期内作业、寒暑假作业的实践模型，帮助教师将家庭作业与课堂教学、课堂作业、教育活动进行整体融通，灵活改变教学方式；推动学生基于面对的不同生活情境，组建亲子组合、亲友团、玩伴团、项目组等不同的以“幸福作业”为纽带的学习型组织，在其中开展基于环境的学习、基于内容的学习、基于技术的学习、基于目的的学习、基于组织方式的学习、基于学生主体行为的学习，将自主、合作、探究的学习方式落到实处，让学生学会学习。

四、作业变革的成效与案例

（一）经历了探索轨迹

2014年，从学生的“幸福”需求出发，顾惠芬副校长率先从自己任教班级的语文学科开始，进行了家庭作业的变革研究。随后，学校将该研究辐射至全校。2015年起，又从学期内作业拓展到了寒暑假作业。同时，吸纳了学校“家校合作”“基于学生成长的班级成长导师团建设”等研究的成果。

在这一过程中，我们对家庭作业有了新的理解：它“是课程教学改革的重要组成部分，更是课程实施的主要形态”（张志勇）；传统的作业模式已经成为推进素质教育的障碍，为建立终身教育体系和学习型社会，变革家庭作业是社会发展的必然趋势；家庭作业变革是教育教学综合改革的重要内容，可以成为学校内涵发展的突破口；家庭作业的功能不仅仅是提升学业成绩，更能成为学校与家庭、社区合作的催化剂，为学生的生命发展

服务，成就他们优秀而幸福的人生。

（二）形成了系列成果

Making Homework a Catalyst of Teacher-Parents-Children's Collaboration：*A Teacher Research Study from an Elementary School in China* 发表在国际期刊 *International Journal about Parents in Education* 与 *European Network about Parents in Education*，多篇阶段研究成果发表在《人民教育》《思想理论教育》《福建教育》《班主任之友》《中小学管理》等核心期刊上。

顾惠芬副校长凭借此研究被评为“江苏省 333 高层次人才培养工程”培养对象；学生学业成绩稳步提升，学校连续获得区教学质量综合评估优秀奖；学生的作业、作品在各级各类竞赛中获奖无数，如《对暑假作业的分析与变革》获常州市研究性学习成果二等奖，费东的诗作《手机》获江苏省少儿诗歌大赛一等奖……“‘三力驱动，三环交融’式‘幸福作业’研究”获常州市学校主动发展优秀项目二等奖，“基于学生成长的班级成长导师团建设研究”被评为常州市重点科研课题。

（三）产生了一定影响力

研究的节点活动吸引了“中国班集体建设万里行考察团”“欧洲家校合作考察团”“国际救助儿童会（英国）”等中外专家、报刊编辑等前来合作参与。2016 年 9 月 5 日至 6 日，学校和华东师范大学教育学院研究院、新北区教育文体局合作主办了“学生暑假活动与期初生活重建”全国现场会，受到了来自台湾、深圳、厦门等地代表的高度肯定。

实践成果受邀在新北区教育系统会议上及部分学校中做专题介绍，为推进本区的作业变革进行示范引领，并在《常州日报》《常州晚报》《常州教育》《江苏教育》与常州电视台新闻频道等媒体中多次宣传；为上海、四川、浙江、广东、福建等地的教研员、研究生、校长、骨干班主任等做专题讲座 30 余次，并和国际救助儿童会、华东师范大学联合发起 2017“寒假，你好”项目，以学校已有的资源、经验推动全国一百多所学校寒假作业的变革，产生了较大的影响力；研究成果还在挪威、上海等国际学术会议上做展示，产生了一定的国际影响力，被瑞典、美国等地的专家与学者称为“最有趣、最精彩的研究”“处于领先地位，对西方都具有借鉴意义”。

我们努力把握儿童的幸福观，探索“综合创生式幸福作业”解放儿童、成就儿童，让儿童体验生命成长的幸福的价值新取向；挖掘“综合创生式幸福作业”推动家庭、学校、社区三位一体良好合作及提升社会教育力的新机制和新功能；形成“综合创生式幸福作业”综合融通、不断创生的新结构。

我们着力打造具有学校特色、能打破时空界限且能混合运用的“综合创生式幸福作业”，其具有四大样态：媒体式、交互式、课程旅行式、镶嵌式。探索“综合创生式幸福作业”的“三力驱动、三环交融”运作模式。同时，借助与公益组织（阳光爱心联盟、国际救助儿童会）的合作，拓展共生体的外延，以产生更大的社会效益；借助与挪威、瑞典、美国等知名专家以及华东师范大学、南京师范大学等的合作，开展国内、国际的交流与对话，加强学术影响力和实践辐射。

第五节　诗意课堂的案例解析

学校围绕诗意课堂规程核心“三元素”（情趣、灵动、向美）及其细化的亚元素，通过诗意课堂规程的落实，形成了系列的诗意课堂评价表。所有学科的教学以此为标准，转变原有的教育教学观念，追求课堂的“情趣、灵动、向美”，从根本上实现课堂的转型。本节围绕数学、语文学科的两个案例进行解析，对诗意课堂做具体说明。

“不含括号的两步混合运算”教学设计

荆亚琴

教学内容

苏教版小学数学三年级下册第34～35页的例题1和“想想做做”的第1～6题。

教学目标

1. 在解决实际问题的过程中，经历抽象出混合算式的过程，理解混合运算（两步计算）的意义和运算顺序，体会混合运算与生活的密切关系。

2. 能初步学会借助直观图等方式，分析、表示数量关系，会用分步列式或综合列式解决实际问题。能有条理地叙述自己的思考过程，逐步积累解决实际问题的经验，提高解决实际问题的能力。

3. 体会“先乘除后加减”的合理性，掌握混合运算顺序，能进行简单的整数混合运算（两步计算），激发运用数学知识解决实际问题的兴趣。

教学重难点

在解决实际问题的过程中，理解算式表示的实际意义，体会混合运算中有关运算顺序规定的合理性，并掌握运算顺序正确地进行计算。

教学过程

活动一：学习乘法和加法混合运算

1. 激发兴趣

师：小朋友们，今天，让我们跟随贝瓦一起开启我们的学习之旅吧！请看大屏幕。(出示教材中的例题)

2. 整理条件和问题，说数量关系

师：你能用自己喜欢的方式整理条件和问题吗？

师：大家都整理好了。有的画图，有的写文字，都表示了相同的意思。要求计算一共用去多少元，我们可以怎么思考？

师：刚才两位小朋友说的数量关系，有什么相同的地方？

师：都是把这两部分加起来。

3. 根据数量关系列算式计算

师：（出示 PPT）小朋友们，你能根据数量关系来算一算吗？算完后和你的同桌互相说一说你是怎样算的。

学生活动，教师寻找资源。

师：小朋友们都算好了。我们一起来看一看。这里展示了几位小朋友不同的算法，和你的小伙伴分别读一读，说一说这三种算法。

层次 1：交流资源。看看算式，你看懂了吗？谁来说一说！

层次 2：找第二或第三个资源相同之处。

（1）看一看。

师：我们一起来看一看，这两种算法都只用了 1 个算式，你能看懂吗？

（2）揭示题目。

师：像这样的算式，我们把它叫作综合算式。怎么计算呢？这就是我们今天要研究的内容。

4. 教学综合算式的计算方法

（1）教学格式：（板书）$5\times3+20$。

师：这个综合算式应该先算什么呢？

师：1个书包的钱数知道了，要先求3本笔记本多少元。要把条件中不知道的信息先求出来。

师：来，5×3等于多少？写下来。再“+20”，这里写多少？最后等于35。像这样的等式，我们把它叫作递等式。请小朋友们也像这样试着写一写并算一算，记录在1号活动单里。

(2) 交流。

师：对这位小朋友的计算过程，你有什么建议呢？

(3) 学习验算。

要想知道自己的计算是否正确，我们还可以用再算一遍的方法来验算。请小朋友们看着这个递等式，在心里再验算一遍。

学生一起在心里验算一遍。

(4) 迁移计算20+5×3。

师：现在你能用刚才的方法来算一算20+5×3吗？打开2号活动单，完成这一题。

层次1：交流1号和2号小朋友的算式。

师：结果怎么会不一样呢？

师：看来还是要先分析数量关系，把条件中不知道的信息先计算出来。

层次2：交流1号和3号小朋友的算式。

师：你觉得怎样写更合适？大家来发表发表意见。

师：如果改成“—”号，你们还这样写吗？是呀，像1号小朋友这样，能更方便地看出计算的过程和顺序。我们把1号小朋友的递等式写到黑板上。

5. 写上单位和答句

师：解决完这个问题，别忘了写上单位和答句哦。

6. 总结

师：仔细观察这两题，算式中有乘法，有加法，在计算顺序上，有什么相同的地方呢？

7. 巩固计算

师：小朋友们，计算本领学会了吗？我们一起来算一道题。请你试着完成2号活动单。完成后，可以请小伙伴验算一下。

学生用递等式计算：18+5×6。

师：小朋友们都计算好了。这是××小朋友的活动单。结果等于48，对吗？我们一起用再算一遍的方法来验算一下。先算5×6=30，再算18+30=48，结果正确！如果你的答案也正确，朝荆老师微笑一下。

【课堂解析】

作为计算教学的起始知识，教师要立足于解决计算本身的问题，深入开展理解算理、明确算法、形成技能的教学活动。“计算教学”是服务于“解决问题”的，应凸显计算的工具性特征。学生通过亲身经历数学活动过程，获得具有个性特征的感性认识、情感体验及数学意识。教师合理利用学生现有的资源，再结合前面的数量关系讲解了运算的顺序，顺理成章。

活动二：迁移学习乘法和减法混合运算

师：在解决问题时，我们先整理条件和问题，再分析数量关系，列算式解答，最后进行验算。你能按照这样的方法，继续帮助贝瓦解决问题吗？

1. 说数量关系

师：看明白题意了？要求找回多少元，先独立思考，再把你的想法告诉你的小伙伴。

师：看来，大家不仅理解了题意，数量关系也分析得很清楚。

2. 列综合算式并计算

师：能不能直接列综合算式解决这个问题呢？

学生独立计算，教师巡视，巡视中让学生上台板书。

3. 对比交流

师：这个算式中有减法，有乘法，为什么先算后面的15×2？

师：是啊，付出的钱数知道了，2盒水彩笔的钱数不知道，要先算出来，所以还是要先算15×2。

师：你同意几号小朋友的想法？

师：这一题中，先算的可不能写在前面。最后不要忘记检查并写上答句。

4. 巩固计算

师：这里有一个算式：80−23×3，你会算吗？

师：小朋友，你算对了吗？

5. 小结

师：结合刚刚解决的两个问题想一想，算式中既有乘法，又有加、减法，应该先算什么，再算什么呢？

生：算式中有乘法和加、减法，应先算乘法。

【课堂解析】

让学生在理解数量关系的基础上，独立写出综合算式，并观察两个综合算式，在观察对比中归纳出：在有乘法和加、减法的混合运算中，要先算乘法，后算加、减法。教学活动中，教师能对学生的不同应答进行梳导，促进资源生成与整合，推进后续活动。

活动三：巩固内化，分层练习

1. 改错（口头交流）

师：贝瓦也加入了我们的学习，他计算得对吗？请小朋友们先独立思考，有想法了，和你的小伙伴互相说一说。

师：谁来和大家交流下你的想法。

师：看来，计算时不仅要看清楚数据，还要看清楚运算顺序。

师：谢谢你的提醒，计算时要细心、要注意格式，这也是我想提醒小朋友们的。

2. 解决问题

(1) 看图列式。

师：热情好客的贝瓦妈妈为小朋友们带来了巧克力。

师：看图也是一种能力，你从图中看到了哪些信息？

师：真是认真观察的孩子。有其他不同的想法吗？

师：两位小朋友都表达了自己的想法。请小朋友们独立算一算。

学生独立计算，教师巡视，收集资源。

师：这两位小朋友的想法，你能看懂吗？

师：看来，同样一个问题，我们可以从不同的角度进行思考。

(2) 图文结合。

师：贝瓦有两个好朋友——企鹅和鸵鸟，它们正在比体重呢。小朋友们，要求鸵鸟的体重，可以怎么计算呢？

师：数量关系分析清楚了，列算式还有困难吗？来算一算。

3. 游戏

师：小朋友们，想不想和贝瓦一起做游戏？我们一起来听听游戏规则。听清楚了吗？有想法，就举手。要说清楚前面和后面分别填什么符号。抢答开始。

师：看来，算式中有乘法和加、减法时，要先算乘法。如果改变游戏规则，还想玩吗？

师：（拿出3号活动单）独立想一想、填一填，再在四人小组里互相说一说自己的想法。

师：数学课上的游戏，不仅好玩，会学数学的小朋友还会去思考游戏背后的奥秘。有兴趣的小朋友下课后可以去研究研究。

【课堂解析】

教学设计有层次、多角度、能推进的学习活动，由浅入深，基础训练与开放练习相结合，游戏集趣味性、发散性于一体。在最后一道开放题的解决中侧重于策略指导，使学生玩得愉悦、学得扎实，既展示个性思维，又凸显训练实效。整个活动环节不仅有利于学生开展自主探究性学习，还有利于师生、生生之间进行有效的互动，更有利于优质新资源的生成。

活动四：课堂总结，拓展延伸

师：做计算题，除了要细心，书写规范，还要养成良好的习惯。我们来看看这位小朋友的做法。（播放视频）

师：从这位小朋友身上，你学到了什么？

师：你真会观察。会向别人学习，也是一种很重要的学习能力。

师：这些都是我们做计算题时应养成的好习惯。学会了吗？学会了，我们就下课。

【课堂解析】

对教学过程进行重点性、针对性概括，提炼方法。视频的播放，体现了学习的主动性和创造性，并能进行类比式和结构式延伸。

《望洞庭》教学设计

徐　佳

教学内容

苏教版小学语文四年级上册《望洞庭》。

教材简析

《望洞庭》是一首描写秋夜景色的七言古诗，是唐代诗人刘禹锡在秋天转任和州，行经洞庭时所作。这首诗选择了月夜遥望的角度，通过丰富的想象和形象的比喻，将月夜的洞庭美景描绘得惟妙惟肖，跃然纸上。写洞庭湖的诗大多气势雄伟、境界壮阔，如孟浩然的“气蒸云梦泽，波撼岳阳城”，杜甫的“吴楚东南坼，乾坤日夜浮”。而刘禹锡的这首诗却不同，重在表现洞庭湖的柔和秀美。诗中“秋月”与“湖光”相映照，水月澄洁，一片和谐。湖面无风，如月下铜镜铺展于大地。“镜未磨”写出了浩阔湖面，涟漪轻起，波光粼粼，呈现出迷蒙之美。放眼远望，水白山青，相依相伴，恰如一颗青螺缀放在白银盘中，如一种工艺珍品，使人爱不忍释。全诗构想新奇，化大为小，色调淡雅。

教学目标

1. 通过诵读或吟唱古诗，感受古诗的韵味。

2. 培养感悟古诗及想象诗中所描绘画面的能力，体会诗歌表达的思想感情。

3. 积累描写洞庭湖的诗句。

4. 了解题图诗的基本知识，初步提升美学素养。

教学重难点

培养感悟古诗及想象诗中所描绘画面的能力，体会诗歌表达的思想感情。

教学过程

一、复习导入，检查预习

1. 导入

师：同学们，到目前为止我们已经学过很多首古诗了。有一类诗很特别，就是诗人游历名山、名水时，诗兴大发，歌颂祖国壮美景色的诗。

师：我们一起合作，老师说诗题和作者，同学们来背诵诗句。

师：这些都是山水诗。

2. 揭题

师：今天我们再来学习一首著名的山水诗——《望洞庭》。这首诗写的是哪里的景色？它在哪儿呢？有没有同学知道？

3. 了解作者

师：你了解诗的作者吗？

师：把这些信息组合起来就对诗人有了进一步的了解。

【设计意图】复习课本中、校本教材《童声古韵——经典古诗文小学生手绘悦读书》中及学生在生活中已掌握的山水诗，然后将诗归类，为学习《望洞庭》做好铺垫。学生对古诗有了整体感知后，便可以调动以往的学习经验，有意识地自读自悟古诗。让学生整理有关作者的信息，便于学生养成收集资料的好习惯。

二、初读古诗，读出诗味

1. 读准字音

师：我们要认认真真地读，先自己读读，注意把音读准。（评价）

2. 注意停顿

师：诗的朗读讲究节奏，要注意停顿。谁来读？

3. 读出快慢

师：诗句中有的字音要读得长，有的字音要读得短，就要做到平长仄短、平轻仄重、入声促。

（1）学生自己练读。

（2）教师指名读，评价。

4. 配乐齐诵

师：这首诗我们读了很多遍，根据平仄，你能不能来诵一诵？（配乐）

【设计意图】学生尚处于小学阶段，无须对诗词的平仄做系统的了解。此处深入浅出地介绍平仄诵读的规律：平长仄短、平轻仄重、入声促，便于学生轻松读出快慢的变化。课堂上诗意盎然，几遍诵读过后，学生基本能熟读成诵了。

三、自读古诗，感悟诗意

1. 书读百遍，其义自见

（1）诗中写了哪些景物呢？请你快速圈出来。

（2）在诗人眼里，这些景物是怎样的？

总结：湖面浩阔，如铜镜铺在大地，涟漪轻起，粼粼细波，在月色之下，一派迷蒙之美，十分和谐。所以诗人说“湖光秋月两相和”。诗人刘禹锡豪情万丈，在他眼中，八百里浩瀚的洞庭湖浓缩成一个小小的白银盘，“藏参天复地之意于盈握间”，难怪他被称为“诗豪”。一切景语皆情语，诗人写洞庭不仅写景，还加入了自己的想象，一切都是那么美，那么和谐。

2. 运用语句，总结诗意

师：我们跟随着诗人的脚步，欣赏了洞庭湖的山山水水，谁能用优美的句子说说整首诗的意思？

总结：月夜遥望，水白山青，相依相伴，恰似一颗青螺缀放在白银盘中，大自然如同精妙绝伦的工艺珍品，让人爱不忍释，好一派秀美柔和之景。

3. 吟唱诗句，领会诗韵

师：这时候再读诗，这样的画面就浮现在眼前了。古人在写诗的时候常常用一种特殊的方式来表达，我们是读，他们是吟。

（1）教师吟唱。

（2）学生小声地跟着教师吟唱两遍。

（3）学生自由地吟唱。

（4）教师指名吟唱。

【设计意图】了解诗的意思、体会诗人的情感是古诗教学的重点和难点。先让学生圈出诗中写了哪些景物，再让学生说说这些景物在诗人眼中是什么样的，在此基础上，让学生将整首诗的意思连起来说一说。理解了诗意，接下来的吟唱水到渠成，学生入情入境，并乐在其中。不知不觉，学生已经诵读了多遍古诗，却一点儿也不觉得枯燥。

四、完成题图诗

师：你们都是吟诗高手，给自己点掌声。文人离不开诗词书画，现在老师送给你们一幅画，请你们把《望洞庭》题写在这幅画作上，完成题图诗。

（1）还记得题图诗的基本知识吗？

（2）在写之前，我们先来看一看这一课的生字，注意观察，写时应注意什么？（教师范写，学生书空）

（3）完成题图诗。

（4）投影、评价。要注意整首诗的整齐，还要注意单个字的美观。

【设计意图】本课最巧妙之处在于“写”这一目标的落实。用题图诗的形式让学生完成古诗的抄写，不仅让学生写了字，还让学生提升了国学素养。

五、拓展延伸，赏洞庭湖

师：我们一起再来吟一吟这首诗……这首诗写的是秋天月色下柔和秀美的洞庭湖。古人对洞庭湖有很多赞美的诗句。

（1）秋日白天的洞庭湖是——

（2）炎热的夏天，暑气蒸腾下的洞庭湖是——

（3）波澜壮阔，天气变化中的洞庭湖是——

师：你们看，不同时节里、不同天气下的洞庭湖，在不同作者的眼中有着不同的特点。课后同学们可以读读这些古诗，从文字中感受洞庭湖的魅力。

【设计意图】拓展写洞庭湖的古诗，有助于开阔学生的视野，丰富学生的文化底蕴。

【课堂解析】

本堂课的教学内容是教材中的古诗，教师没有拘泥于传统的教学方式，而是立足于学习方式的变革，注重激发学生的学习兴趣，着眼于学生国学素养、美学素养的提升，采用诵读、吟唱、题图诗的方式引导学生亲近古诗。学生在吟中悟、悟中吟，课堂情趣盎然，不失为一堂有价值的探讨经典国学学习方式的研究课。

第六章 诗意教育的学生培育

中共十八大报告中明确提出把立德树人作为教育的根本任务，中共十八届三中全会报告也提出坚持立德树人是深化教育领域综合改革诸多举措的基石。可以说，立德树人充分体现了党和人民对教育的殷切期望，也集中反映了中国特色教育理论的与时俱进。

第一节 诗意学生的形象特征

一、学生情况分析

学校从最初的循理德泽合设第十初等小学校到现在的龙虎塘实验小学，走过了一百多个春夏秋冬，把学校的主体——学生的培养目标定位为“诗意学生”，既有历史的传承，也有基于现状的考量。

（一）历史传承

学校地处诗乡联城，在家长、教师以及地方文化的润泽下，孩子们对诗词联素有好感。随着2000年古诗文课题的实施，每个班、每个学生都读诗、吟诗、唱诗、画诗、作诗，逐步走进诗词的殿堂。各班学生以各自感兴趣的诗人自由组合，开展主题式研究，在组诗的学习中汲取成长力量，从探究诗人的人生观中获得成长启示。在教师的组织下，学校的“馨竹诗社”办得风生水起，在全国现场诗联大赛、江苏省诗词大赛中，学生的成绩颇佳，屡次夺得桂冠。

（二）现状剖析

近年来，大量市民涌入龙虎塘镇，促使学校规模急剧扩大。学生在入学之前并非一张白纸，来自五湖四海的带着地方气息、自带原生家庭烙印的孩子如何融入我们的学校文化？如何通过教育使学生具备现代公民所需要的核心素养？我们从综合融通的思维角度提出了“阳光、灵动、文雅”的学生形象要求。

二、诗意学生的特征

（一）阳光

诗意学生必须具备“阳光”特质，在诗意文化的浸染下，他们需要形成积极向上的人生态度、和谐健康的人生观和价值观。从健康生活的角度看，学生需要掌握一定的生活技能，形成安全、健康、环保的生活方式。从健全人格的角度出发，学生需要逐步培养自信、乐观的人格，勇于担当，具有良好的心态，能以积极的态度面对生活、学习中的困难与挫折，具有战胜危机的顽强意志和能力。从全球国际化的角度思考，学生要能尊重、理解他人，包容不同的见解，尊重不同的文化。从教育长远性的角度斟酌，学生需要树立远大的人生理想，有明确的追求目标。

（二）灵动

诗意学生必须具备“灵动”特质，在“灵动、开放”的诗意课堂、丰富多元的诗意活动中形成乐学、善思、活泼、创新的学习方式。他们主动学习，感受到学习的快乐，形成较强的学习力；他们善于运用知识、利用资源，有效解决生活与学习中的问题；他们在学习与生活的探究过程与结果反思中，通过丰富的想象发展创造性思维。

（三）文雅

诗意学生还须具备“文雅”特质，养成文明守礼的言行举止和谦谦君子的为人处世方式。他们衣着得体、朴素、整洁、大方，符合小学生的年龄特点和身份，不盲目追求奢侈品牌；他们坐有相、站有样、走有姿，面带微笑，举止文明，落落大方；他们温文尔雅，具备诚实守信、友爱宽容、谦逊有礼等基本的立身之道；他们遵守规则，具备初步的公民意识，具有良好的社会公德；他们主动参与社会实践活动，形成“亲社会”的情感及能力；他们能与他人平等地交流与合作，积极参与集体活动；“腹有诗书气自华”，他们主动积累“少儿国学”经典篇章，对其有独特理解与体悟，并能应用于生活中，为今后的发展奠定人文底蕴；他们乐于接受各类艺术作品的熏陶，初步形成审美能力和高雅的生活情趣。

为了在日常的教育生活中凸显“阳光、灵动、文雅”的诗意学生形象，我们编写了朗朗上口的《诗意龙娃文明礼仪三字经》，将这些特质化为学生的日常行为。

诗意龙娃文明礼仪三字经

晨审仪表篇

小龙娃，质如莲。衣整洁，领巾艳。
指甲短，发式简。鞋袜净，人翩跹。

进出校门篇

1. 进校礼仪

进校门，守时秒。见老师，道声早。
遇同学，笑问好。车推行，不嬉闹。

2. 早读礼仪

入教室，作业交。读书响，节奏强。
课外书，静心赏。温故新，心欢畅。

3. 放学礼仪

理书包，清桌肚。快静齐，整队伍。
有秩序，互督促。道再见，笑颜舒。

课堂举止篇

1. 预备礼仪

铃声响，进教室。平下心，闲谈止。
备学具，正坐姿。老师到，倍神气。

2. 课堂礼仪

凝神听，爱思考。乐合作，发言高。
三个一，字美妙。练习题，快又好。

3. 课间礼仪

理学具，放桌角。上厕所，不争扰。
饮水处，俭为豪。玩中学，不打闹。

路队出操篇

1. 路队礼仪

音乐起，排成线。踏步齐，姿矫健。
不窃语，不张望。靠右行，风度翩。

2. 体活礼仪

小干部，理队伍。早五分，到场区。
定人员，器材取。顾周全，守秩序。

3. 做操礼仪

前看直，横对齐。顺节拍，调气息。
做到位，阳光溢。力与美，强健体。

集会仪式篇

1. 升旗礼仪

不讲话，当肃立。升国旗，注目礼。
唱国歌，响有力。听发言，须细致。

2. 集会礼仪

早到达，位坐定。少走动，少出声。
腰背直，静心听。精彩处，掌声扬。

岗位值日篇

小岗位，职责清。桌椅齐，窗墙净。
地扫拖，死角新。顺工具，室温馨。

群聚场所篇

1. 午餐礼仪

声儿静，脚儿平。细细嚼，慢慢咽。
食全味，光盘行。饭前后，手洗净。

2. 阅览礼仪

图书馆，要肃静。读思记，润身心。
馆内阅，归原处。借还书，遵章行。

3. 专用教室礼仪

队井然，入提前。严操作，遵规范。
惜设备，保整洁。“星”形象，要彰显。

4. 绿色礼仪

爱花草，不采折。爱公物，不涂刻。
有纸屑，不乱抛。有果皮，入箱格。

交往自护篇

1. 交往礼仪

与人语，要和善。听人讲，莫插嘴。

讲诚信，和为贵。勇承担，常自谦。

2. 自护礼仪

行靠右，防碰撞。有急事，互相让。

起争执，寻师导。危险品，不入校。

校外公民篇

1. 实践礼仪

正衣冠，整队列。守时间，讲公德。

活动毕，要清洁。文雅气，赞啧啧。

2. 社区礼仪

树葱绿，勿攀爬。草青青，勿践踏。

墙无瑕，勿涂鸦。垃圾污，送回“家”。

见居民，盈盈笑。遇恶小，巧解化。

小队行，问题察。共建设，文明花。

结语

讲规则，成方圆。谨小事，濯清涟。

阳光气，文雅范。灵动质，君子谦。

习礼仪，修内涵。诗意娃，赋新篇！

第二节　诗意成长的德育工程

一、诗意成长德育的提出

（一）诗意成长德育提出的背景

青少年是国家和民族的希望，学校德育直接影响到未来公民的爱国之心、立国之志和报国之举，关系到国家和民族的前途和命运。青少年时期是人生良好品德形成的关键时期，是决定人生德操高下、品性优劣的特殊阶段。

诗意是人性深处的精神原型，也是德育的应然追求。可今天的德育研究很少有诗化的研究。人们常常从理性的角度谈德育，过分强调理性的说教与灌输，缺乏诗性的启发与引导，致使德育枯燥乏味、效能低下。诗意成长德育是基于当今学校德育工作的现状和我校前期的研究提出来的。

当前学校德育工作存在以下问题：

1. 德育标准变异化

德育工作的重要性毋庸置疑，人人皆知，但由于长期受应试教育的影响，家长对学校教育的评价标准和上级部门对学校工作的考核导向，使得学校德育地位尴尬，学生成绩好就是一好百好，学校升学率高就是一高百高。德育工作说起来重要，做起来次要，忙起来不要。

2. 德育方法简单化

新课程改革提倡体验式教育，在丰富多彩的活动中育人，但受到两个方面的影响与制约：一是受现行班级授课制和教育体制的制约，德育实践、体验、探究活动很难在有限的课堂教学时间内完成；二是教师开展课外实践活动受安全、工作烦琐等因素的影响，体验式教育常常变成一纸空话，很多教师仍然停留在“一支粉笔一张嘴”的传统教学方法上，不管学生愿意不愿意、接受不接受，用过去的观念教未来的学生，用说教代替实践，用强制代替引导，让学生苦不堪言。

3. 德育工作对象复杂化

我校所在地龙虎塘街道原为农村，2003 年由镇改为街道，此后，我校从农村小学跨入城区小学的行列，周边陆续开发了多个小区和楼盘，大量的外来人口不断涌入本地，使得本校生源极其复杂，不同的地域文化，不同的家庭教育观念，给学校教育、学生培养带来了极大的困难和挑战。目前，我校外地学生超过了本校学生总数的 65%，这些学生来自五湖四海，家庭经济收入不高，家长文化程度不高，家庭教育方式简单粗暴，学生的生活习惯、学习习惯差等一系列现实状况让我们的德育工作棘手无比。学校的办学理念是“为诗意人生奠基”，学生的培养目标是“阳光、灵动、文雅”。而这些新市民的孩子阳光不足，自卑有余；性格孤僻，鲜有灵动；文雅不足，淘气顽劣。

基于上述状况，我们的思考是：如何求同存异，使这些学生朝着我们所期待的方向去努力，唯有文化，而且只有中华传统文化才能跨越不同的地域，跨越不同的家庭。此时，我校已经形成多年的诗教文化便成了我们的首选。诗以养心，诗以润德，用典雅的诗意文化潜移默化地影响学生，让学生对现实永远保持一种新鲜活泼的情感体验，学会用诗意的眼光审视周围的世界，提高道德品质，升华道德境界。

学校承季子故里的深厚文脉，扬诗乡联城的墨香雅韵，于2000年开始进行“小学生古诗文诵读与人文素养培育的研究”，通过开展一系列诗香特色活动培养学生的精神品质，为学校师生的身心成长注入“诗意”的元素。学校先后被评为全国诗教先进工作单位、全国书香校园、全国红旗大队等。诗意教育的功能和成效逐渐在师生的儒雅气质中体现，于是“诗意成长德育”的概念应运而生，并在学校扎根生长。

（二）诗意成长德育的内涵

所谓诗意成长德育，就是以使德育焕发诗意魅力为出发点，以提升学生的道德境界为价值取向，充分尊重学生的主体地位，让学生在诗意文化的熏陶下，学会用诗意的眼光审视生活，让品格形成呈现主体化、生活化、审美化的教育活动。

1. 诗意成长德育是温暖的

泰戈尔说：“教育的目的应当是向人类传送生命的气息。”德育面对的是一个个鲜活的生命，我们目睹了太多空洞的说教、冰冷的灌输、声嘶力竭的训斥，但效果总是微乎其微。诗意成长德育，让传统德育由“有意义”向“有意思”转变，力求关心人、感染人，又温暖人，充满人情味，让德育由“嘴上说”向“脚下行”转变，把“大道理”与“小行动”相结合，做好小事情，解决小问题，明白大道理，从关注学生“一阵子”延伸到“一辈子”，做到既有温度，又有深度，更有高度。

诗意成长德育，让学生从小学会用诗意的眼光审视生活，热爱生活，着力充盈学生的诗意情怀，让学生的生命成长历程充满诗意与激情。

2. 诗意成长德育是自然的

自然是美的，它是一切美的源泉。诗意成长德育，按照人自然生长的节律，制订成长目标，开展德育活动，制订德育评价标准。

诗意成长德育以满足学生的发展需要为出发点，按照学生的自然天性，在德育活动的组织和实施中，调动和激发学生的自主性、能动性和创造性，让他们对周围的世界充满想象力，让他们具有诚挚的情感，保持独立个性，对自然、对社会、对自我充满幻想，让他们充满热情，拥有诗意的生活态度，从而优化人文品质，使内心世界更加辽阔、清醒、充实。

3. 诗意成长德育是内驱的

只有激发学生成长的内驱力，生命之树才会常青常绿。诗意成长德育，始终以学生的发展需要为出发点和归宿，注重激发和调动每一个学生的能动性，引导学生在生活中发现美、感受美、展现美、创造美，使他们成为自主发展的人，能积极主动地接受来自各方面的品德教育和人格熏陶，并最终形成完善的人生观和价值观。

二、诗意成长的德育实践

（一）科学研制课程目标

诗意成长德育的提出，为学校的德育建设明确了方向。从社会背景、学校特色、生源特点这三个方面，我们开始思考诗意成长德育目标的研制。

首先是基于对社会主流价值的思考。党的十八大报告分三个层次精辟地概括了社会主义核心价值观的内涵：从国家层面看，是富强、民主、文明、和谐；从社会层面看，是自由、平等、公正、法治；从公民个人层面看，是爱国、敬业、诚信、友善。社会主义核心价值观是中国特色社会主义的主流意识形态，是公民思想道德建设的核心，是学校德育工作的灵魂。中国学生发展核心素养的提出，是落实立德树人根本任务的一项举措，也是适应世界教育改革发展趋势，提升我国教育国际竞争力的迫切需要。

其次是基于对当代教育改革主流价值的思考。《国家中长期教育改革和发展规划纲要（2010—2020 年）》明确规定："坚持德育为先。立德树人，把社会主义核心价值体系融入国民教育全过程。"可见，培养学生良好的道德品行是学校教育的重中之重。

再次是基于对学校价值追求的再思考。学校以"为诗意人生奠基"为办学理念，践行诗意教育。从学生的角度来看，学校对学生的培养目标提出了三个关键词——阳光、灵动、文雅。阳光，即形成积极向上的人生态度、和谐健康的人生观和价值观。灵动，就是形成乐学、善思、活泼、创新的学习方式。文雅，就是养成文明守礼的言行举止和谦谦君子的为人处世方式。从教师的角度来看，教师的气质应是"大气、睿智、浪漫"。教师不仅是课程的执行者，亦是校本课程的开发者。校本德育课程的开发，强化了教师的课程意识，引导教师不仅关注实施操作，还从课程构建的层面思考，不仅知道怎么做，更清楚地知道为什么做，怎样做才能产生更好的效果，更能对学生进行综合性培养，较为全面地提升学生的思想道德。因此，校本课程建设十分有利于督促教师不断学习、研究，建立课程意识，更新知识结构，改变教学方式，开发课程资源。从学校的角度来看，学校在新课程改革理念指导下，在德育工作领域积累了较为丰富的资源，很多主题活动成了学校的品牌。

（二）立足学生立场开展课程建设

1. 从成长需要出发，提高课程的实效性

注重课程实施与学生需求相结合。在各项活动中，学生是主体，课程虽有既定或生成的内容，但教师仍要及时了解学生的需求、想法，并对教学内容做适当调整。同时，根据各年级学生的年龄特点，在课堂、活动设计过程中遵循生活性、兴趣性、探究性原则，通过自主体验、交流、讨论、头脑风暴等形式落实目标。

2. 与学生生活相结合，突出课程的童趣性

从实际出发，注重课程实施与学生生活相结合。要尊重学生个体，在了解其生活环境、生活内容、兴趣爱好等基础上，使课程实施生活化、儿童化，富有趣味性、多样性、可选择性，贴近学生、吸引学生，使学生在温馨的环境中活动、感悟、成长。

3. 与学科教学相整合，体现课程的综合性

注重课程实施与学科教学相结合。根据各学科教材内容、教法特点的共性与个性，挖掘内涵，找准结合点，使课堂教学与校内外活动有机结合，使学生在学习、掌握知识与技能的基础上，更有自信地参加活动，并在活动中运用知识与技能动脑思考、动手体验、收获感悟，进一步提高学习效率。

4. 与其他阵地相关联，营造课程的开放性

注重课程实施与教育阵地相结合。校内外的教育阵地林林总总，有些看似缺少充裕的时间（如晨会等），有些又似乎无声无力（如文化墙、板报等），但是，环境对学生的影响是不容忽视的。因此，课程实施应充分利用各类阵地，借助生动活泼的形式把学生在活动中的内心体验和收获充分展现出来，让不同个性、不同特长和不同思维方式的学生均能得到充分发展，以达到课内外、校内外的融合。同时，开发家庭、社区、社会中的资源，创设“三力驱动、三环交融”的新途径。大量的社会文化资源是构成学生生活世界的一部分，也是促使学生开阔视野、形成国家与民族意识、保持对社会发展的敏感性的重要源泉。学校以班主任为关键人，建立

助力学生成长的教育同盟：不仅发展内核，形成机制，还加强互动，促进沟通的日常化。以家长为关键人，拓展助力学生成长的教育时空：家长进课堂，形态多元化；家长变身教师，给孩子们不一样的课堂；亲子作业，让家庭变身小小课堂；家长讲堂，管理自主化；家长志愿者，教育合力化。以小干部为关键人，优化助力学生成长的教育生活：社区共建常态化、午间项目课程化。

三、龙娃诗意成长课程

在经历了多轮修改和专家论证之后，诗意成长课程逐渐在我们心中清晰起来。在课程目标上，我们明确了学生“阳光、灵动、文雅”的内涵；在课程内容上，我们努力实现学生发展与学科建设的融合，校园生活与家庭生活、社会生活的融通；在课程实施方面，我们打通课内外的壁垒，积极利用课程建设的各个阵地，做到人人做德育、处处见德育。

（一）课程目标

根据中共十八大提出的社会主义价值核心观及中国学生发展核心素养，结合学校“为诗意人生奠基”的办学理念和诗意学生成长总目标（参见第四章），我们设定了本课程目标。

1. 阳光：形成积极向上的人生态度、和谐健康的人生观和价值观

（1）掌握一定的生活技能，形成安全、健康、环保的生活方式。

（2）逐步培养自信、乐观的人格，具有战胜危机的顽强意志和能力。

（3）能尊重、理解他人，包容不同的见解，尊重不同的文化。

（4）树立远大的人生理想，有明确的追求目标。

2. 灵动：形成乐学、善思、活泼、创新的学习方式

（1）主动学习，感受到学习的快乐，形成较强的学习力。

（2）善于运用知识、利用资源，有效解决生活与学习中的问题。

（3）善于发现，勇于质疑，大胆创新，发展创造性思维。

（4）拥有良好的个人爱好，形成一定的特长。

3. 文雅：养成文明守礼的言行举止和谦谦君子的为人处世方式

（1）温文尔雅，具备诚实守信、友爱宽容、谦逊有礼等基本的立身之道。

（2）遵守规则，具备初步的公民意识，具有良好的社会公德。主动参与社会实践活动，形成“亲社会”的情感及能力。

（3）与他人平等地交流与合作，积极参与集体活动。

（4）主动阅读中外经典书籍，积累经典篇章，具备一定的文学修养。

任何一个德育目标的达成，不是靠一个活动或一节课就能实现的，学生习惯、能力的形成是循序渐进、不断提升的过程。

（二）课程内容

根据课程目标，我们确立了龙娃诗意成长课程的内容体系，囊括了学生的班级公共生活，校园文化生活，传统节日文化，家庭、社区、社会文化生活、自然等资源的开发，德育工作内部与学科教学的沟通和融合这五大领域内容。根据学生的年段发展特点及不同的成长需要，我们设计了不同的主题活动。

针对每个主题活动，我们都根据学生的成长需要设计了系列活动，且追求目标明确、资源聚化、内容丰富化及趣味化。以“班级岗位我能行”活动为例，我们不仅增设了班级岗位，建立小干部轮换制，把管理的权力交给学生，还完善了评价机制，把评价的权力交给学生，同时建设班级文化，把创造群体个性的任务交给学生。在这一主题下，开展“我是班级小主人”“小岗位，我竞聘”“岗位职责我明确”“我是岗位小明星”等系列活动，并计划在今后的几年中，努力做到不断轮换岗位，开发新的岗位，岗位难度不断升级，扩大岗位范围，从班级岗位到家庭岗位、社区岗位等。

龙娃诗意成长课程主题

年级	课程主题	年级	课程主题	年级	课程主题
一上	红领巾呀我爱你	三上	浓浓九月情	五上	小龙娃　安全行
	文明礼仪伴我行		我来学当家		志愿者　进社区
一下	欢天喜地闹元宵	三下	幸福十岁礼	五下	缅忠魂　明荣辱
	我与春天手拉手		缤纷运动乐		小眼睛　看世界
二上	趣味游戏乐参与	四上	春联大文化	六上	话《西游》，品生活
	团团圆圆庆中秋		午间自主乐		好少年　善追“风”
二下	班级岗位我能行	四下	课间真精彩	六下	始规划，明方向
	亲子阅读伴成长		社团常州行		毕业礼，我们行

（三）课程实施

学校德育活动课程包括晨会、班队活动、社会实践活动、学校传统活动以及学生自主开发的午间项目活动。对课程的常规管理主要由学生发展处负责，包括课程计划和师资（班主任）的落实，对平时课程实施的检查和期初的计划、期末的总结反思，管理方法要科学合理，工作要细致入微，以确保校本课程的正常运作。

对课程开发、活动研究的管理也由学生发展处负责。学校以教育科研为载体，为班主任提供学习的机会，开展多种形式的培训活动，鼓励协作交流。校本课程实施以年级组为单位，在学生发展处的指导下进行。每学期三次集中教研，两次分年级组教研。根据实际情况进行理论学习、主题活动研讨、专业著作沙龙、撰写课程开发故事等多种形式的研讨交流。

德育活动课程设置与安排

课程设置	学生	教师	课时安排
校本课程（班队课）	必选	班主任	每周一节
午间课程（学生自主课程）	选修	班主任及各任课教师、部分家长	每天 20 分钟
融合课程（语文、品德、综合等）	选修	语文、品德、综合等学科教师	特定学时

第三节　诗意育人的品牌活动

内容丰富、形式活泼的主题活动能培养学生的优良品质，锤炼学生的意志，促使学生养成良好的习惯，并能张扬学生的诗意个性。近年来，学校着眼于“为诗意人生奠基”的办学理念与中国学生发展核心素养要求的大背景，开展了颇具影响力的系列主题活动。

一、诗意文化节活动

（一）活动背景

学校已开展了三届诗意文化节。之前，学校有多个主题节，如读书节、数学节、英语节、科技节、艺术节、体育节等。每学期三个主题节，在丰富学生校园生活的同时也促进了学生在兴趣特长方面的发展。然而，通过对学科责任人、教师、学生的调查与座谈和活动反思，我们意识到，热闹一时的主题节背后存在诸多问题，主要体现在以下几个方面：

（1）主题节内容形式化。在相当长的一段时间内，主题节活动的相关材料是上级部门教学督查的内容。教师们疲于应付，为了活动而活动，使主题节逐渐流于形式，其教育价值逐渐流失。

（2）主题节过程简单化。原先每个主题节由相应学科负责人制订活动方案，具体活动的开展需要班主任去落实，主题活动没有现成教材，思考与设计费时费力，所以教师们浅尝辄止。

（3）主题节主角集中化。主题节的活动多以选拔、竞赛为主，为了获得荣誉，各班总是选派种子选手参赛，主题节因此成了优秀学生的舞台，大多数学生只能当观众，而不能真正参与其中。

（二）活动内涵

学校的诗意文化节，是整合语文、数学、英语、术课，密切联系生活开展的主题性、综合性活动，实现了德育工作与学科教学的相互滋养。在这个过程中，我们请各学科教师、家长代表和学生代表共同参与活动设计，使诗意文化节成为大家共同的节日，每个学生都能参与其中。在“为诗意人生奠基”办学理念的引领下，诗意文化节整合融通语文学科的阅读浸润、数学学科的周密思维、英语学科的多元文化、术课的科技创新等元素，旨在培养学生人文底蕴、科学精神、学会学习、健康生活、责任担当、实践创新六大素养，使学生具有“阳光、灵动、文雅”的诗意特质。

（三）活动实施

每学期初，根据学生成长发展的需要，学生发展处牵头各学科负责人一起商讨诗意文化节活动主题。如2016年诗意文化节，以阅读作为各学科的主元素，确立了“诗意阅读　芬芳满园”的大主题。各学科负责人再分头组织本组成员商讨如何深入实施并进行成果展现。具体操作如下：

诗意阅读　芬芳满园

开幕式：3月28日（周一）

3月第4周：跳蚤书市周——好书漂流（班队组）

4月第2周：电影周（英语组）

（1）海报制作（推荐电影）、电影沙龙、阅读电影明星个人传记。

（2）英语趣配音。

5月第1周：艺术周——“龙小好声音”（音乐组）

（1）推荐与音乐相关的书籍、电影、电视节目等。

（2）人人亮出好声音，课堂评选出代表参加“龙小好声音”的评比。

（3）举办“龙小好声音”。

5月第2周：科技周（科学组）

（1）推荐有益的科技书籍、电视节目、纪录片等。

（2）动手制作与体验（纸飞机制作比赛、有趣的实验等）、发现与创造等。

5月第3周：阅读成果展示周（语文组、数学组）

（1）进行升旗仪式的班级把阅读内容作为班级展示内容。

（2）展示阅读摘录与读后感。

（3）评选书香少年、书香班级、书香家庭。

（4）以课本剧等形式展示。

5月第5周：活动成果汇报会暨儿童节庆祝日

（1）举办成果汇报会（每个学科各1～2个节目）。

（2）开展“诗意阅读　芬芳满园”游园活动。

二、诗意体育节活动

《体育与健身》指出“健身育人”的理念，以学生发展为本，从构建“终身体育”着眼，根据学生的心理特点和认知规律，坚持以“动”为主的学习过程，强调“动则有趣、动则有理、动则有方、注重有趣”，从而使学生会健身、树长志。所以，学校应以体育节为抓手，主动探索，使其适应体育发展的转变。

随着素质教育及“健康第一”指导思想的落实，“健康、快乐、主动、创新、发展”已成为学校体育教育的目标。特色体育节的举办恰好是体育活动在推进素质教育过程中一种较好的实践形式。但是，由于传统的体育节存在竞技性较强、参与人数有限、趣味性低等不足，使得学生参与兴趣不高，活动效果不明显，为此，学校通过认真反思，大胆尝试，结合学校传统特色项目及“阳光、灵动、文雅”的学生特质，积极创建诗意体育节，取得了良好的效果。

1. 继承传统优势，构建诗意体育节项目

龙虎塘实验小学发展至今已有一百多年历史，历任校长都非常重视体育的发展，形成了很多特色体育项目，这些特色体育项目都在区、市级比赛中获得过较好的成绩，如篮球、跳绳、踢毽、射击等。学校将这些项目纳入诗意体育节，最终确定了集体项目和个人趣味项目两大类。体育教师提前将比赛方案发至校园网，各班对照比赛项目确定参赛人员，班委和学校大队委做好活动的组织和报道工作，实现人人参与，各个动手。

2. 尊重主观需求，权衡诗意体育节内容

《义务教育体育与健康课程标准（2011 年版）》要求体育与健康课程高度重视学生的发展需要，始终以促进学生的身心发展为中心，体育节项目内容的设定也是如此。传统的项目设置不能很好地结合实际，存在难易不分、评价简单等问题，都是教师制订，学生响应，活动效果可想而知。开展诗意体育节，学校考虑到学生的兴趣及易操作等因素，通过问卷调查，确定了贴近学生生活、接地气的游戏内容，让学生愿意参与，乐于参与，赋予体育节实质意义。具体分为室外趣味项目和室内趣味项目，同时为保证安全和活动时间，实行到点互换比赛内容的措施。

诗意体育节室外趣味项目内容安排表

序号	项目	场地	序号	项目	场地
1	羽毛球颠球赛	室内篮球馆	7	滚铁环赛	操场东侧直行跑道处
2	板羽球比赛	室内篮球馆	8	乒乓球对战赛	室外乒乓区
3	篮球运球赛	操场南篮球场	9	排球颠球赛	图书馆门前场地
4	篮球投球赛	操场北篮球场	10	打陀螺赛	校门口场地
5	足球点球射门	器械区单杠处	11	跳绳赛	诗词歌赋园
6	立定跳远达级赛	操场西侧直行跑道处	12	踢毽赛	名家对影园

诗意体育节室内趣味项目内容安排表

项目	场地	内容
棋类	一班	根据本年级特点，可摆飞行棋、斗兽棋、五子棋、象棋、军棋等。两个学生对战，赢者盖章。
套圈	二班、九班	用矿泉水瓶当被套物，在一定距离之内套圈，5圈套中3个及以上盖章。
保龄球	三班、七班	用篮球滚撞保龄球，保龄球用矿泉水瓶代替，一共6个瓶，倒掉5个及以上盖章。
打弹珠	四班	用弹珠去撞目标弹珠。每人3次机会，击中1次可盖章。场地用凳子围起来。
吸盘飞镖	五班	在相隔一定距离内，将飞镖打到指定环，即可盖章，每人两次机会。
颠乒乓球	六班、十班	边用乒乓板颠乒乓球边行走，成功到达目的地盖章。(设置一条迷宫路线)
顶气球	八班、十一班	用头把气球顶过横线，横线高1.8米。

3. 实现多元评价，赋予诗意体育节内涵

体育节作为推进素质教育的手段，不应只注重比赛结果，而应该更多地关注知识技能、学习态度、情意表现和合作精神。难度由负责人决定，一般保持在60%的学生能通过就行。以定点投篮为例，中、高年级实现三球进一球较为容易，但对于低年级学生来说就较难了，在实际评价中，男生能碰到篮圈，女生能碰到篮网，或者动作正确就可以考虑盖章，这样才能激发学生参与的积极性，促进学生的主动发展。

诗意体育节彰显了学校“为诗意人生奠基”的办学理念，成功地展示了“阳光、灵动、文雅”的诗意学生形象，体现了学生的团结合作精神，是一场体力与脑力“双赢”的盛会。

三、诗意中国节活动

（一）活动背景

中国是一个历史悠久、源远流长的国家。从古至今，中国有着许多属于自己的节日，这些节日凝结着中国的民族精神和民族情感，承载着中国的文化血脉和思想精华，是建设中国特色社会主义先进文化的宝贵资源，更是对学生进行思想道德教育的重要载体。在中国的历史发展进程中，中国节日因其具有丰富的文化内涵和周期性、民族性、群众性的特点，深深融入人们的日常生活和精神世界，滋养着民族的生命力、创造力和凝聚力，推动着中华文化历久弥新，不断发展壮大。

在调查学生对中国节日与西方节日的了解情况时我们发现，能说出5个以上中国传统节日的学生仅占总人数的60%左右。而所有的学生都知道圣诞节、情人节、万圣节、母亲节等西方节日。在当今时尚文化的冲击下，中国传统节日的文化氛围日趋淡薄，外来文化对传统文化的冲击也越来越明显。加强中国节的文化教育，弘扬民族的优秀文化遗产，具有非常重要的现实意义。

学生是国家的未来，如何对学生进行中国节的文化熏陶是亟待解决的问题。为此，学校依托中国节开展了系列活动，旨在加深学生对中国节的体验和认识，从而把学生的思想引领到中国节所包含的文化和心理共识上来，在活动中传承和普及中国传统文化，增强学生的民族自尊心和自豪感，不断延续中国人的根和魂。

（二）活动实施策略

1. 扎实日常班队课教学，渗透中国节知识

班队课是学校德育的主阵地，学校教师要善于挖掘教材中蕴含的文化内涵，适时、适度地融入中国节的文化教育。在日常教学中，通过点点滴滴的渗透，使学生更好地了解中国节、认同中国节、喜爱中国节，弘扬中华民族的传统美德。

2. 依托年级组特色活动，开展中国节活动

学校以中国节为主题，根据学生的年龄特点、知识需求设计相关年级组特色活动，如一年级围绕元宵节、二年级围绕中秋节、三年级围绕重阳节、四年级围绕端午节、五年级围绕清明节分别开展特色活动。环境本身就是一种文化，氛围也是一种教育，能产生“润物细无声”的教育作用。学校以年级组为单位，系列化推进式地开展中国节活动，在学校创设节日环境，使学生在亲身参与和情感体验中了解中国传统节日的

来历及风俗，感受中国传统节日所蕴含的深厚文化内涵，让学生在潜移默化中真切感受中国节特有的文化氛围，体验中国节带来的快乐。

3. 结合特色校园诗创作，丰富中国节内涵

学校的办学理念是“为诗意人生奠基”，诗意教育是学校的一大特色。所以，在中国节教育中，学校尽显诗意。每逢中国节来临之际，学校便会结合特色校园诗创作，组织学生关注节日，留心生活，用自己的笔记下诗意中国节，如“赞中秋”“庆元旦”“迎国庆”等。这一举措让学生对中国节有了更深入的认识与理解，赋予了中国节更深刻的内涵。

（三）活动影响

中国节中所蕴含的民族文化的优秀传统，是对学生进行思想道德教育的宝贵资源。把中国节教育纳入学校德育中，效果显著。春节辞旧迎新和祝福团圆平安、兴旺发达的主题，使学生感受到亲情和友情，了解礼仪文化的内涵，践行文明、谦让的礼仪规范，形成明礼诚信、团结友善、勤俭自强的精神品格；清明节“祭先烈、敬先贤、忆先人”的感恩思源、面向未来的主题，使学生慎终追远、珍惜幸福生活，传承中华民族坚强勇敢、不怕困难、坚忍不拔的意志和品格；端午节“人与自然和谐共处”的主题，将中华民族的气节教育和节气文化结合，使学生崇尚自然、强身健体，形成团结合作、锐意进取、艰苦创业、开拓创新的精神；中秋节团圆、喜庆、丰收的主题，使学生体会到民族团结、国家统一、社会和谐、家庭美满带来的幸福感，从而学会正确处理人与自我、人与他人、人与社会、人与自然的关系，形成健康人格；重阳节“感恩父母、敬老孝亲”的主题，培养了学生尊老、敬老、爱老、助老的优良品德。

学校有计划、有层次地开展丰富多样的中国节教育，不但加深了学生对传统节日的认知和理解，让学生更好地了解中国节日、认同中国节日、喜爱中国节日，而且让学生在中国节的活动中传承了中华优秀文化与传统美德。

（四）具体活动

学校中国节活动内容丰富，涉及面广，主要的中国节活动列举如下。

活动时间	活动内容
一月	全校各班以“拥抱新年”为主题开展元旦主题班会
二月	一年级特色活动“欢乐元宵”,“欢度元宵”校园诗创作
四月	五年级特色活动“祭扫革命先烈”
六月	四年级特色活动“包粽子、话习俗、忆屈原”
九月	二年级特色活动“中秋赏月”,“赏中秋”校园诗创作
十月	三年级特色活动“浓浓重阳情”,“重阳节”校园诗创作

四、龙娃特色项目

龙娃特色项目是针对学生的发展需求而开展的教育品牌活动，主要包括家校共育、国旗童声、社校联动三个项目，对学生有广泛的影响力。富有童趣与感召力的品牌活动，激起了学生主动参与教育活动的兴趣，让学生在积极的情感体验中明理、导行，并享受诗意成长的快乐，从而营造了温馨浪漫、积极向上的校园诗意文化氛围。

（一）家校共育

家庭教育离不开学校教育，学校教育也离不开家庭教育，二者相辅相成。离开家庭教育的学校教育和不依赖学校教育的家庭教育都对孩子的学业和身心发展不利，家庭教育和学校教育是促进学生健康成长的两个重要方面。家校合作是学校教育与家庭教育相融的重要手段。

基于“为诗意人生奠基”的办学理念，学校一直致力于打造诗意、和谐、互信的家校合作关系，发挥家长们的主观能动性，促使他们积极主动地参与到学校的活动中来。

1. 背景分析

龙虎塘实验小学是一所百年老校，随着改革开放和现代化城市建设进程的飞速发展，学校已经由过去的乡村学校逐渐转变为城市学校，学生资源也由过去的本地村民子女转变为以外来务工人员子女和本地学生相结合的生源。面对参差不齐的学生资源和教育改革的不断深化，转变教育理念，有效开发、利用和优化家长资源，形成独具特色的家校共育新局面已经迫在眉睫。

2. 核心内涵

家校共育是指以促进学生发展为目的，家庭和学校两种力量互相配合、互相支持、互相协调开展教育互动活动，最终打造和谐、互信的家校关系，共育学生成长。龙虎塘实验小学经历了百年的洗礼，家校合作也在几代龙小人的共同努力下，打开了新的局面。

传统的家长会、家访已经远远不能满足时代的发展，学校在此基础上创建了独具特色的家长进课堂、家长讲堂活动，不仅把家长请进学校，还大力挖掘家长本身的教育资源，实现教育资源的最大化。如今，学校已经形成了比较成熟的学校、家庭、社会力量“三环交融、三力驱动”的家校合作模式。

3. 影响分析

家校共育架起了家校沟通的桥梁。家长是孩子最有亲和力的老师，是孩子成长最好的教育资源。学校的特色品牌——家长进课堂，就是请家长走上讲台，为孩子们上课。家长的善举为孩子们打开了一扇了解社会、参与生活的窗，让孩子们有机会享受到丰富的课程资源。对家长而言，这也为他们提供了一个了解学校、了解学生成长规律的机会。这种创新的模式使家校合作走向更高的层次，促使家庭教育和学校教育相互融通、共同发展。

4. 缤纷活动

近两年，学校各班在热心家长的协助下，开展了丰富多彩的活动。精彩纷呈的活动让孩子们乐在其中。

龙娃巧动手：五年级（4）班春寒中的温暖——为三八妇女节献礼
齐聚麦当劳制作汉堡包

龙娃学礼仪：六年级（3）班餐饮之礼——学习西餐礼仪
三年级（5）班、三年级（7）班“我是环保小卫士”

龙娃尊传统：三年级（8）班“九九话重阳，感恩在我心”

龙娃看世界：一年级（1）班“一个鸡蛋的爱心毅行”
二年级（1）班“我和恐龙交朋友”
五年级（4）班户外拓展活动——“发现最棒的自己”
三年级（8）班“走进气象馆，感受科学魅力”

龙娃秀精彩：三年级（4）班家校社联动玩转幸福作业“夜间趴”

（二）国旗童声

自20世纪90年代《中华人民共和国国旗法》正式颁布实施以来，升旗仪式便成为我国中小学必不可少的德育途径。但由于制度化学校教育本身的强制性、统整性和重复性，使得师生眼中的升旗仪式变成“例行公事”。教师与学生对升旗仪式习以为常的背后，极少有感情投入。为了让升旗仪式更好地发挥其教育意义，2009年学校迁入新校舍后，对传统的升旗仪式进行了整改，推出了“国旗童声”品牌活动。“国旗童声”一改原先传统升旗仪式时教师“一言堂”的局面，充分发挥学生的主人翁精神，学生精彩纷呈的展示给师生呈现了一道精神大餐，开启了一周新生活。学生开始对每周一的升旗仪式充满了期待。

“国旗童声”除了升国旗、国旗下讲话之外，还增添了班级特色展示、龙娃说新闻等环节。每个学期前，学校大队部都会召开年级组长会议，提前安排好每周承担升旗仪式的班级，班主任围绕主题确定好每一周的国旗下讲话题目。学校成立了“国旗童声”项目组，每周五前由教师负责对不同的项目进行训练和审核。

1. “国旗童声”特色项目之一：升旗手事迹介绍

争当升旗手活动，激发了学生积极向上的情感。班级评选出两名升旗手，学生自己撰写“升旗手事迹”，并由教师负责审核以及脱稿演讲的指导。升旗手在全校师生面前介绍自己的事迹时，既锻炼了语言表达能力，又锻炼了胆量；而当佩戴上光荣带，站在国旗下，知道自己的进步得到同伴和老师的肯定，受到集体的欢迎时，学生心里便会产生一种愉悦感和满足感，从而进一步促使自己的行为向良好的方向发展，使优点得以巩固。评选小旗手活动，对学生起到了示范、促进的作用，激发了学生奋发向上的思想，促使学生努力使自己的行为符合规范的要求，争取当一名升旗手。

2. “国旗童声”特色项目之二：龙娃大舞台

学校的升旗仪式庄严、隆重，同时也是学生展示自己的大舞台。班级展示需要提前一周准备，并由教师负责节目的审核，保证节目切题、时间紧凑、衔接自然。

班级展示都是全员参与，展示形式多样。每个班结合学校诗意读书节、诗意科技节、诗意体育节、诗意艺术节等品牌活动，组织学生积极参与，积极展示，享受其中。有的班级吟诵古诗文，展示了学校的古诗文特色；有的班级展示班歌；有的班级通过歌伴舞的形式表达他们的心声、对同伴的劝勉……不同的节目形式，都尽情展现了学生的精神风貌，给全体学生树立了榜样。

3.“国旗童声”特色项目之三：龙娃说新闻

龙娃说新闻也是学校“国旗童声”的一大亮点内容。新闻内容来源于学生的在校生活，来自班级小记者的记录。学校“小龙娃新闻坊”由4名部长以及三至六年级每班一名小记者组成，每周三中午，他们就会聚集在会议室，上交各自编写的新闻，4位部长分工合作，审核新闻，选定优秀新闻，录入新闻并上传给教师进行再审核、修改，最终选定4～6篇亮点新闻进行播报。小记者在采编新闻的过程中，多了一分对身边生活的关注，多了一些对生活的思考，当自己写的新闻被采用时，还多了一分当小记者的成就感。学生听到这些新闻，也能对上一周发生的重大事件、细小事件以及精彩的班级活动有所回顾，对新的一周充满期待。

国旗童声是每周的重大仪式活动，对学生成长和班级建设有很大的促进作用，有助于学生培养爱国主义情感，习得礼仪规范，树立正确的人生观，自主、自律地发展，同时也有助于班集体增强凝聚力，营造良好的学习氛围，创建特有的班级文化。活动也得到了家长的关注与帮助，让家长对学校教育有了新的理解与认同。

（三）社校联动

1. 活动背景

作为一所城区小学，学校和社区是学生生活的两大主要区域。教育是全社会的共同责任，涉及学校、家庭、社会的方方面面。学生的学习与成长，不但离不开学校教育，也离不开其生活的社区。社区是师生开展社会实践的大课堂，蕴藏着重要的教育资源。

秉承“合力育人”的基本理念，学校创建了“以学校教育为主导，以社会教育为依托”的社校联动教育模式，充分挖掘社区教育资源，探索小学生思想道德教育的实践模式，希望在学校、社会教育的合力下，不断把实施素质教育推向新的阶段，提高学生的综合素质，为学生健康成长保驾护航。

2. 活动实施策略

（1）以行动小组为核心，带动学生参加社区活动。

成立“小龙娃别动队”。这是学校少先队大队部改组为“小龙人合作社”后成立的一支小分队，以大队长为负责人，部分大队委员为主导力量，吸纳了四到六年级的活动骨干，以“活动求真，共建和谐”为宗旨，精心策划和组织了丰富多彩的社区共建活动。

（2）以社区需求调查为突破口，增强学生的主人翁意识。

只有了解社区，才能更好地建设社区。学校组织“小龙娃别动队”的学生围绕“社区领导与居民的沟通问题”“不同层次居民的宣传导引问题”“社区活动尤其是儿童的活动问题”等内容展开社区需求调查，对社区干部进行访谈，向社区居民发放问卷，然后让参与活动的学生以日记的形式记录调查收获与心得。学生在调查实践中逐渐明确了社区需求，增强了主人翁意识，明确了如何更好地为社区出一份力。

（3）以共建协议为保障，推进学生参加社区活动。

“小龙娃别动队”与“小龙娃新闻坊”合作，在对社区干部、社区居民进行访谈调查的基础上，与玲珑社区签订了“社区活动齐添彩”的共建协议，使少先队每年的“缤纷假期”“学雷锋”活动开展得更有效。

3. 活动影响

社校联动有效整合了社区与学校的教育资源，将课堂延伸到了社区，丰富了学生的课外生活，弥补了课堂教学的缺憾。社校联动让学生以小主人的身份参与社区共建活动，增强了他们的小公民意识，培养了他们的责任心与担当精神。同时，学生参与社区活动，也推进了社区的快速发展，彰显了学校教育服务社会的功能，促进了社区文明发展。校社共建，实现了学校教育与社区和谐的双赢局面。

学校的社校联动活动持续、有序地开展着，主要进行了以下活动。

（1）“缤纷冬日，精彩无限”：学生在寒假进入社区开展丰富多彩的活动，五年级进行了该主题的班队活动研讨，对社区志愿者活动的开展进行反思，师生聚焦到“常态、有效、独特”上，进行再策划。

（2）“读”懂你——玲珑社区：大队委与新闻坊社团整合，培训采访等技巧；小干部会议，从“学雷锋”活动引发，商讨与玲珑社区的合作共建；对社区干部进行访谈，对社区居民进行问卷调查，形成玲珑社区分析报告，寻找共建项目。

(3) 龙娃牵手“玲珑”签订合约，共建和谐：确定合作共建项目及相关职责，各团队根据自身特点自主申报，明确责任人与合作者。与社区正式签订共建合约。

(4) 龙娃办“讲堂”，社区漾起“道德”风：在玲珑社区举办“身边的道德模范”道德讲堂活动、“爱在细微处”道德讲堂活动等。

(5) 小志愿者在行动：家住玲珑社区的小干部利用傍晚、节假日在社区开展文明督导行动；四年级以此为主题，向全校教师开放班队课，对文明志愿者活动进行研讨。

(6) 科普宣传我能行：配合社区科普宣传活动，向学生征集宣传画，进行评奖，并在社区展板上展示。

(7) 暑期嘉年华系列：“小龙娃别动队”和社区共同组织“七彩夏日，畅享欢乐”联欢活动，展示了学生“阳光、灵动、文雅”的形象，受到了区、镇领导的肯定，增强了文明城市创建的合力。

(8) 新年“感恩”社区文化营造：征集学生作品，布置社区宣传版面。

第四节　诗意学生的成长案例

为了培养学生“阳光、灵动、文雅”的特质，学校结合诗意成长课程，开展了丰富的校园活动，既有班级层面的班本活动，也有年级组的特色活动，还有校级的主题活动。

一、班本活动

班本活动是班主任根据本班学生的发展需要有针对性地开展的活动，既解决当前班级中存在的普遍问题，又关注当前学生在能力方面的缺失，为学生后期的发展铺路搭桥。如“走进三百六十行”就是钱雨宁老师针对毕业班学生开展的职业规划指导活动。

“走进三百六十行”之小学生职业选择初探

六年级是小学阶段学习能力较高的阶段，六年级的学生期待更多的社会知识开阔视野、更多的实践活动丰富生活。同时，处于这一年龄段的学生人生观、价值观还未完全形成，具有很大的可塑性，需要进行初步的人生规划引导。紧张的学习氛围和较大的作业量，无形中为六年级学生增加了繁重的学业压力。我们在思考，如何让学生更快、更好地适应毕业班生活并向高一级学校生活过渡？如何给学生的心理以健康、积极向上的引导？如何让学生将来平稳地走向社会？学校诗意成长课程中的系列活动“始规划 明方向”给出了很好的启示，我们根据学生的实际选择，对该系列活动做出了修改和重组。

前期准备

职业初选择。学生对社会职业分类表中的各类职业有了初步认识，并且由他们自己增加了一些新兴的职业，像微商、游戏设计、软件开发、电子竞技等。再根据自己感兴趣的职业进行选择，通过学生的初步统计后，选定了比较受欢迎的10种职业，分别是医护人员、律师、教师、警察、科学研究人员、导演、摄影师、演员、电子竞技、微商，由选择这些职业的学生进行初步的职业资料整理。在前期的活动准备中，学生搜索信息、处理信息、筛选信息的能力有了一定的提升。

实施过程

第一阶段：走进三百六十行。根据前期学生对喜欢的职业的相关知识的初步整理，在班级里开展了“走进三百六十行”主题班队活动，把目标设定为学生能根据自己的兴趣，通过收集资料、采访等方式对某些职业进行初步了解，提升提取信息、整理信息的能力；通过班级分享交流，促进学生对各种职业的了解，开阔眼界，提升思维品质，引导学生树立正确的价值观；学生能根据自己的兴趣与伙伴合作，组成小组，交流分享对某个职业进行深入研究的原因，为后期的深入研究做好初步准备。

第二阶段：三百六十行之研究方案论证。学生通过自由组合，设计自己所选择的职业研究方案，小组成员分工合作，能够合理利用自身资源，明确自我认识来进行职业研究。如警察研究小组，准备邀请时照东同学的父亲来为同学们介绍自己的亲身经历。而演员研究小组的研究方案以小见大，以单个名人为例来折射整个演员行业的职业状态。医生研究小组则在方案中提出不仅应关注医生这个职业的专业性，更应关注当今社会医德、医闹等热点事件对医生职业的影响。

第三阶段：体验三百六十行。学生根据自己的兴趣与伙伴合作，对某个感兴趣的职业进行深入研究，并形成自己的研究成果。其间，学生对自己初步选择的职业有了更深的理解，了解了自己理想职业的内在需求，在活动中学会与他人合作、交流，并在采访、调查的过程中提升了学习力。在体验三百六十行的过程中，学生能对照自己的实际情况，意识到自己与理想职业的差距，从而下定决心在今后的学习生活中不断努力，积累经验，最终让梦想照进现实。

“走进三百六十行”班队活动过程

一、前期活动回顾

师：前期，我们通过班队课了解了社会的职业分类，发现原来我们的生活中有那么多我们不知道的职业。后来，同学们纷纷选择了自己感兴趣的行业，通过初步的数据统计发现，我们班的同学对以下几种职业比较感兴趣。（出示前期活动的图片）今天，就让我们继续走进三百六十行。（出示课题）

二、个体介绍，初议职业

（学生个人介绍前期在班级选择中比较热门的几个职业：医护人员、教师、律师、警察、科学研究人员。）

师：从刚刚同学们的交流中，你有没有发现这些职业有什么共同的特点？从事这些职业需要具备什么条件？（为社会服务、专业性）

师：接下来的三个职业是我们班选择人数最多的，让我们一起来看一看。（导演、摄影师、演员）

师：你觉得要成为一个演员应该具备哪些素质呢？（专业性、敬业精神）

师：接下来的这两个职业，喜欢上网的同学应该都对它们感兴趣，谁来介绍？（电子竞技、微商）

师：这两个职业在我们原本的社会职业分类表中并没有出现，但是随着网络时代的高速发展，我们的生活越来越离不开网络，这说明我们的职业也在随时代的发展而发展，与时俱进。

三、根据兴趣，自由组队

师：刚才这些同学介绍了这么多职业，让我们大开眼界，对各类职业也有了初步的了解。下面请大家选择一个自己感兴趣的行业，迅速组成临时小队，你选择哪个职业进行研究，就站在哪位同学的身后。

（如该职业只有少数人或一个人选择，首先肯定学生能坚持自己的想法，其次对该职业进行肯定，都是社会中的一部分。如该职业有很多人选择，可分成两个小队进行研究。）

四、合作交流，热议职业

师：刚刚同学们已经根据重点了解的职业进行了分组，下面大家组内讨论五分钟，交流一下你们小组的成员选择这一职业的原因，每个同学都要交流，然后组内推荐一名同学进行汇总，将你们选择研究这个职业的共同原因和不同原因写在表格中。

（小组交流，汇总意见。）

五、总结延伸

师：通过这节课，我们对社会各行各业有了初步的认识，期待大家通力合作，让每一组在后期对某一个职业有更深入的研究。

师：课后请大家小组合作，完成这份方案。期待下节班队课你们有更精彩的表现。

（课后学生通过合作，完成对某个职业深入研究的详细方案。）

活动反思

通过这一系列活动研究，我对小学生的职业选择有了以下几点理解与思考。

1. 打破常规，职业选择多元化

在对职业的初步选择中，我们班的大多数学生对照社会职业分类表选择了教师、医生、警察、律师等常规职业，这些职业相对来说比较被广大人民群众所接受，而管道修理工、空调安装员、家电维修人员等我们生活中不可缺少的职业却鲜有人选择，究其原因是学生对职业本身不了解，认为这些职业的社会地位偏低，教师、学校、家庭也并没有给予其研究的机会。我们应该利用学校特有的午间微课程时间，专题研究“三百六十行”，让学生自由选择自己感兴趣的职业（并非初选职业）进行深入了解，使学生对职业有全面的认识，从而使学生在后期规划职业时有更多元的选择。

2. 平凡卓越，职业选择专业化

“三百六十行，行行出状元”这一俗语在我国可谓家喻户晓，其意是无论从事什么行业，都能做出成绩，成为这一行的专家、能人。在我们班上就有这样一个学生，他坚定地选择了水产养殖这个职业，并对养螃蟹有了进一步的研究，从场地的规划到资金的投入设计了一系列的研究方案，相当专业。还有一个原本在班上担任“护绿小管家”（管理班级花架）的学生选择的职业是园艺工人，他在展示研究成果时为我们展示了许多城市中独具匠心的园艺作品，体现了园艺工人在并不起眼的岗位上的专业素养。职业没有高低贵贱之分，只要踏实肯干，任何人都能在平凡的工作岗位上取得卓越的成就。

3. 价值引领，职业选择优质化

在我们班上，演员、导演这两个职业是选择人数最多的，多数学生一开始填写的都是赚钱多、外表光鲜亮丽、微博粉丝很多、想去哪儿就去哪儿等这些略显肤浅的理由，然而通过对自己初选职业的研究，他们逐渐发现现实似乎并没有那样“美好”。演员小组选择对人气演员胡歌进行研究，从一开始很多人梦寐以求的年少成名，到遭遇车祸几近丧生后的几年蛰伏，最当红时回归话剧舞台磨炼演技，再到饰演梅长苏一角的万众瞩目，胡歌的星路历程给许多想要一夜成名的小学生最正面的价值引领：任何职业都需要有过硬的专业知识，并为之不断努力，没有轻而易举的成功。许多男孩都对电子竞技很感兴趣，而WINGS战队就是电子竞技行业中的佼佼者，他们在2016年夺得了TI6冠军这个电子竞技比赛中的最高奖项，而当学生们进行深入研究，看到他们获奖时升国旗唱国歌的视频后，学生们这样说：“电子竞技并不是简单地打游戏，它向世界输送了中国的电子竞技文化。”如此正面的价值观体现在最真实的研究中。

我们的教育应该帮助学生了解自己真正爱做的事是什么，这样学生才会努力去做自己认为值得又富有意义的事。帮助学生了解自己真正爱做的事是什么，指引学生制订规划并向这个方向努力，这才是小学生职业研究的意义所在。

二、年级活动

年级活动通常是各年级根据本年级学生的年龄特点和成长需要，以及学校的学生活动年历开展的年级特色活动。如一年级的“入队礼”系列活动、二年级的“感恩母亲”系列活动、三年级的“十岁成长礼”、四年级的“走进军营”、五年级的“志愿者进社区”、六年级的“创享毕业季”等都是常规的年级活动。“小公民‘孝老’在行动——关爱老人，献言献策”就是林燕群老师针对五年级学生开展的“我是社区志愿者”常规活动中的一个创造性案例。

小公民“孝老”在行动——关爱老人，献言献策

——五年级班会课设计方案

一、活动目标

1. 在关注老人们的生活质量的同时，能反思自己的孝老行为，从细微

处学会孝敬老人。

2. 能在小组调查与分析的过程中，为提升老人们的生活质量献言献策，以社区主人翁的姿态参与社区生活。

3. 在小组活动的过程中，进一步提高群策群力、分析与解决问题的能力。

二、制订依据

（一）活动背景

（1）据统计，截至2012年底，我国老年人口数量已达1.94亿，且以每年1000万的速度增长，我国已成为当前世界上唯一一个老年人口超过2亿的国家。2012年12月28日新修订了《中华人民共和国老年人权益保障法》，电视节目中相关的公益广告也逐渐增多，从一个侧面反映出老人渴望儿女陪伴这样简单的心愿做儿女的却不能人人做到。

（2）“社区共建”是学校学生工作的品牌项目，旨在培养自主、自觉、自信的小公民。之前是以学校组织的“龙娃别动队”为单位开展活动，今年，我们逐步推广到各年级，不同的年级有不同的主题。我们五年级的活动主题是“我给社区送温情”，经过和学生共同讨论，我们选择了关爱社区老人这样一个切入点，开展“小公民‘孝老’在行动——关爱老人，献言献策”这一活动。

（二）学生分析

（1）龙虎塘是外来人口密集的地区，很多学生家长的父母都是留守在老家，本地的居民也有半数是子女与老人分开住。尤其是70岁以上的老人独居或与老伴生活的居多，也有一部分老人是与子女住在一起，负责照顾孩子、料理家务等。我们班也只有14位学生的家长是与自己的父母住在一起，还有33位学生的家长与老人不住一起，其中有23人的老人是留守老家的，还有10人的家长与老人在同一城市，但不住在一起。通过平时与家长交流以及观察部分学生与老人的相处情况，我发现存在这样的现象：其一，老人对孩子过分宠爱和保护，如放学时孩子还没出校门就抢着帮孩子背书包，在家里什么家务都不要孩子帮着做，认为只要孩子吃好睡好玩好就很知足。其二，部分孩子在与老人交流时很不耐烦，觉得他们太啰唆。面对这些情况，我觉得学生需要在尊重老人的基础上尝试说服老人适当放手，通过做力所能及的事情来提升自己的能力。

（2）我们班的学生乐于参加各种活动，并乐于了解社会新闻。我们班的小队活动一般都是借助学校组织的校内活动和校外综合实践活动开展的，这次小队在社区活动是第一次尝试，以往在寒暑假也经历了个体的“洒扫应对我能行”等学雷锋活动，但并没有以小队的形式开展。以往小队活动汇报时，呈现的最集中的问题是小队合作的效率不高，尤其突出的是解决问题的能力不强，虽然在碰到问题时，小队长初步具备了一些应对解决的策略，如知道凝聚人心，针对组员特长分工，但组员献计献策的主动性还不够强，小队长也不善于吸纳组员的意见，对老师的指导有相当程度的依赖性。

所以，我们综合考虑以上因素，策划了本系列活动，既能加强孩子们对老人生活的关注，培养他们的“孝老”意识和社会责任感，使他们学会用具体行动“孝老”，还能锻炼孩子们群策群力、分析和解决问题的能力。

三、活动安排

1. 我们的调查：走近老人，了解现状。
2. 我们的策划：聚焦问题，明确任务。
3. 我们的行动：关爱老人，献言献策。（本次活动）
4. 我们的行动：爱心小队，传递温情。（后续活动）

四、活动准备

在以上设计的前两个系列活动中，我们带领学生主要以问卷调查和采访的形式进行校园和社区活动，围绕三次调查展开了准备活动。

前两次调查过后，我们对问卷中呈现的问题进行梳理，寻找让老人生活更丰富的办法：儿女常陪伴、利用社区提供的设施找乐子、参加社区组织的活动、给退休的老人设置一些义工岗，还有就是学生自己，作为孙辈，可以为自己家的老人做些什么，为那些需要陪伴的老人做些什么。经过集体商讨，我们分成了四个小队，分别从调查社区设施、社区活动、社区优秀“孝老”经验、老人与子女相处状况这四个方面入手，明确小队任务后，各队学生在队长的组织下开始策划小队活动，开展了第三次集中调查与研究活动。

（一）与年级组班主任的合作

前两次调查都是学生自己在居住地附近的散点调查，范围比较广，有的甚至在新北区的薛家镇。第三次调查主要是针对学校周边四个小区集中展开，这也是最让学生兴奋的一次调查活动。如此集中的调查活动我们只用了周五下午两节课的时间就顺利完成了，每一个小队都根据各自的任务走访了四个社区。我与五年级的三位班主任分别带领一个小队展开调查，高效完成了采访调查的任务。

（二）与社区的合作

本次集中采访调查，我们主要走访了学校附近的龙虎街道的龙栖花园、玲珑花园、九洲花园、祥龙苑这四个小区，不仅采访了老人们，还采访了社区工作人员。社区工作人员给我们提供了很多有用的信息，我们不仅了解到了社区在设施提供和组织活动方面的好的经验，还了解到了整个国家和社区在关爱老人方面制订的一些优惠政策。同时，我们还与其他社区合作，带领学生走访了河海街道的万家安居家养老服务中心，我们学校的退休教师殷老师在这里的老年大学任教，他热情地为我们讲解，带领我们参观，让我们了解到该居家养老服务中心的优秀“孝老”经验，如老年大学、老年食堂、老年活动室、同伴互助等。

（三）任务单驱动小队内部的合作

调查活动虽然由教师带领，但是活动的主体是学生，因此在调查前，各队学生在队长的带领下根据各队的任务策划了调查活动方案。从每个队策划的初步方案中我发现，这些活动方案操作指令不明确，比较模糊，因此，我在学生制订的活动方案的基础上进行了加工整理，让任务更具操作性，形成了任务单。任务单中包括调查问卷。

五、班会实施过程

（一）导入

1. 前期活动回顾。

2. 揭示主题。

3. 介绍社区代表。

师：前期，同学们都对自己身边的老人进行了调查采访，发现老人们最大的遗憾是生活不够丰富，比较孤独，同时，老人对社区的设施和组织的活动也提出了一些要求。为了让我们身边的老人不再孤单，让他们拥有更幸福的晚年，同学们进行了更集中的调查，对学校周边四个小区进行了调查采访，并提出了许多可行的建议。今天，社区工作人员代表也来到现场，让我们一起来畅谈调查的收获和感想吧。

（二）小队汇报

1. 第一小队汇报交流。

（1）社区老人健身设施的拥有情况和使用情况。

(2) 老人对社区健身设施和其他公共设施的要求和建议。

(3) 对社区设施的合理建议，其他小队的学生补充。

(4) 反思收获。

教师介入预设：指导学生遇到困难如何克服的方法。

2. 第二小队汇报交流。

(1) 社区已经开展的老人活动情况和老人参与社区活动的情况。

(2) 介绍采访社区工作人员的情况。

(3) 倾听社区老人的心声。

(4) 提出小队交流过的合理建议。

教师介入预设：指导学生思考建议与问题的匹配性、合理性、有效性。

3. 第三小队汇报交流。

(1) 介绍国家及社区对老人的关爱政策。

(2) 介绍邻近的河海街道燕兴社区的优秀“孝老”经验。

(3) 提出小队建议，与同学互动。

(4) 倾听社区工作人员的想法。

教师介入预设：

(1) 指导学生要善于学习别人的长处。

(2) 倡议社会各界共同关注老人的生活，使之更丰富。

(3) 请社区工作人员谈想法。

4. 第四小队汇报交流。

(1) 了解老人的付出和辛劳。

(2) 播放公益广告《常回家看看》。

(3) 了解子女不能经常陪伴老人的原因。

(4) 提出关爱老人的建议。

(5) 呈现与老人相处中出现的问题，与其他小队的学生商讨解决的办法。

(6) 提出组建爱心小队的提议，交流爱心小队的活动内容。

教师介入预设：引导学生形成共识——“孝老”行动从我做起，从小事做起。

(三) 总结延伸

肯定学生的收获，明确努力的方向，介绍后续活动。

师：我们向社区工作人员提出了很多合理的建议，并且在活动中我们提高了合作解决问题的能力。"孝老"是每个公民的责任，让我们每个人都从点滴做起。下次活动，我们将讨论给社区老人送温暖的爱心活动，同学们可以在第一小队提议的基础上进行讨论。

六、反思与总结

（一）从任务单到汇报展示的蜕变

社区调查完成后，队长带领队员进行了数据统计，就是课堂上各小队汇报时呈现的统计表格，同时对队员任务单上的思考进行归纳整理。在燕兴和玲珑社区采访时，学生都做了充分的记录。每个小队呈现的资源都非常丰富，包括大量的照片、视频。运用哪些资源进行汇报呢？还得从汇报课的核心目标上来说。

有了任务单做指引，学生将自己采访的收获（数据、文字、图片）整理成调查报告难度不大，并且我还根据任务单简单罗列了每个小队的汇报提纲，对前期每个小队的照片、视频资源进行筛选，留下拍摄效果好且与主题有关的，将照片、图片、表格等这些资源与汇报提纲一起以文件包的形式复制给队长。接下来，队长要和队员一起做的就是根据提纲完成调查报告，也就是他们汇报的内容。

当四个小队把汇报提纲交上来的时候，我发现各队之间的差异还是很大的。有两个小队能够做到将掌握的资源运用到合适的板块中，但在过渡衔接方面有些问题，另外两队则呈现出没有充分利用资源或逻辑混乱的问题。这时，我介入指导，帮助他们修改了内容。其实，现在想想，当时由于我考虑到时间因素，太着急了。学生运用资源能力薄弱、逻辑思维水平不高应该是一种普遍现象，我应该将解决这一问题也纳入前期的活动中，给每个小队更多的时间和空间，让他们再次去审视、去发现，自己解决问题，这样学生的能力会有进一步的提升。

确定内容后，队长和信息技术水平较高的队员负责制作课件，队长根据队员特点分配汇报内容，进行排练。在排练的过程中，小队汇报的形式也逐步从图片转变为集图片、文字、音乐、视频等于一体。如爱心小队的公益广告视频播放、情景剧表演，优秀经验收集小队的三句半表演等。

（二）从单向思考到多元对话的转变

在课堂汇报展示中，学生实现了由之前的小队内部单向思考向多元对话的转变。我们请来了社区的两位工作人员，各队学生汇报自己调查的收获和发现的问题，就自己小队提出的建议当场征求社区工作人员的意见，得到了社区工作人员的积极回应，这给了学生今后继续开展爱心活动很大的自信和动力。同时，课堂上班主任及时捕捉资源，引发了生生、师生之间关于如何在遇到困难时积极解决问题，如何在日常行动中开展“孝老”活动的热烈讨论。学生们的对话主体指向班主任、指向其他学生、指向社区工作人员，对话群体的丰富开拓了学生们的思维。

（三）从懵懂感性到理性实践能力的提升

本次活动给了学生多元的锻炼平台，使学生在思想品德、实践能力、调查素养方面获得了较大的提升。

1. 思想品德的升华。

活动前，学生们呈现出的是懵懂感性的状态；活动后，我明显感受到了学生们思想上的成长。这种成长不仅体现在他们通过实践获得的对“孝老”问题的理性认识，还体现在他们对今后如何进一步落实“孝老”行动提出的那一条条可行性很强的建议上。

2. 实践能力的提高。

就学生的实践能力而言，课堂上学生对采访过程想办法解决困难的小故事分享、对巧妙地在家庭中实践“孝老”的设想，既能呈现他们前期活动的收获，也是一次全中队的优秀资源的点亮和聚焦。学生群策群力、分析和解决问题的能力在前期实践与本次聚焦中得到了再一次提升。

3. 调查素养的提升。

爱心、善良、正直、真诚的品格培养对学生来说不再是一种虚幻，而是在本次活动中得到了一次真实的体验。在调查采访中，学生学会了用真诚和善良与采访对象交流对话，在体验采访得失的背后体会如何为人处世，提升道德素养。对所有学生来说，这次活动是难忘的。对教师来说，在组织协调学生进行校内外实践活动、在与社区沟通交流以及自身分析和解决问题的能力方面，都得到了很大的提升。

第七章

诗意教育的教师专业成长

第一节 诗意教师的形象特征

学校教育的核心力量是教师，变革的希望在教师。践行诗意教育，离不开诗意教师。

一、诗意教师的追寻

学校诗意教师的形象刻画有着深厚的历史渊源和现实需求。

（一）历史传承

龙虎塘实验小学地处诗乡联城，不仅是一代又一代的教师，很多家长都能出口成章，"顺口溜""打油诗"信手拈来。随着2000年"小学生古诗文诵读与人文素养培育的研究"的开展，翰墨气息盈然弥漫于校园，儒雅气质自显芳华……这一份独特的诗意萌芽值得呵护，需要全体教师在传承与创生中使之绽放迷人光彩。

（二）现状剖析

学校是学生生命生长的地方，教师要激发每个学生内在的力量，这是一份需要静心倾听、静心思索、静待花开的事业。然而，21世纪的学校正处于整体转型的变革期，社会的喧嚣包围着、干扰着学校的教育，再加上学校内部分科教育造成的教育内容分离，过于强调应试造成的科学与人文的割裂等问题，使身处其中的教师困惑着、焦虑着……如何去适应和突围呢？这需要我们教师返璞归真，重寻和重建教育的诗意。

二、诗意教师的特征

（一）大气

大气指具有开阔的教育视野、开放悦纳的胸怀、团队合作的意识。诗意教师善于阅读历史、时代、学校、自我与他人，从而将自身的教育教学放置到整体的教育生态与社会生态背景下，放置到历史和当下共同构成的教育改革背景下，保持与学校生活、家庭生活、社区生活的积极对话，放大格局，坚持民主、平等的伦理关系，懂得吸纳、包容。

（二）睿智

睿智指具有丰厚的学养、智慧的表达、优良的思维品质。诗意教师具备完善的素养体系，尤其重视积淀国学素养，在教学与交往中拥有流畅、优美、凝练的表达能力，并在复杂的教育研究与实践中具有整体综合思维、关系思维、过程性思维等良好品质。

（三）浪漫

浪漫指具有教育的理想、信念和情怀。诗意教师有着饱满的职业热情，有自己的教育梦想、特色实践、研究品牌，并能立足现实，大胆创生，从而超越现实，向着丰富的可能性不断前进。

第二节　诗意教师的成长模式

“大气、睿智、浪漫”的诗意教师如何培育？适切的路径又在哪里？为此我们进行了校本化的探索。

一、诗意教师的成长理念

（一）核心追求：生长式发展

什么是教育？杜威认为，“教育即生活”“教育即生长”“教育即经验的持续不断的改造”。学校承担着社会的核心育人功能，绝不仅仅关注学生的生长，还要关注作为命运共同体的教师。学校同样应该成为教师生长的地方，要让每个教师内在的力量在校园生活中开花结果。

生长着的教师，既有理性的激情，又饱含深邃的诗意，既有深爱生命与世界之“仁”，又有挑战教育变革难题之“勇”，更有实现更好的教育新生活之“智”，自我驱动，整体综合地向前，向上……像树的生长，生生不息！

（二）内涵界定

1. 综合有机

人的生命是在具体个人中存活、生长、发展的；每一个具体个人都是不可分割的有机体；个体生命是以整体的方式存活在环境中，并在与环境一日不可中断的相互作用和相互构成中生存与发展的。

2. 可持续性

发展是前提，是基础，持续性是关键。学校要不断发现或引领教师自我发现生长的新空间，推动他们在实践与思想的圆环中累进发展。

3. 生命自觉

生命兼有自然、社会和精神等多重属性，是充满活力的不断生长变化的有机体。人的生命发展主要是内在动力主导和自主推进的结果，而非来自外力的促进，即非“被发展”，“主动自觉发展”也因此成为人的基本特征。有生命自觉之人，至少具有三大特征：一是拥有对自我生命的自觉，即“明自我”；二是拥有对他人生命的自觉，即“明他人”；三是拥有对外在环境的自觉，即“明环境”。培养具有生命自觉的人，是这个竞争异常激烈的时代向教育提出的新期待和新希望。

二、诗意教师的成长路径

（一）在诗意教师素养体系中自明

学校层面从教师职业基础素养、诗意文化的独特需求以及社会发展对教师提出的要求等维度系统架构了诗意教师素养体系。首先，在梳理教师的日常工作及已有制度、要求的基础上，形成《循理德泽　精谋日常——诗意教师专业形象千字文》，外塑形象。其次，基于“生长式”发展理念及时代对教师提出的教育专业化要求，从学科教学和班级建设两方面，形成了学校教师的《诗意基本功体系》，内修能力。再次，努力顺应潮流，将媒体技术与信息素养、学术素养等纳入体系。学校对诗意教师素养内容进行统整，编入《诗意教师形象手册》，帮助教师群体清晰和内化。

附 1：诗意教师专业形象千字文

循理德泽　精谋日常

——诗意教师专业形象千字文

序篇：“诗”接千载

美丽中国，雅韵绵长。江南画卷，联城诗乡。
季札先贤，美名遍疆。龙虎儿女，鳞潜羽翔。
传承经典，滋养童贞。诗以育人，诗以兴邦。

（一）循理德泽

心系教育，追求卓越。胸怀祖国，放眼世界。
情系学生，倾心倾力。聆听需求，爱润兰馨。
视校如家，廉洁自律。求实创生，共铸一流。
同事如亲，谦恭乐群。合作共赢，幸福成阙。
循理担当，书写风云。德泽生命，龙腾虎跃。

（二）精谋日常

【备课常规】

眼里有本，钻研教材，二次开发，资源汇集。
胸中有标，清晰课标，明确特质，课改行实。
心中有生，分析学情，立足现状，面向全体。
格式规范，字迹工整，超前一周，课前复议。
五年新进，手写详案，成熟教师，日求精益。
自品得失，一课一记，主题感悟，一周一思。

【上课常规】

清晨到校，理清思路，教学准备，格而有序。
课程计划，守则谨行，逢事逢假，预先调处。
提前三分，进班候课，目光送暖，温润情绪。
用普通话，展亲切容，站如玉树，仪表雅儒。
手机离身，茶杯离手，严禁体罚，潺潺爱许。
课始问好，课终道别，行课完整，礼遇生愉。

【作业常规】

有练必选，率先下水，巩固拓展，分层以施。
有发必收，借力干部，逐一清点，查漏无失。
有收必改，笔红符正，赋分评级，标署日期。
有改必评，多元激励，习惯养成，终身受益。
有错必纠，达成目标，面批面改，尤为相宜。
课作堂清，家作日清，一气呵成，高效及时。

【教研常规】

学科研究，围绕主题，多维准备，积极互动。
学期听课，二十有余，优势互补，尊重悦赏。
评课研讨，以学论教，开诚布公，共促共长。
承担活动，勇于创生，自信自然，自我绽放。
参与活动，倾听对话，思考积淀，重构日常。
认真笔记，濯萃炼优，多元融通，孜孜求升。

【辅导常规】

一日之晨，指导阅读，课内课外，曲径互通。
一日之中，项目课程，合力打造，综合提升。
一日之夕，因材施教，学习障碍，全力扫清。
集中个体，灵活多样，提优补差，因需导引。
知识方法，三基并重，教辅关联，有机推进。
有偿辅导，严令禁止，轻负高效，师德芬芳。

结言：诗养人生

以诗修身，大气恢宏。以诗益智，睿智明聪。
以诗怡情，浪漫从容。诗养人生，璀璨如虹。
中华复兴，共梦共荣。特色之路，新绿丛丛。

附 2：诗意基本功体系

一级指标	二级指标	三级指标	
		学科教学	班级建设
诗意传递之功	1. 基本技能。 2. 个人形象。 3. 国学渗透。	1. 基本技能：能说流利的普通话，语言表达流畅且符合逻辑；有一手好字；有较好的信息素养，并能把这些良好的素养用于课堂教学；音、体、美、科、信等方面有一项专长及多元能力。 2. 个人形象：着装简朴大方，优雅、自信、从容。 3. 国学渗透：有一定的国学素养，能挖掘国学的育人价值，适时对学生进行教育。	1. 对生活充满梦想和激情。 2. 注意个人形象，不断提高自身文化修养，富有想象力和创造力，努力赏识和培养学生的想象力和创造力。 3. 具有唯美的教育价值取向，用诗化的语言、诗化的意境、诗化的行为开展教育活动。
学习转化之功	1. 角色定位。 2. 学习体验。 3. 学习习惯。 4. 学习型人格。	1. 角色定位：能明确自身发展目标，对自身专业成长有比较科学的规划。 2. 学习体验：学习热情高，积极参加教育教学活动；学会等待，学会分享，学会宽容，学会选择，学会合作，学会创新。 3. 学习习惯：喜爱阅读，认真倾听，善于观察，勤于思考，认真记录。 4. 学习自主性逐步提高，形成一定的自我学习与自我管理的能力；理性培育有品位的休闲文化，丰厚人生的文化底蕴。	1. 主动向身边优秀班主任的实践学习，转化、形成、发展自己的思想、理念和能力。 2. 向大教育家、教育学经典著作学习教育理论，实现理论与实践的对话，每学期精读 2～3 本教育类书籍，将思考与设想运用到教育实践中。 3. 在自己的工作实践中学习，自我反思，加强对话，保持心态开放，课堂开放，追求深度，丰富生命的意义。

（续表）

一级指标	二级指标	三级指标	
		学科教学	班级建设
系统建构之功	1. 内容结构的系统化。 2. 研究成长需要，把握活动价值。 3. 过程的长程系列建构。 4. 个性与风格的积淀、形成、发展。	1. 知识结构合理，主题化意识强。 2. 能深入教材，读懂教材，在深度分析教材和学生的基础上，确立目标定位并设计教学环节；关注学生的“前在能力”和“潜在能力”，树立“创造适合每个孩子发展的教育”的意识；确立年级能级发展序列目标，关注学生日常学习习惯养成。 3. 加强前移后续的有机关联，将内涵充分延伸，包括前期的准备与后期的反思、重建、拓展；横向拓展，以某一类活动的精神或资源为核心，统领相关教育活动。 4. 在扎实开展教学研究的基础上，充分发挥个人的创造性，在教学中逐步形成独特的教学风格。在教育的起点上，通过交往行为，成为学生生命的守护者；在教育的过程中，通过激发行为，成为学生学习的引导者；在教育的目标上，通过感化行为，成为学生人生的影响者。	1. 形成基于本班学生成长需要的长程教育系列。关注前移后续、横向发展。 2. 形成班级建设内容结构（班级活动、班级组织与制度、班级文化）的系统。 3. 形成班级特色文化与班主任教育个性。

（续表）

一级指标	二级指标	三级指标	
		学科教学	班级建设
动态生成之功	1. 对资源敏感捕捉并进行价值判断的能力。 2. 对资源转化、重组的能力。 3. 处理好预设与生成的关系，推动整体发展的能力。	1. 对课堂的资源有敏锐的观察能力和捕捉能力。 2. 有较好的对课堂资源捕捉、转化、重组的能力。 3. 能根据课堂生成及时调整自己的教学，促进学生能力发展的最大化。	1. 对班级生活中出现的各类教育资源及时进行捕捉和判断，并智慧决定对相关信息的利用方式。 2. 对各学科的教育资源进行转化和重组，实现对教育过程的推进、深化、重构。 3. 班主任要与学科教师形成专业对话，经常交流学生的学习状况，结合班级长程系列活动推动班级生活整体发展。
综合融通之功	1. 资源的汇聚融通。 2. 价值的多元融通。 3. 多领域的整合融通。	1. 能有效地利用各种资源，包括教材资源、学生资源、学科网络资源、学科校本资源、学科专家资源、学科共同体成员之间的资源等。 2. 能用正确的价值观实现多领域的知识融通；尊重学生自我发展的潜质，使自己与学生生活在一个和谐、愉快的教育环境中，积极诱导其内生力量的持续性发展。 3. 有丰富的知识面，对各方面的知识能很好地融合并将其用于课堂。	1. 根据学生特点、学校年历、重点工作对主题活动进行综合融通设计、组织与评价。 2. 开发班级建设六大领域（学生干部培养与班级岗位建设、班级文化建设、主题活动与主题班队会开展、班级建设与学科教学融通、接入学校学生工作、社会性与自然性资源开发）的内容结构，并促成其相互融通。 3. 精心打造“社区共建”“家长学校”“童子军俱乐部”“国旗童声”品牌活动，形成家、校、社联动育人的互动格局，实现学生的综合发展，并培养其领导力以及现代公民素质，提升学生的精神境界与生命质量。

（二）在诗意教育校本培训体系中孵化

诗意教育校本培训模式是指为了满足学校诗意教育发展需求，落实诗意教师素养的培育，在上级教育行政部门的统筹和业务主管部门的指导下，由学校组织发起，以学校为基地，针对学校和全体教师的实际情况，由学校充分自主地确立培训目标、培训内容、培训方式，以解决实际问题，提高教师教育教学能力，全面提高教师综合素质为目的而开展的教师继续教育培训活动的一种重要的方式。

1.“三个融通”的强调

诗意教育校本培训模式的建构突出培训理念，其管理要求强调以下“三个融通”。

（1）学校发展需要与教师个人成长需求之间的融通。培训教师是学校发展的需要，也是教师职业发展的需要，是为了满足教师的学习需求。当学校发展需要与教师个人成长需求之间出现不一致的情况时，就需要从多角度分析审视，既不能一味地完全要求教师牺牲个人的正当需求以满足学校发展需要，也不能任凭教师脱离学校发展需要来满足个人的成长需求，而是尽量做到两者兼顾。

（2）生命内觉与人际互动之间的融通。诗意教育校本培训模式强调激发教师个人的学习动机，唤起教师终身学习的积极情感，使其形成不断学习的生命内觉式培训需求。同时，重视启动教师个体之间、个体与群体之间以及群体与群体之间的互动机制，提高教师参与培训学习的积极性，将生命内觉和人际互动结合起来，内外兼顾，持续作用于教师。

（3）培训的总体规划与培训目标的分层推进之间的融通。诗意教育校本培训模式在学校的长期发展规划中有长远的教师诗意成长目标，在一定时期又有具体的阶段成长目标，并根据具体目标制订“诗意教育校本培训”方案。

2.“全”过程的重视

诗意教育校本培训模式的运作重视“全”过程，这主要体现在以下几个方面。

（1）全员参与。学校为不同教师提供了不同的发展平台以及不同的帮助和指导，以激发教师的主动性和创造性。

（2）全面覆盖。根据学校各条线所涉及的教师基本素养、专业素养、研究能力和实践水平等方面的培养，每学期由教科室与各条线统筹校本培训工作，形成专项计划与总结，保障活动的实效。

（3）全程监控。对于每一次校本培训，无论规模大小、时间长短，作为组织者，我们各条线都能尽力做到前有策划、中有落实、后有反思，活动中有考勤制度，活动后有评价机制，并纳入每位教师的月考核与学期考核。

（4）全面组建资源库。首先要充分发挥本校骨干教师的作用，他们有丰富的教育教学实践经验，这是重要的校本培训资源。通过本校骨干教师传、帮、带，指导青年教师成长。其次要借用校外培训资源，将当地大专院校、教育科研单位、进修院校以及外校的优秀教师请进校门，组成导学团，诊断本校教师工作，进行指导培训。

3. 诗意教育理念下的校本培训常式

（1）技能实践型：适用于对本校教师进行各种教育教学技能及实践能力的培训，具体培训方式有教育教学基本功训练、说课训练、微格教学训练、现代教育技术培训、班主任工作培训、导师带教、校际教师交流等。

（2）评价型：适用于对本校教师进行教育教学评价能力的培训，具体培训方式有听课和评课、课堂教学评优、主题班会观摩等。

（3）理论型：适用于对本校教师进行新知识、新理论、新观念、新成果、新信息的培训，具体培训形式有专题讲座培训、“自修—反思”培训等。

（4）研究型：适用于对本校教师进行教育科研能力的培训，具体培训形式有研究微型课题，进行实证研究，在学校真实的环境中开展教育科研；学会选题，设计研究方案，撰写教学个案，开展调查研究、行动研究等。

4. 诗意教育理念下的校本培训变式

（1）研课式培训：教研组同备、同上、同听、同评，新基础教育研究共同体同课异构，跟随名师模仿创新，师徒同研跟进……在不断丰富的类型中，将“同研一节课”作为校本培训的一种常态形式，贯穿学期始终，从根本上提高广大教师在课堂教学中落实素质教育的能力。

（2）读书沙龙式培训：教师根据学校的读书计划和自己的实际情况制订个人读书计划，除必读书目之外，还要有针对性地博览群书，采取自主学习、自主实践、自主反馈、自主检查、自主评价、自主调控、自主体验、自主完善等方法来提高自己。教师在学习过程中要做好读书笔记，并积极参与学校组织的读书论坛，对照自己的教学行为，在实践中反思，在反思中交流，在交流中提升文化品位。

（3）网上研修式培训：充分利用丰富的网络资源，开展网络研修。加强校园网站建设，拓宽校本教研渠道，强化“教育科研”“校本培训”“读书天地”“同研一节课”等栏目的完善与使用，为教师的网络研修提供展示、交流、学习的平台。教师要及时上传教学设计、教学反思、教学案例、试验札记、读书感悟等，以便教师之间相互交流、资源共享。加强教育博客的规范管理，并通过教育博客加强与家长、学生的沟通交流，提高教育合力。

（4）问题探究式培训：教研组作为校本研究的基层单位，除扎实有效地开展“同研一节课”之外，还要围绕学校已有的科研课题，选取本学科、本年段的热点及难点问题作为校本研究课题，以行动研究为主，通过“提出问题—制订方案—共同实施—行动反思—补充修改—终结评价”等环节，稳步推进研究过程。注重研究过程的每一个环节、每一次行动的反思与提升，以札记或论文的形式展示研究成果。

（5）“青蓝工程”帮带式培训：发挥骨干教师的示范引领作用，落实青年教师“一二三”（即“一年上路，两年成型，三年成为校内骨干”）的培养目标，切实加强“青蓝工程”过程性管理与评价，期末评选优秀导师并给予奖励。

（6）主题系列式培训：利用每周二到周四下午学科研究日的时间，开展主题讲座、“同研一节课”、远程教育教学评估、教学评比、学术沙龙等活动。

（7）学术研讨式培训：利用学生放学后的时间，举行校内或学区内学术沙龙，围绕主题培训内容，阐述自己在实践应用过程中的收获与感悟，努力营造宽松、民主的学术氛围，力争每一位教师都能勇敢、真诚地向大家阐述自己的想法、做法与建议，在互动交流中提高广大教师的口头表达能力，培养有思想、有内涵的草根教育名家。

（8）学科专项式培训：由学科分管领导或学区教研组组长负责，本学期重点进行学科知识与能力的获取，采取集中研讨与分散学习、专项测试相结合的方式，将学习心得上传至校网站校本培训中的“学科知识”板块。

（9）专题讲座式培训：结合当前的教育热点和学校的实际情况，有计划、有步骤地邀请各级教学专家来校示范教学或开展专题讲座，不断开阔教师的眼界。同时将外出培训作为一项福利待遇，有重点、有层次地组织教师外出参加培训或听课研讨活动，外出学习两天以上的教师回校后要有成果汇报，或写学习心得，或上示范课，或开展专题讲座，或报教改提案，切实提高学习的成效。

（10）局域共赢式培训：跨越校际，与周边学校管理团体共同研讨适合各校教师共同培训的内容，制订详细的培训方案，全体一线教师均可参加。

（三）在诗意教师发展网络中自觉

学校以促成每一位教师内生力量的发挥为核心目标，努力从组织建设、机制建设等多个维度探寻诗意教师发展的脉络。

1. 适切性生长愿景的自我明晰

由学科组组织，对每位教师进行微格调研和诊断，帮助教师清楚地了解自身的优势和问题。每位教师再结合诗意教师的素养要求、学校三年发展规划的整体发展愿景，寻找到自己的“最近发展区”，制订《诗意教师个人三年发展规划》。

2. 分层式共生平台的多元融入

“共生体”是学校教师实施自身发展规划的关键情境，它以生态性的互助、互促方式推动每位教师融入不同的成长团队，并在其中担任不同的岗位，以迅速寻找到团队归属感，在有向突破中获得超越自我的成长自豪感，主要包括“全员工程”“骨干工程”和“名师工程”。

（1）全员工程：“馨竹论坛”“各学科素养大赛”面向全体教师，集展示与研训于一体，前者侧重通用素养的渗透，后者侧重诗意基本功的锤炼。情趣团队由教师根据自身兴趣自主选择、自主组织、自主展评，培养生活的情趣与情致。

（2）骨干工程：学校组建了“课程建设项目组”“品牌建设项目组”以及各类课题研究工作室，使教师人人有“专攻”，个个有方向，逐步成长为某个领域的骨干。

（3）名师工程：学校组建了“专业成长团队”，将具有向市区五级梯队发展潜力的教师凝聚起来，全面诊断，提优补漏，使梯队名师数量稳定增加。此外，学校对教学或研究有特色、有韧劲的教师在评优评先中予以政策倾斜，大力促成他们与国内外专家同行的学术交流，并帮助他们组建名师工作室，使他们能迅速成长为教育名家或特色领域领军人物。

总之，在“共生体”的运行中，优质资源得以辐射，基础性资源得以普及，落后资源得以帮扶，使携手走向优秀成为可能。

3. 专业性研究气质的深度涵养

学校大力推动每一位教师投入项目研究，走研究性变革实践与专业成长之路。

（1）多元架构项目体系，推动人人研究。①学校项目促成研究体。学校为“新基础教育研究基地校”，正在创建“生命·实践合作校”，近十年的研究历程让全体教师浸入了这一个研究体系孵化器，其核心理念“价值提升、重心下移、结构开放、过程互动、动力内化、整体融通”引领着大家在学校生活中努力成事成人。②全域项目推动全研究。学校着力打造具有诗意特质的研究项目，并促使教师全员参加，提升研究能力。例如，在2017年“你好，寒假——学生假期生活与期初生活重建”项目研究中，学校研制了《2017寒假生活班级导师团研究手册》，系统梳理了项目发展的历程、已积淀的优质资源、本次研究的问题与突破，明确了“寒假生活与期初生活”的内涵理解和意义追求，以及给校长、年级组组长、班主任、科任教师的实施建议，强化了教师群体的过程意识、数据意识和成果意识。③自选项目促进深研究。学校组建了省、市、区、校、个人五级课题网络，促使全体教师参与课题研究，并形成自己的研究特色。

（2）分层担纲专业活动，发展研究个性。在日常教研活动中，无论是集体备课、磨课，还是学习沙龙等，都充分展开梯队教师间的梯次推进、互动互补。在各类项目研究中，依据教师的特点、能力，促使教师或在南京师范大学吴永军教授引领下的“诗意课程建设”中承担课程开发工作，或领衔作业设计，或推动评价变革等，以促进教师的专业化发展。

4. 有机性持续发展的日常推进

强调每位教师以节点贯通日常，精谋自身的累进发展。一方面，在常态的教育教学活动中“厚积”，例如，每天的教学反思围绕自己的研究特色，以“目标达成—问题—原因—改进”的表达结构，收集数据，积淀思考，期末整体梳理成研究报告，参与微课题评选、论文评比等，加以辐射推广。再如，借助学校“每月随机调研”，与“调研跟踪导师团”共同对自己的发展进行阶段性把脉与突破。另一方面，借助一些关键事件、重大节点加以“薄发”。例如，在学校自主菜单式“论坛沙龙”中选择或申请自身感兴趣或正投入其中的主题，在多元的对话、碰撞中丰富认识。再如，借助“馨竹论坛”的特色研究板块、学期的总结沙龙等节点活动以及“新基础学校合作校创建”“全国现场会”等学校关键事件进行展示和对话，汲取前行的智慧和活力。

三、诗意教师的成长硕果

生长式发展使学校的教师队伍建设卓有成效，仅2016年，五级梯队教师新增10人，其中市级4人，区级6人，涌现了“高级管理人才”、常州工学院客座教授、“江苏省333工程”高层次人才、国际救助儿童会学术顾问暨资源库专家等一批领军人物。部分教师出版专著、学材和校本教材。多名教师在省、市级教师基本功竞赛、课堂教学比赛中荣获一、二等奖。教师在核心期刊、著作中发表研究成果，并有英文论文 *Making Homework a Catalyst of Teacher-Parents-Children's Collaboration：A Teacher Research Study from an Elementary School in China* 在国外核心期刊发表。教师们多次受邀为华东师范大学研究生、西安骨干教师研修班、武义班主任高级研修班、广州卓越校长班等做专题讲座。

第三节　诗意教师的成长叙事

诗意教师的生长，是时光里的诗篇，歌了一年年，添了一行行……读着他们的故事，你会沉浸在那一份敬意、那一份暖意、那一份活力中！

一、研究促使教师成长

教师要有研究的意识，研究学生想什么、怎么想、为什么这么想，研究教材教什么、怎么教、为什么这么教，把全部的身心用来探究学科科学、学科特质和学理，用来倾听学生的真实需求，用来捕捉学生思维的变化……这样才能收获研究带来的幸福味道。

在教学研究中追寻成长的幸福

荆亚琴

因为心中的一个梦想，我成了一名教师。2002 年，从师范院校毕业的我，与龙小结缘。15 年的光阴，这所百年名校，见证了我的成长与蜕变。

犹记得，刚踏上三尺讲台的我，还只是一个照搬书本的“小丫头”，那时的我，教材怎么讲，我就怎么教；学生学什么，我就教什么。慢慢地，我形成了从众心理，一味地模仿他人，从教学设计到教学语言，甚至老师一个无意识的小动作。然而，每每把外出学习时观摩到的精彩教学移植到自己的课堂时，却发现总是“水土不服”。

直至有一天，数学学科负责人告诉我：“模仿，只是成为老师的‘敲门砖’，你要有‘研’的意识，研究学生想什么、怎么想、为什么这么想，研究教材教什么、怎么教、为什么这么教。”

（一）是毛毛虫，怯怯地触碰教学研究

2011 年，我加入了“常州市王冬娟名教师工作室”，在工作室领衔人王冬娟的引领下，我开始如毛毛虫般，怯怯地触碰教学研究，之所以怯怯地，是因为那时的我对教学研究还感到有些迷茫、懵懂。

我尝试深入课堂，把研究中的思考融入教学实践，在实践中反思，研读文本，尤其研究多版本的教材，从中挖掘其价值。

当然，教学研究不是单一推进、线性发展的，而是在每一次的研究反思中动态生成新的研究需要，从而不断丰实研究的内容。

以往的教学研究只是在同一问题和水平上徘徊，现在的每一次教学研究，因为有了研究点的突破，在推进中不断生成新的问题与思考，促使我在工作中不断思考，从而体会到研究的幸福。

（二）是那只蛹，急切地冲破束缚自己的茧

怯怯地触碰教学研究让我体会到了研究的幸福，于是接下来的我就如化蝶前的蛹，急切地想冲破束缚自己的茧。

书本知识与数学知识的整体、内在结构之间是相互关联的。研究时，我尝试以整体结构的意识“用”教材。这样研究，摆脱了“只见树木，不见森林”的状态，同时也摆脱了大量的机械操练。

我不再拘泥于对一节课的研究，而尝试着对一个单元或某一教学内容进行研究，尝试梳理教材中的知识结构分布。在此基础上，我以整体观点为指导，把具有类特征的知识整合到一个单元，凸显其共同的思维方式，丰富学生对类结构知识的整体认识和结构把握，以此克服知识的离散性，使学生学习时容易形成经纬交织、融会贯通的知识网络。

以一年级“100以内的加法和减法（一）”单元教学为例，教材为了突破重点，分化难点，设计了如下的单元教学基本结构。

例题	教学内容
例1	整十数加、减整十数
例2	两位数加整十数、一位数
例3	求被减数的简单实际问题
例4	两位数减整十数、一位数
例5	求减数的简单实际问题
例6	两位数加、减两位数
例7	求两数相差多少的简单实际问题

教材一共安排了3次笔算教学，分别是“两位数加整十数、一位数”“两位数减整十数、一位数”“两位数加、减两位数”。笔算教学的主要任务是帮助学生掌握笔算的一般方法，融合渗透估算、简算，能根据具体的情境灵活选择方法。笔算教学的一般过程结构如下：算理理解—法则提炼—灵活选择算法。

“100以内的加法和减法（一）”既是学生学习加、减法笔算的开始，又是继续学习三位数加、减法笔算的基础。教学时，可以将加法笔算作为“教”结构，掌握笔算竖式的写法和计算方法，将减法笔算作为“用”结构，既可以沟通加、减法之间的内在关联性，又可以渗透知识结构，有利于学生从横向角度将加、减法作为整体结构加以认识和把握。

基于上述认识，我们可以对本单元的教学内容进行“横向贯通”的结构化设计。

第一课时：给出几个有代表性的数组成算式，把算式按一定的标准进行分类，通过组合分类梳理出100以内加、减法不同的计算类型。

第二课时：教学“整十数加、减整十数”的口算。

第三课时：教学“两位数加、减两位数”（不进位、不退位，含两位数加、减一位数）。

第四课时：教学“求被减数的简单实际问题”。

第五课时：教学“求减数的简单实际问题”。

第六课时：教学“求两数相差多少的简单实际问题”。

当然，也可以根据学生的实际情况，将“100以内的加法和减法（一）”与“100以内的加法和减法（二）”打通。

这时的我，把研究视角从一个个知识点中跳出，不再局限于点状思维，逐渐有了整体规划意识、单元解读意识。我清晰地感受到自己的整体意识越来越清晰，不仅能关注到一个单元同类课型之间的联系，还能关注到一类课型在不同年段之间的联系。

（三）是翩翩蝶，快乐地翻飞在研究乐园

教学研究实实在在地改变了我的工作状态，使我对工作、对学生时刻充满激情。我会为了求证某一教学内容四处寻找资料，甚至会为了一篇文稿工作至凌晨而忘记休息时间。

我如翩翩蝶，快乐地翻飞在研究乐园，而这种研究的快乐，不仅提升了我的专业素养，也给我的学生带来了潜移默化的影响。

在教学研究中，我在追寻着属于自己的成长幸福，而这种成长，不仅仅是我个人的成长，更是我和学生的共同成长。

二、课程让教师彰扬风采

一个爱好、一项特长、一份梦想……给教师一个舞台，他就会还你一门特色课程，还你一份孩子的欢喜与快乐，还你一份内涵发展的新提升……更重要的是，成长着的教师将愿意和诗意校园缘定三生！

常州一“邮”、缘定一“生”

耿怀明

2011年5月，硕士毕业、没有勇气“北漂”的我开始了“邮件”大战，细数邮箱里的邮件有两百多封，然而常州这一“邮”，注定了这一生缘。清晰地记得当时万莺燕校长的一句话：“您来试试，希望还是蛮大的！”就这样，坐了11个小时的火车，我来了。在此之前，常州在哪里，我不知道；新北区在哪里，我不知道；龙虎塘实验小学在哪里，我也不知道。如今，6年过去了，我在这里有了工作，买了房，娶了妻，生了子，结识了一帮兄弟姐妹，要感谢的人太多太多。

2011年8月，我正式开启了体育教学生涯。一走进校园，我就感受到了这所学校所独具的内涵和运动气息，诗意中透露出坚韧，文雅中流露出执着。作为龙小一员，我既为当初找工作时能留在这里感到庆幸，也为能在这里发展感到自豪与骄傲。

第一年，刚走进龙小的我遇到了不少困难和麻烦，先不说在课堂教学、课余训练方面遇到的难题，就常州话对我来说就像一门外语。在钱丽美校长的介绍下，我有幸加入了“常州市孙建顺名师体育教师工作室”，一开始，我还存在抵触情绪，毕竟教学经验欠缺，而且在工作室中我的工作时间最短，工作室成员都是各校精英，有职称是小学高级教师的，有在全省、全国教师基本功比赛中获一等奖的，而我却还在为如何上好一节公开课发愁。直到在工作室三年顺利毕业，我才发现我错了，工作室、培育室、办公室是三大优势平台，这里有震撼人心的基本功展示，有令人难忘的精品课，也有发自肺腑的知心话，正是在这样的氛围中，我才在工作中取得了一些属于自己的成果，如参与撰写专著《个性化体育教学策略》《体育游戏的创编与案例——篮球游戏》；发表《常州市小学体育教师“隐性”工作量“知多少”》《做好布置体育家庭作业的“四因”》国家级论文两篇；发表《浅析体育锻炼对小学生心理健康的影响》《简易鸡毛毽的制作与保养》《“批评”的价值探究》省级论文三篇；连续六年在江苏省“蓝天杯”中小学教师优秀论文评选和江苏省中小学“师陶杯”教科研论文评选活动中获二、三等奖。工作室中“高手如云”，有这些“高手”在身边，给了我很好的学习机会。我先从听课开始，学习老教师的教学经验，努力探索适合自己的教学模式，不管是校级研究课，还是培育室、工作室为我们精心安排的优课观摩，我都积极参加。特别是当前流行的元素在体育课堂中的融入，我都逐步尝试执教，慢慢地形成了自己独特的教学风格，先后执教“篮球双手胸前传接球”“篮球原地运球”“投掷轻物”“快乐体操棒”四节市级公开课、“跨越式跳高”一节区级公开课、多节校级公开课，并在市调研等重大活动中承担展示课，受到了一致好评。我主持的市级教科研重点课题“小学篮球校本课程的开发研究”于2012年5月开题，2016年6月顺利结题。借助此课题，恰逢学校开发了一批精品课程，篮球课程以其独特优势入围，在学校的大力支持和南京师范大学吴永军教授的专业指导下，完成了篮球校本课程“龙娃玩篮球”前期的教学目标、分段目标、教学内容的编写，目前已进入教学设计的编写阶段，撰写完成后学校将会出版，到时学校的篮球校本课程就会有属于自己的篮球校本教材，避免了教师上课的随意性，提升了篮球校本课程的品质，这在全市都数前列，身为主持人的我备感荣耀。我从进校以来接手学校女子篮球队，带领球队连续五年获得区第一、市前五的好成绩，目前梯队建设完善，并经多方努力，与常州市运动学校成为合作友好单位，学校成为常州市运动学校女篮培养基地，并邀请专业教练白瑛进入我校指导训练，相信我校女篮一定会越来越强大，不仅在区、市取得好成绩，在以后的省级甚至全国比赛中都将会有我校篮球队员的身影。目前学校正积极申请江苏省篮球示范学校。回想进校时，篮球还仅仅以一支球队的形态存在，参与篮球活动的学生人数较少，无法实现让每个学生都受益的目标。经过几年的努力，篮球运动在各个层面都上了一个新台阶，学生的受益面也逐步扩大。首先，学校成为女篮基地，篮球队训练逐步专业化，市队教练进驻学校，对学生进行专业指导。其次，篮球校本课由之前的三年级一个年级拓展到二年级、三年级、四年级（女）、五年级（男）四个校本班级，并且借助“飞鹰”篮球俱乐部的力量，让校本课堂更加精彩。除了课堂，大课间也有了很大变化，每个班级配备四个篮球，学生可以在大课间进行各种球类游戏和比赛，活跃了大课间氛围，也彰显了学校的篮球特色。值得一提的是，篮球比赛融入了学校的诗意体育节中，成为一项参与人数最多的项目，可见篮球深受学生喜爱。随着篮球课程开发的推进，后期还即将举行篮球专题运动会，从真正意义上实现让每一个学生都受益的目标。

操场是我宽阔的胸怀，古铜色的肌肤是我工作的烙印。六年的教学生涯在弹指一挥间逝去，平凡的每一天构筑了我的教学生涯，其中不乏酸甜苦辣，但累并快乐着、累并充实着的人生历程给予了我人生旅途中一笔无法估量的财富。在这条洒满汗水与泪水的道路上，我依然会无私地奉献自己的青春和满腔热血，用实际行动去诠释一名体育教师平凡而朴实的人生。既然选择了做一名体育教师，就是选择了阳光，就是选择了汗水，就是选择了平凡。路就在自己的脚下，一切才刚刚起步，要永远学做铺路人，不管漫长的路上荆棘丛生还是布满沼泽，我都会一往无前，绝不退缩。有耕耘不一定会有收获，但努力用心地耕耘一定会硕果累累，在教书育人的道路上，我付出的是汗水和泪水，但我换来的是一份充实而又沉甸甸的情感。

三、活动让师生共享幸福

情怀情义，学习实践，思考表达……圆环回归，螺旋上升，一个班主任的幸福成长就在教育生活中实现。

研究·追求·成长

夏　虹

从教8年，做了8年的班主任。在平凡的岗位上，我始终能进行深入且丰实的学习交往，始终具有创造和务实的实践研究精神，更加拥有的是对班主任教育生活的本质追求，最终在普通的岗位上实现了不普通的价值，实现了班主任教育生活的幸福成长……

（一）学习交往：深入与丰实

1. 个人自我学习深入

欧阳修对于读书，曾提出“三上”的说法：枕上、马上、厕上。而我也有读书“三上”：床上、桌上、厕上。工作8年，读得最多的专业书籍是关于班主任工作方面的。《班主任之友》这本杂志我已经征订了8年，可以说，我的很多班主任工作经验都来源于这本杂志。另外，《“新基础教育”学生发展与教育指导纲要》《班主任专业基本功》《专业化背景下的班主任工作案例解读》《班级日常生活重建中的学生发展》《创造一间幸福教室》《一班一世界》等一系列专业书籍的阅读，给我的班主任工作带来了很大的帮助。有时，专业书籍很难读，不容易理解，我就挑书中自己感兴趣的部分先读，再去读难读的部分。长期坚持下去，再难读的书也总能读完。

在自我学习方面，我除了大量阅读、经常参加培训、外出观摩等多元化的吸收之外，还有认真写作的大量输出。从最初的教育故事开始，慢慢地进行案例的撰写，逐渐深入论文的撰写。8年来，不管是发表的还是获奖的，班主任工作方面的文章占了大多数。

2. 专业交往学习丰实

除了自我学习之外，在班主任专业发展上，引领我不断成长的还有专业交往学习。“你有一种思想，我有一种思想，彼此交换，我们就都有了两种思想，甚至更多。”本着这样的理念，我不断地向校内的同事学习，像陈亚兰主任的班级建设经验、吴静娟老师的班级特色活动经验，我都在默默地跟着她们学习。

2013年，我有幸加入“袁文娟小学德育名教师工作室”。整整3年，我跟着袁文娟老师与工作室的其他成员不断学习、实践与研究。我们走出自己的班级与校园，走进其他教师的教室，走进上海、苏州等名教师的班级与学校学习。正是这3年持续不断的学习，才促成了我在班主任研究之路上的勤劳笃行。

半年前，机缘巧合，我加入了“全国班主任研究联盟”微信群，500位来自全国各地的顶级专家、教授、名班主任每天都在群内推送大量的班主任优秀工作经验。在群内，我是个资深“潜水者”，像个永远吃不饱的孩子，每天都认真地学习与感受。期待未来有一天，我也可以在群内分享自己的优秀工作经验。

如果说，个人自我学习是不竭动力的话，那么专业交往学习则是一种新型动力，在这种动力的驱使下，我才能逐步走向班主任“专业生活”。

（二）实践研究：创造与务实

班主任的发展既要在学习中提高，更要在实践中锻炼，而实践的基础便是班级。班主任可以在班级管理的实践中促进学生发展，让自己产生自豪感；可以改善师生关系，让自己产生幸福感；更重要的是，可以不断提升自己的能力和水平，培养自己对班主任工作的深厚情感。我也不例外，个人感觉，我的思想道德品质和组织管理能力都是在一次次的教育实践中不断磨炼出来的。

1. 具体活动研究更具创造

在学校品牌项目——学科发展与班级建设综合融通的打造上，我一次次地在班内进行实践。尤其值得一提的是那次“语文口语交际与班队活动的整合”实践活动。活动前，有对语文口语交际教学与毕业班班级管理带来的新困惑的思考。正是在班级生活中，我用敏锐的眼光关注学生学习的现状，才有了一次大胆深入的实践研究。在实践的探索阶段，我充分发挥学生的主观能动性，让学生参与策划，进行课堂展示，活动后又组织学生进行积极的反思。仅是一次活动的研究，学生的策划能力、语言表达能力、小组合作能力等都得到了有效的提升。

像这样具体的研究活动，在8年的班主任工作中，我积极组织参与的有很多次，如一年级的“我和春天手拉手”（主题活动案例发表在《班主任之友》），三年级的“‘校园十景’我推荐”“十岁成长礼”“九九重阳节，浓浓敬老情”，四年级的“‘水浒传’班级读书会”，五年级的“‘国学迎新’之我见”等，这些活动都在不同层面进行过展示。

2. 专题系列研究更加务实

如果说从一年级到六年级的大循环教学中进行的一些具体活动研究是碎片化的，还不能构成系列，那么在2016年新一轮的一年级班主任实践研究中，我努力追求专题化、系列化。

仅仅半个学期，我利用八封《给家长的一封信》实现了班级建设从“碎片化”到“结构化”的转变。期初三封信，引导学生养成良好的阅读习惯，帮助学生适应小学生活；期中三封信，有向进行班级建设，引导学生融入班级生活，使得信件板块进一步清晰化，班级建设进一步结构化；期末两封信，打通假期与学校期初生活，促使家长关注寒假生活，使得假期生活连接断层，教育走向全时空，促使结构融通，教育渗透全场域。八封信，从期初的以学科为主，到期中的以班级建设为主，再到期末的以寒假生活为主，不仅仅是信的内容有了变化，更是一种学生立场的体现、一种多环交融的意识转换，是对班级建设整体有机创设的铺设。

另外，家校合作走出固有模式，拓展课堂外延，丰富学生的假日生活。我全力打造班级“童眼看世界”社会实践主题系列活动，带领学生走出校园、走入社会。这一主题活动，为学生提供了一次真实的、建立个人与社会关系的体验。“童眼看世界”社会实践活动真正实现了社会活动教育化、教育活动社会化。

如果说一次次的具体活动研究可以提高我的班主任工作质量的话，那么专题系列研究的视野更是提升了我的综合素养，并且引领着我在实践之路上越走越深入，越走越坚实。

（三）专业成长：幸福与生长

1. 把握机遇，实现飞跃

在几年的班主任工作中，我有幸多次参加各级班主任方面的竞赛，每次我都认真准备，努力突破自己。在2012年的常州市辅导员风采大赛中，工作才4年的我作为新北区5名代表队员中的一员参加市级比赛，最终在个人笔试环节获得特等奖，新北区5人团队获得二等奖；2013年，我代表学校参加新北区辅导员风采大赛，获得二等奖，并加入了“新北区辅导员培育站”；2015年，我代表学校参加新北区班主任基本功大赛，获得二等奖。

最振奋人心的是，在2016年常州市班主任基本功大赛中，我一路过关斩将，最终获得一等奖。犹记得，区领导在开9月份动员会议时，恰逢中秋小长假前夕。于是，在假期里，我只能“抛弃”自己的孩子，舍弃自己的休息时间，通宵达旦地阅读并背诵有关理论知识，做了厚厚的一沓练习题，翻遍了近几年有关班主任方面的杂志。后来，我以优异的成绩进入复试阶段，两天的准备时间，白天要忙着学校的工作，只能晚上在家，对着镜子、对着家人，一次又一次地进行面试的模拟。终于，功夫不负有心人，在得知获得一等奖的好成绩时，我内心久久不能平静。我想，这是努力付出的结果，也是长期积淀的结果。

2. 把握当下，再次生长

2016年9月，我主动请缨教一年级，虽然中间有些许挫折，但在我极力地申请下，学校领导还是成全了我。如今回想期初的工作，忙碌得不敢回首，但总算都挺过来了。一年级的老师们个个吃苦耐劳，在执行校长的引领下，开启生长型年级的研究，明确了生长型年级的培养目标以及促生长式发展（共生体）目标。我们在一起创造了一个个奇迹：新生家长培训、期初课程、升旗仪式、入队仪式、年级论坛、拼音游园、亲子运动会……我们一起携手，在校园里创造出一片新风景！

所有成绩的获得，都验证了这句话：行动，就有收获；坚持，才有奇迹！

8年的班主任工作，忙忙碌碌，我不断地加强实践与研究，努力创设"关键事件"；不断地丰富学习与交往，增强"成事可能"；不断地提升需要与价值，促进"成人自觉"。如今，我仍在努力追求班主任的"专业生活"，研究的脚步仍将继续……

四、家校合作，真情交融

教师、学生、家长是命运共同体，酸甜苦辣、失败与成功，是共同品味的同席者。互动产生思想，合作孕育深情，同行的时光最珍贵，同行的感觉最温暖！

栖息在龙小家园的第二种亲情

潘　虹

在龙小家园里，家长是教育不可或缺的一分子。每位教师都越来越强烈地感受到，时代呼吁家长参与教育，只有教师与家长紧密联系起来，共同探讨教育孩子的问题，才能更好地促进学生成长。怀揣着"一切为了学生"的教育梦想踏上三尺讲台的我更是深深地明白：教师与家长的关系越好，教育才越成功。

良好的关系从哪里来？世上没有凭空产生的情感，就像没有空中楼阁一般。家校之间的联系，需要靠教师搭建起学校和家庭之间的桥梁，去创造更多的条件来实现。所以，每带一届学生，我不但会积极、耐心地去面对家长，还会利用QQ、微信等网络平台与家长保持密切联系，为学生的学习和成长助力。

仅一个班级成长QQ群，就见证了家校联系的点点滴滴。一个好的班级QQ群，绝对不是简单的聊天平台，利用好其每一项功能，可以为教育带来出乎意料的效果。为了实现教育公平，我在一年级学生入学一周内实现了家长加群率百分之百。在家长陆续加群后，群功能也在不断拓展。QQ群是学生学校生活的展示栏，我创建了课堂掠影、优秀作品、班级明星、作业范本等相册，捕捉学生在校期间有价值的画面，发至相应的相册，让家长了解孩子在学校的动态。对于孩子刚入小学的家长来说，这些照片犹如一颗颗定心丸，让他们放心地把孩子交给学校，同时，这些照片也激发了他们了解孩子的学习情况的兴趣。我鼓励家长把QQ群作为孩子家庭生活的反馈栏，建议家长为孩子建立一个属于他们自己的成长相册，把孩子在家的表现用照片的形式记录下来，发至相册，不但让教师了解学生在家的情况，也可以让家长互相学习，让孩子形成良性竞争，从而激励孩子在家也能有良好的表现。QQ群是知识的加油站，我不但会在群里指导学生作业，为学生答疑解惑，还会分享知识，推荐阅读书目。QQ群还是家长的咨询台，家长有育人方面的难题与困惑，我们会在群里交流讨论，给出建议，也会根据家长遇到的共性问题，分享相应的家庭教育方面的文章，供家长参考学习。每天，我都利用空余时间打理QQ群，维系家校关系。我明显感觉到，家长对教师的态度从生疏客套变得亲切尊重。我们班的班级成长QQ群在这三年内一直保持着活跃的状态、正能量的氛围，发挥着积极的教育作用，促进了家长与教师之间良好关系的建立。

2016年教师节前夕，班级家委会代表在QQ上与我商量，说班里有部分孩子临时接到社区的表演邀请，想放学后借用一下教室，让孩子们排练节目。基于对家长的信任和对孩子参与社区活动的支持，我同意了。当天晚上10点左右，班级家委会代表在班级QQ群里发布了一段视频。我点开后，忍不住热泪盈眶。原来并没有什么社区表演，家委会借用教室，带着孩子们拍摄了一段感恩老师的微视频，作为教师节礼物献给我们班的每一位老师。视频中，家长扮演着老师的角色，站在讲台上演绎老师的敬业与辛苦，而孩子们做着最本真的自己，用最认真的态度回报老师的付出。这份教师节礼物独一无二，于我而言简直是无价之宝。它是我付出两年的真心对待家长换来的一片真情，这片真情饱含着对老师的理解、感谢，这片真情是栖息在龙小家园里的第二种亲情。

因为家校间的真情真意，家长对待孩子总是尽心尽力，配合学校工作总是不留余力。每次家长进课堂，家长们总是精心准备，认真授课，把自己最擅长的本领教给孩子们。“夜间趴”暑假幸福作业和“春晚小导演”寒假幸福作业，家长们更是齐心策划，共同陪伴，让孩子们收获了真实的成长。

真情真意又是如何产生的呢？都说“患难见真情”，此话一点儿也不假。去年年底，伴随着严寒和雾霾，我们班爆发了严重的水痘疫情，以至于在期末复习迎考期间被迫停课一周。但是，我们并没有因为停课而乱了阵脚，孩子们的学习也没有因为停课而中止。

其实，刚爆发水痘时，家长们也十分焦虑。我知道，我们班胡同学的妈妈是一名医生，便与她沟通，希望她能从专业的角度帮助大家缓解焦虑，合理应对水痘。于是，胡同学的妈妈及时在班级成长 QQ 群和班级微信群进行详尽的水痘知识的普及以及水痘防治的宣传。在她的帮助下，家长们平复了焦虑的情绪。当正式接到停课通知时，有细心的家长发现了我对孩子们的担忧，甚至还宽慰我，并通过班级成长 QQ 群动员家长们一起在家配合好孩子复习。家长们的理解与支持，让我们几位老师都很感动，也鼓起了信心。我们语文、数学、英语三门主课老师经商量后决定每天梳理知识点，复印好相关练习送至学校门卫处，发信息提醒家长来学校领取。每天的作业，我们都坚持做好范本，标注好注意事项，有需要的写好解题思路，然后发至班级成长 QQ 群，供家长在家帮助孩子做好复习工作。每天，家长们都抽空来学校拿作业，没有一个遗忘的。群里讨论作业的氛围比平时更浓了。在我的建议下，班级成长 QQ 群用来探讨学习方面的内容，班级微信群用来讨论水痘病情。一周过去，孩子们带着复课证明回到了学校，复习的态度异常认真。由于家长和老师的密切配合，孩子们在期末考试中取得了令人满意的成绩，丝毫没有受到停课的影响。考试结束后，家长们在群里感谢老师停课期间的付出。我代表孩子们感谢了家长，是他们这段时间对孩子学习的全面关注，帮助孩子取得了进步。家长听后，纷纷表示以后会更加用心地对待孩子的教育。这种家长与教师共同努力和互相感恩的状态，滋养了我们班学生的成长。

家长和教师同舟共济，共同面对，这一切也源自一份真情，这份真情就是栖息在龙小家园里的第二种亲情。

龙小是教师、学生、家长共同的家园，我感动于龙小家园中的亲情，享受着龙小家园中的亲情，而这种亲情也如一股无形的力量，推动着我成长，使我怀着“一切为了学生”的教育梦想不断前行！

第八章 诗意教育的校园文化建设

肖川在《教育是一种文化行为》中说："文化是人类活动的结果，它与人类如影相随，是漫长的生活经验的积累和行为的总结。"学校文化是涵养学校精神、打造学校品牌的基石。龙虎塘实验小学历经百年的积淀，以搬迁新校、百年校庆等节点事件为契机，全力塑造学校诗意形象，促使学校文化走上可持续发展的良性轨道。

第一节　诗意校园的整体文化架构

学校理念是学校形象与人文环境传播的灵魂。一所学校，风景再变，唯其精神永远流传。龙虎塘实验小学充分调动全校教职工的智慧和热情，立足于学校传承古典诗文的特色积淀，集思广益，在多次与各方专家深度对话的基础上，通过挖掘、总结、借鉴、提炼、完善、升华这一梯次的递进思考过程，最终确定了学校的办学理念——为诗意人生奠基。

这一理念的内涵主要通过四个关键词解读：传承、创生、滋养、绽放，即在传承中创生，在滋养中绽放。

（1）在传承中创生。

龙小将立足于传承经典之根，让几千年的历史文化在这里低吟浅唱，在经典文化的浸润中走向与国学的融通，激发教师的原创力、学生的创造力、课程的生命力以及学校的文化力。

（2）在滋养中绽放。

相伴经典，与圣贤同行，国学启蒙，人文滋养。龙小人读古今天地之书，在丰厚的文化积淀中绽放每一个生命的芬芳，尽享彼此生命的润泽、滋养，从而弹奏出诗意文化的清音。

在学校诗意文化的整体背景之中，我们清晰地意识到，校园是承载和体现文化的主要空间，更应该是诗意流淌的场域。学校文化的开阔内涵注定它作用于人的视角是全方位、多层次的，良好的校园文化对人的内在心理结构的完善、个性的塑造以及思想道德素质的提高等，都具有不可替代的作用。2010 年新校建设之时，我们就确立了诗意校园的四大核心要素——文、雅、序、活。

文，即国文之精妙、文人之心性；雅，即高雅的品位、典雅的细节；

序，即整体化单元、内容成序列；活，即释放童心、彰显童趣、挥洒童能。

基于四大要素，我们通过以下策略，推动诗意校园的整体文化架构。

（1）国学“香”浸润校园。

国学经典是我国民族文化的精髓，内涵深刻，意存高远，蕴含着丰富的人文内涵。学校的显性环境文化精心选择国学经典名篇，介绍品性高远的国学名家，强调师生的创造和参与，让环境成为邀约学生沉浸国学芳香的特殊课堂。

（2）雅致“气”写意校园。

学校关注细节，提升审美品位，处处体现雅致的格调。首先，加强学校视觉识别系统的建设，提高学校的美誉度。其次，让每一个景点都益智，让每一个空间都出彩，让学校的每一处布置都和谐协调，独具神韵。再次，让人感受到校园里群体行为举止相互尊重、真诚相待的高尚风格，感受到师生谦逊有礼的精神风貌。

（3）大气“容”炫亮校园。

学校文化整体板块单元式设计，绿地文化、楼道文化、班级文化、处室文化、书香文化、餐厅文化、运动文化等均形成自己的独特性，具体内容进行序列化建构，使人进入校园能感受到大气、丰盈、亮丽的文化气息。

（4）童真“味”充盈校园。

首先，建设图书馆、操场、专用教室等设备资源的“悦享”生态，开放如“涂鸦墙”“新诗发布区”等自由展示的平台，让童心得以释放。其次，班级文化、校园展板等的设计与布置彰显童趣。再次，校园文化板块中强调师生参与、多元互动，凸显文化活力。最后，创设丰富多彩的课余生活与社团活动，使师生精神饱满，热情洋溢，处处彰显出青春气息。

总之，文、雅、序、活相辅相成，构成一个统一的有机整体，共同组成高品位的师生家园。

2015年，学校因办学规模扩张，启动了盘龙校区改建工程，2016年顺利投入使用；2017年，启动龙虎塘第二实验小学新建工程，预计2019年投入使用。学校在改建和新建的过程中，以“学校建筑与教育空间的育人价值开发”专题为引领，以“一脉相承，和而不同，美美与共，联结未来”为基本宗旨，强调儿童立场、“境教”功能、综合效益等，与建筑界积极对话、共创，进行了全程规划和一体化设计，努力使校园空间会说话、会流动、会生长，让每位师生心甘情愿沉浸于此，愿意每天面对它都恍若初见。

第二节　诗意校园的形象与景观设计

一、标识系统，传递诗意

学校的视觉系统，是学校办学理念与价值观念的动态化体现。

（一）校徽

校徽因其独特的传播力和感染力，在学校形象建设中居于主导地位。因此，在学校物质性载体上要使用一系列的校徽识别符，生动彰显学校个性，突出学校风格，在强烈的文化诉求中实现用最少的色彩表现最多的含义。学校的校徽是从师生中征集，由专业设计人员完善，并经全体师生在数种方案中投票产生的（如下图）。

1. 颜色解读

标准色——草绿，追求的是一种视觉的生长感和生命力，体现的是龙小在经典传承下洋溢的勃勃生机，包括绿色的环境、绿色的理念、绿色的诗意文化。

2. 标识解读

外框设计成一条绿色的动态龙纹，为增强动感，中间设有黄绿的渐变色，既可以解读为美术作品中富有儿童气息的龙纹样式，也可解读为“龙小”汉字的变体造型；龙纹中间的空白，设有两个类似英文“X”的一大一小手挽手变形人像，既可以与外框龙纹样式对应，解读成“龙小”的简称，亦可以理解为与外框“龙小”汉字变体造型呼应，师生在龙小这个诗意的氛围中互相滋润，快乐成长。

学校将标识系统渗入了学校生活的每一个细节中，如办公用品（名片、信笺、信封、资料袋、请柬、台历、贺年卡）、师生服饰设计、标识导向设计等，向社会传达着学校的诗意精神内涵，在推广的过程中实现应用与传达的双重功能。

（二）诗意龙娃形象

校园标识就像一面镜子、一把量尺，诠释着校园形象姿态，而学生形象则充分展现了学生的精神面貌和学校的育人目标。学校的诗意学生卡通形象是围绕“阳光、文雅、灵动”的特质，在学生中进行征集，开展创作比赛，并由师生共同选出的特等奖作品（如下图）。

小作者解读：我设计了两个小龙娃，左边的叫灵灵，右边的叫雅雅。因为我们都是龙的传人，所以把灵灵、雅雅的头饰设计成龙角。动作这么设计，是因为这样更能体现出我校学生灵动、文雅的特质。衣服这么设计，是因为这样更能够体现出学校的诗意形象，蓝色的衣服表示男生，粉色的衣服代表女生。

二、主体景观，彰显诗意

（一）建筑楼名

学校的各个楼名都经历了这样的流程：教师征集—专家论证—教师

民主讨论—定稿。一个楼名，就是一个典故、一份愿景，流淌着浓浓的诗意。如行政楼名“吟啸楼”，成语有“龙吟虎啸”，出自《周易》：“云从龙，风从虎。”唐人孔颖达对此解释为“龙吟则景云出”“虎啸则谷风生”。“龙吟虎啸”意指不同凡响。再如，图书馆名“探骊楼”，语出《庄子》：“夫千金之珠，必在九重之渊而骊龙颔下。”清代卓尔堪《海市歌》：“龙女仙衣湘水裙，掌上骊珠弄明月。”“探骊”喻指探求知识，成语有“探骊得珠”。

（二）诗书礼乐广场

校门口的中心广场营造了一种开阔的视野，与学校诗趣、童乐、人文的典雅体现融合，使之成为龙小的“地标”。四个2.2米高的立体玻璃大字“诗”“书”“礼”“乐”，辅以中式格纹的上下镶边，是学校办学特色的精髓注解。在强烈的视觉震撼之余，让儒雅的诗香气息迎面而来，且比德喻志，赋予建筑德性的光辉。

（三）文化大厅

作为中心广场画面的延伸，西面行政楼的大厅为整体展示学校诗意文化的主要场所，巨幅砂岩画与诗书礼乐石呼应，既成为中心，又是对学校办学理念的进一步注解，铜铸的孔子《劝学》篇赫然入目，“传承”“创生”“滋养”“绽放”八字四章造型凸显经典文化的厚重，体现出学校传承经典的坚定立场。

（四）诗词歌赋园

精致、雅静风格的园林建筑造型形成了一个个“天然屏障”，相对开放，彼此呼应，呈曲径通幽之态。以中华文学发展之路为主线，中间为“诗园”，地面辅以汉字凹凸块造型，四周依次配有词廊、曲园、赋园、小说园，呈“众星拱月”之势，零落辅以彩色的休闲座椅造型设计，实现了教育、休闲功能一体化。

（五）名家对影园

取“对影成歌”之意，有古代诗人的立体镂空剪影造型配以代表作的立体镌刻，走进其间，让经典文化气息熏染身心。后改建为“诗意创享园”，建“创 xiang 舞台”，设“文雅序活”涂鸦墙……这里已成为学生自由展示、欢乐互动的智慧空间与幸福乐园。

（六）千年国学穿越馆

学校图书馆是独立的四层建筑，借助现有与国学相关的书籍、板壁介绍，增添触摸屏，开发相关软件，建成灵动的“国学发展史”板块，让学生在阅读和探究中走进国学的昨天、今天，了解其中的关键事件、关键人物。在四楼的“教师书吧”辟建出一个“国学馨香小屋”，又称“季子庐”，教师、学生均可在其间享受咖啡与茶的芳香，相互讨论，进行思想碰撞，感悟国学厚重的底蕴和品性，激起创造明天的豪情。

学校还将园林文化渗透于主体景观，使之从任何一个角度望去，眼中都有绿色，典雅而充满生机。学校四季有花，用绿化营造瀑布的动感；尽可能地留出学生活动的场所，结合学校诗意精神的外在诠释，在地面凸显创意，给学生诗意活动的灵感。

第三节　诗意校园的特色打造

如果说主体景观从大处着眼，大气雅致，处处彰显诗意童趣，那么，从小处入手，拐角处的惊喜、小创意中的“绿色”理念，则是与学校大气候、大特色的相互呼应。细节见证品质，它更能体现特色文化的无处不在，是底色般的渗透、弥漫。

学校选择清新的绿色作为环境建设的主色调，既与办学理念相呼应，又可适度弥补原有建筑偏土黄的视觉暗淡，在每一处空间穿插点缀，从色彩上连成一个动态呼应的有机整体。

一、连廊文化

（一）“七彩情韵廊”

这是一楼文化大厅通向报告厅的“要道”，基于这一特殊位置，学校将其打造为日常的“学校百年发展史探询区”，更是“国学冲浪”互动街。在这里可以分年级、分主题让学生自由涂鸦，传递心声；可以发表新诗、交互点评；可以提问竞答、主动探究；可以进行成果展示，现场体验，彰显童真童趣……

（二）楼梯走廊

建筑是凝固的音乐。学校建筑不只是容纳师生教学的物质空间，更应该是表达办学理念的文化载体，成为学校特色的有力表述。为此，学校对教学楼之间的连廊进行了分层、序列式建构。

首先是墙面的展板，以草绿为主色，采用异型外框设计，西墙壁从课程、活动、特色、家校四方面来诠释学校的办学理念——为诗意人生奠基；东墙壁为“年级风采廊”，集年级特色展示与学生课间阅读的流动书吧为一体。各板块既侧重于经典传承，又彰显师生的个性和创生。这样的设计，既可以让师生对学校理念和文化氛围有整体的印象，又与广场中心地标遥相呼应，与园林建筑形成关联，成为联系各建筑群体的纽带，庄重大气，诗意灵动。

其次是廊顶的飘旗及廊两端的阳台，以“经典滋养”“诗意绽放”为系列进行分层建构，东西两边各四层。东连廊以“山水田园、诗书礼乐”加以序列统整，分别为“山育神秀，日吟一诗”——一至六年级课文中的古诗展板，以“山”为整体的设计背景；“水润娇荷，日挥一书”——学生书画作品、获奖小诗人及其诗作；“田陌纵横，日习一礼”——全校师生共同创作的《文明礼仪三字经》；“园自清雅，日歌一乐”——为学生量身定制的《龙小对韵歌》。西连廊以“梅兰竹菊、事规理志”为主题序列，分别为“梅动千载，日知一事”——《三字经》；“兰醉古今，日养一规”——《弟子规》；“竹摇倩影，日明一理”——《论语》精选；“菊傲金甲，日厚一志”——“中华名言”。

（三）专题连廊

根据各楼层各室的功能，师生共同设计，精心打造相辅相成的走廊文化。如美术、音乐专用教室所在的楼层为“艺术之林”，科学教室所在的楼层为“科技探秘”。

二、楼道文化

采用具有引导功能的路径方法，依循常规的视觉流线，按照由下而上的顺序，将六个楼梯主题化：诗香金手指、绿色读书节、小小达·芬奇、金色诗歌节、科技连连看、手指魔术师，尽最大可能反映学生在诗意校园里的阳光成长，设计宗旨为学生是永远的主角。校园的各个角落应该是学校诗意灵魂的补充，花坛边的木条座凳，拐角处的书架憩台，还有一瞥间的绿色盆栽，凸显年段特点的绿色“小问吧”等，都是诗意与童趣的体现。

三、班级文化

后黑板、班级小家务的建设、班级文化牌的设计以及每个教室用柜、放学班牌，都追求典雅的设计，体现功能与美观的统一。对文化外墙、创意小家具、班级文化牌的设计，每个年级都形成递进的序列主题，关注班级文化的个性彰显，从而成为班级文化建设的主阵地。

四、处室文化

各办公室有处室职责和规章制度，并有处室标志性的图片或图画，展现处室风格。室内物品摆放合理雅致，体现学校教师的诗意追求，形成诗意的办公气氛。在此基础上，将年级组特色文化的外在体现作为各处室文化建设的重要抓手，如教师群体自主设计处室诗意别名、创意格言等。

五、餐饮文化

饮食是一门学问。学校餐厅注重体现学校在饮食文化和用餐礼仪方面的个性注解。一楼用类似“菜根香的菜根谭”模式展示各种蔬菜的自我介绍，二楼用学生喜闻乐见的卡通形象直观展示饮食的搭配技巧，让学生在用餐期间也能受到潜移默化的文化熏染。

六、书香文化

学校图书馆的外形为圆柱体建筑，外立面的造型设计与广场上的“诗”“书”“礼”“乐”四个大字形成过渡与呼应，采用淡雅的颜色，利用镂空造型营造视觉动感；内在设计彰显书香、童趣气息，着力于空间感的提升。一层大厅六个画面形成系列主题，从“中华家族”“中华智慧”“中华文明”三个层面体现厚重的中华传统文化；二层“小小书虫”低年级阅览室和三层“读自快乐”中高年级阅览室，追求的是童趣和诗意；四层“一米阳光”教师阅览室，则是教师的心灵氧吧。学校师生徜徉其间，享受着书香、诗意，品读着苏轼“发奋识遍天下字，立志读尽人间书”的字字珠玑，相信他们一定会寻找到最美的诗句，做最好的自己。

七、运动文化

运动小贴士或学生热火朝天的活动画面精彩回放，布置于运动场的四周，形成学校运动文化宣传的窗口。同时，四周围墙上配有攀缘、摇曳植物，凸显学校特色的立体运动标识，与校徽交替呈现。小围墙也可有大风景，诗意校园阳光永在。

学校文化是“无言之言”，是无处不在的人文气息、精神氛围，亦是全体师生与众不同的气质风度，将学校形象充盈得鲜活、饱满。同时又是一个不断积累、积淀、创生的过程，历代师生共同认可、共同付出、共同创造、不断传承……执着于打造诗意校园文化的龙小人，就在这样一个建设、创造、受惠和享用的过程中，享受着彼此生命的拔节，诗意地栖居！

第四节　诗意班级建设的案例

班级文化是一个班级的灵魂，是每个班级所特有的。如果给班级文化定位，以时间为纵轴，可以分成三种形态：一是自己学生时代的班级文化（过去），二是自己任教班级的文化（现在），三是自己的孩子（或者你希望将来你的孩子）所在班级的文化（现在或未来）。以空间为横轴，家长、教师、社会等丰富的资源都可以成为班级文化的营养。从发展、优化的角度出发，教师站在学生立场来考虑班级文化建设，应先客观检视自己经历过的班级生活，提炼出可圈可点之处，再根据自己的教育理念和教育追求，与自己班里的学生一起利用有效资源构建理想的班级文化。这个过程是动态发展、充满挑战的。有这样的认识，教师会更加热爱自己的工作，对教师来说，与学生相伴的日子，每一天都是一种探索，每一种探索都会有新的发现，每一种发现都能促使教师和学生共同成长。

在班级建设过程中，我以“营造班级 4G 文化，陪伴孩子多元成长”为理念创建诗意班级文化，这里所说的 4G 文化，是由 4 个拼音字母以“G”开头的词语来引出的，即归属、故事、高贵和更新。

一、归属——和合文化

每一次接手一个新的班级，都是这个班级的发展节点，都意味着新机遇、新气象、新挑战。对于班主任来说，也是一个新起点，因为他们面对的是新的学生、新的家长、新的任课教师。一个新的班级，应该是一个新组建的温馨“家庭”。

1. 凝聚“家庭”成员，做好每个“第一次”

跟学生第一次见面，我会给他们定制一份特殊的见面礼。2013 年，我接手四年级（4）班的班主任工作，在前期与原班主任的交流中，我了解到这个班的学生话多，动作慢，做事有些拖沓。为了使学生更快适应新老师，也为了融洽师生关系，我买了香甜的冬枣送给班上的学生和各位任课教师，向他们传递“时时早、事事早”“合作才是最大的快乐”“自觉才是最大的甜蜜”等治班理念。学生们印象深刻，很快就接受了新老师。去年刚接手一年级，考虑到新生的心理特点，我特意给他们准备了熊猫形状的巧克力，以游戏的形式让大家得到礼物一起品尝，令学生们兴奋不已。这样的见面礼，既拉近了师生之间的距离，又让学生们觉得老师很亲切。与学生的第一次见面，可以有很多形式，比如，给学生播放一段“学长寄语”，通过上一届学生的介绍和祝福让学生了解你；也可以通过一段才艺展示，用你的魅力吸引学生的眼球……总之，要让自己像一块磁铁一样“吸”住学生。

跟全班学生家长的第一次见面，应该是在第一次家长会上。都说家长是“无证上岗”，新接班的第一次家长会，就是让家长们“补证上岗”的大好机会。一年级（5）班的第一次家长会，我利用幼小衔接这个节点，向家长强调了家庭教育无可替代的重要性，争取家长的全情投入；充分介绍学校的办学特色、重大活动、课程设置、作息时间，让家长心中有数；介绍自己的教育理念和本班的教师团队，并介绍了自己的班级愿景，让家长身临其境；最后提出为了达到这个愿景，学生需要形成怎样的生活习惯与学习习惯，家长需要保障怎样的家庭生活，让家长们明白自己需要怎么支持与配合。

跟任课教师的第一次正式见面，是在期初班情分析会上。我将原来的任课教师与新增的任课教师都聚集起来，对这个班学生的优势与劣势进行具体分析，并阐明自己的治班理念和目标，取得大家的全力支持。我还建立了任课教师的微信群，一方面便于大家联系和沟通，另一方面也是凝聚人心的有效方式。

2. 打造“家庭”环境，营造良好的学习、生活“开心屋”

在学校，教室是学生开展学习活动的重要场所，从早到晚，每天学生有七个多小时的时间（学习时间加休息时间）待在这里。作为班级的主人，学生们出谋划策，自己讨论如何布置教室。事实证明，学生的创造力是无限的，原本沉闷的教室在师生的共同努力下变得活泼而充满生机，成为师生共同生活的“开心屋”。这里有“创意吧”，展示学生的小创造；有展示墙，展示学生的书画作品；有播报台，可以像《新闻联播》一样现场直播学生收集的本周新闻；有阅读角，陈列着每个人带来分享的图书，一张地毯，几张小凳，学生或坐，或卧，一书在手，自在悠闲……多样的选择，多元的发展，都可以在这里寻找到出发的港口。

二、故事——理趣交融

故事人人都喜欢，更何况是孩子。书籍中的故事、新闻中的故事、校园里的故事、班级里的故事、家庭中的故事……只要这个故事能拨动孩子们的心弦，促进他们生命自觉地萌发，就是好的教育资源。在班里，我们一起听故事、读故事、讲故事、编故事、创生故事。

用于良好习惯的养成，要用故事加上评价。我们将《大卫上学去》《大卫，不可以》等图书纳入一年级入学课程中，引导孩子们尽快适应小学生活；针对孩子们喜欢告状的普遍现象，我们一起读了《不要告状，除非是大事!》，让孩子们学会甄别什么样的事需要立即告诉老师，什么样的事可以和同学直接交流。因为读了《肚子里有个火车站》，孩子们懂得了去呵护自己肚子里的小精灵们，爱吃蔬菜和水果，不挑食，因为他们知道，小精灵们健康，他们才会健康；因为读了《牙齿大街的新鲜事》，他们一点儿也不希望哈克和迪克在他们的牙齿里面造别墅、建游泳池，再结合道德与法治课上所学的刷牙方法，按时刷牙就不再是难事……仅仅一次阅读，当然还不足以形成习惯，每周我们都会列出重点培养的习惯，请家长和教师共同关注，每天评价，每天反馈。

用于价值观的引导，要用故事加上讨论。对小孩子讲道理，效果微乎其微。但是如果换成用读故事的方法来引导，效果就立竿见影。低年级很多的绘本故事我们可以智慧地运用：《今天运气怎么这么好》这个故事中可爱又健忘的大灰狼，就像一个爱丢三落四的小孩，低年级孩子在笑声中看到了自己的影子，也颠覆了传统的大灰狼形象；从《彩虹色的花》《绿巨人》等故事中，孩子们读出了心地善良、乐于助人的人最美。对中、高年级的孩子，则可以用《智慧背囊》《时文选粹》《读者》《意林》中的故事来进行引导，引导他们针对故事中的人和事展开讨论，在不同观点的碰撞中，在深入的自我反思中，向上、向善、向美的班级舆论和精神导向自然形成。

用于知识的拓展，要用故事加上实践体验。运用故事推开一扇认识自然的窗，打开一扇走进社会的门。我们要做的是“授之以渔”，用有趣的体验告诉孩子们，大家一起努力可以使故事更生动、更丰厚。如通过开展“你好，春天！”主题活动，带领孩子们走进大自然寻找春天并汇报自己的发现，不仅让孩子们学到了有关节气的知识，也让孩子们感受到了春天的活力与生机。

用于小队合作的指导时，要舍得给孩子们时空去创生故事。从一年级的岗位小组，到二年级的小队初建，再到中年级的小团体引导、高年级的小队成型，在引领、指导的同时，更要让孩子善于发现每一次活动中团队成员身上的故事。那些默默付出的故事，那些执着练习、不断改进的故事，那些不愉快的故事，那些队友间互相支持、谦让、自我牺牲的故事，都是孩子们成长的阶梯。

用于学科的学习，要善于给孩子们搭建适切的平台。在学完拼音后，及时组织孩子们开展第一次班级共读，让孩子们轮流读注音故事，并展开相应的评比。如让男生和女生轮流给大家读《一年级的小豌豆》和《一年级的小蜜瓜》，让孩子们在倾听和互动中培养听、说、读的能力；每天的班级生活丰富多彩，酸甜苦辣皆会成为美好的回忆，于是我们便想记录、分享这些故事。从早读课风波到数学课插曲，从课间生活到大课间的长程系列游戏，从校园生活拓展到家庭生活，内容丰富，无所不有，记录的形式也从四人小组循环日记到每周一次的“大嘴说新闻”“龙娃说事”，再到后来的每周班报。在我们看来，故事，就是大家的精神食粮。

三、高贵——贵族精神

我校地处城乡接合部，非本地生源占了60%～70%。这些学生的家长很多都举家来到这里生活、工作。尽管他们的生活条件称不上贵族，但是在精神上，我们要给孩子们打上成为贵族的精神底色。贵族精神的三大支柱是文化教养、社会担当、自由灵魂，而这恰恰与我校的学生培养目标不谋而合。

1. 文化教养

什么是文化？龙应台说，文化其实体现在一个人如何对待他人、对待自己，如何对待自己所处的自然环境。品位、道德、智能，是文化积累的总和。什么是教养？工具书上说是文化和品德的修养，但我更愿意解释为让别人舒服的习惯。如何培养学生的文化教养呢？第一，我校有自编的《文明礼仪三字经》，渗透了“阳光、灵动、文雅”的学生特质，在诵读与实践的结合中逐步培养。第二，作为班主任，我会从细节上通过故事来引导学生做一个有教养的人。早晨到校，先开窗，打扫，做到窗明几净；课间，不高声喧哗，以免打扰同学阅读或做作业；关门时，看看后面是否有人；上完体育课，要把脸洗干净，在下一节课上即使很热，也不要用本子扇风；老师讲解练习时，要主动把练习本转向老师；全班出去春游，男生总会自觉站在一边，让女生先上车。第三，抓住富有教育价值的资源大做文章。一次，班上一位武警家长组织全班同学去军营参观体验，并热情邀请我们中午在军营吃自助餐。尽管在出发前已经对用餐礼仪进行了提醒，但一些男生特别兴奋，有的打了满满的一盘菜，结果吃不完剩下很多，有的不好意思剩下，就硬塞下肚，结果有一个孩子离开餐厅时，没走几步就因为吃得太撑而吐得一塌糊涂。回来后，很多孩子在日记中写到了此事，我们还专门开了一个主题班会——从如何吃自助餐说起。孩子们从本班同学经历的尴尬事谈起，说到自己跟着父母吃自助餐时的事，由此谈到了用餐的礼仪和修养。在层层分析的过程中，他们进行自我反思，并审视学校同学用餐时的礼仪，利用升旗仪式向全校发出了倡议。

2. 社会担当

每一个孩子都要走向社会，应当学会遵守规则，具备初步的公民意识，具有良好的社会公德，主动参与社会实践活动，形成“亲社会”的情感及能力。

我们的起点在班级，班级管理就是孩子应当承担的责任。

回归家庭，指导孩子种下爱父母、孝亲长的种子，是我们的责任。在三八妇女节来临之际，我们请家长走进课堂教孩子们做衍纸贺卡、纸制康乃馨，用自己的劳动成果给长辈送去祝福；劳动节，让大家动手给父母做一顿爱心早餐；母亲节，让孩子们给母亲送去一份特殊的、用钱买不到的且以前没送过的礼物，诸如帮妈妈剪指甲、洗脚、做黄瓜面膜等有新意的礼物应运而生；端午节，让孩子们回家与家长一起学包粽子、学编网兜；品德与社会课上学到“父母的烦心事”，我们就组织孩子们开展调查采访活动，放学后采访来接孩子的家长，重点了解自己父母的难处，让孩子在帮助父母解决困难的过程中增进亲子关系。

在社区，孩子们与社区工作人员沟通，开设“道德讲堂”，宣传文明；他们募集冬衣，为贫困伙伴送去温暖；他们采访物业和业主，做他们沟通的桥梁；他们定期慰问养老院的老人，为他们送去歌声与微笑；他们领养社区小树，为环境绿化尽心尽力。在社会，他们无数次参加一加爱心社、清泉爱心社组织的活动，义卖玫瑰，捐款捐物；他们利用暑假开展“我挣20元”的活动，体验劳动的艰辛；他们携手家长走进安徽天堂寨希望小学，为他们送去爱心善款和图书、玩具，完成了难忘的“爱心苦旅”，获常州市暑期实践活动一等奖；他们自发地为三井实验小学遭受火灾的家庭捐款；他们从“走进三百六十行”的班队活动中受到永琪车业自行车发展的启发，深入研究小课题，获常州市小队研究性学习一等奖；外出开展综合实践活动时，每个学生都会多带一个垃圾袋，用来装走游玩场地上所见的食物包装袋……付出关爱，成长已经成为他们自己的责任。

3. 自由灵魂

自由，意味着生命的自觉。通过多元评价活动引领自觉：优秀岗位组，从被动走向自觉；岗位之星，从单一走向多元；过程性评价，从散点走向全面；日省“五问”，从被管走向自管；期末评优自主申报，从统一走向个性。

自由，还意味着有自我规划。在六年级这个黄金时期，我们组织了“走进三百六十行”班队活动，孩子们经历了暑期的“我赚50元”活动，初步体验了赚钱的艰辛；孩子们经历了国庆假期的自主采访活动，采访了自己的家人，采访了周边的医生、宠物店老板、警察、营业员、导购等20多种职业人员，知道了不同的工作各有不同的辛苦与价值；通过探秘“城管生活”，孩子们对城管这一职业有了新的认识，达成了“只有互相理解、互相尊重才能构建和谐社会生活”的共识。在此基础上，孩子们写下了自己理想中的职业。我们还邀请了几位家长为孩子们“开讲”，为他们打开一扇窗，了解自己的理想职业的特点以及工作要求，确立自己的人生目标。即使孩子们今后的职业意向有改变，这一阶段的努力也会成为他们人生中宝贵的财富。在此基础上，孩子们以小队为单位开展了参观体验“三百六十行”活动，最后初步形成自己的职业规划。有了规划，就有了方向，有了目标，路径会更清晰。

四、更新——合作探索

在一个集体中，很难想象一成不变的生活会是多么枯燥，所以，我会有效激发孩子们的主人翁意识，不断更新班级生活，跟上他们成长的脚步。一年级的孩子，在讨论安全的课间生活之后，会跑来和我说：“老师，我觉得厕所门前应该有个监督员，不然小朋友跑着，挤着，很不安全。”这是需要增加岗位。四年级的孩子觉得黑板报用来展示他们的作品，满足不了他们每一个人的需求，他们会跟我说：“能不能多一面墙给我们，让大家能看到每一个人的作品?”这是需要增加个人展示的平台……于是我们的班级生活总是很新鲜。

1. 拥有一段丰富的午间时光

四年级的少先队代表大会上，很多孩子提到非常希望拥有属于自己的午间时光，同时孩子们也谈到了自己的担忧：如果老师放手，教室里是否会出现混乱？于是，经过全班讨论，有了我们班特有的“午间时光”。每天中午用20分钟时间给孩子们自由组织喜爱的活动。“哈哈乐翻天”“小小故事会”“我的个人秀”等栏目受到所有学生的欢迎，后来在全校推广，并由此有了我校的品牌活动“午间微课程”。到了高年级，孩子们建议把午间课程与语文、数学、英语、综合等学科进行整合，使之成为与学科互补的活动课程。到了六年级，又根据需要，更新为“新闻联播”“游遍名城”“烦恼热线”“以史为镜”“书文荟萃”五个栏目。“新闻联播”传播正能量；“烦恼热线”让大家展开热烈讨论，引起共鸣，最后给出网上查来的“科学建议”；“以史为镜”让大家从历史故事中汲取精神力量。六年级时，我们读《西游记》白话版，也是在这个平台，开拓了“诸子讲坛话西游”，硬是啃下了名著这块“大骨头”。

虽然午间课程表面上增加了孩子们的负担，但因为这是他们自己的选择，且与班级生活紧密相连，每个中午都像在谈班里的事儿、谈自己的事儿，既有亲切感，又有成就感，也就谈不上压力了。很多问题，我不需要另辟蹊径去解决，在辩论中，在故事中，在几句点评中，是非对错就很明了了。更重要的是，他们知道适时而“动”。这不正是“灵动”的一种体现吗？

2. 享受一分钟的独特体验

一分钟体验课程也是我和孩子们的创生，起源于一个“一心二用”的实验——左手画方，右手画圆。孩子们觉得很有趣，说这种活动形式他们很喜欢。我也觉得很高效，花很短的时间，就能让学生获得深刻的体验。于是后来就有了“一分钟鼓掌”，孩子们先估计自己一分钟可以鼓掌的次数，再实际操作一遍，便会发现，自己的潜力原来无穷大。当值日生发现本班同学一点都不爱惜自己的凳子，他们在公告栏、黑板上写上温馨提示的话语仍不见效果时，他们就提议体验“一分钟无凳坐”，搬走凳子，保持端正的坐姿一分钟，再让大家谈感受，凳子在我班的“待遇”就此提高了许多。诸如此类的“一分钟噪音体验”“一分钟写字”“一分钟排队”等都让孩子们留下了深刻的印象。

3. 每一次不同的家长讲坛

一位三年级的学生在日记中写道：“我觉得做家长很轻松，只要每天上上班，或者买买菜、做做饭。”于是我请来了有代表性的两位家长，让他们走进课堂，给孩子们讲述他们的工作。通过“答记者问”环节，孩子们改变了想法，对父母的行为、职业有了新的认识。后来，更多的家长走进课堂，或给孩子讲如何做“心肺复苏”，或教他们制作贺卡、纸花，或带领孩子们走出教室，参观军营，走进汽车公司，或组织孩子们参加野外拓展训练。每次内容各不相同，令孩子们充满期待。

在有归属感、故事味儿浓、有高贵精神的班级文化中，学生是主体，他们是阳光的、灵动的、文雅的，但是作为教师的我们，应是主导。班级生活这台主机，需要不断更新与升级，才能满足学生成长的需要，才能永葆班集体蓬勃的生命力。

（本节撰稿：陈亚兰）

第九章 诗意教育的评价

诗意教育评价是根据诗意教育的育人目标，运用灵活、丰富、多元、智慧的评价方法，对教育活动、教育过程和教育结果进行评价，为提高诗意教育质量和完善诗意教育方法提供依据的过程。

第一节　诗意教育评价的原则

当前社会对教育的期许产生了一些偏差，对教育的评价多了一分功利与浮躁，诗意教育评价应重过程而轻结果，重鼓励而轻惩罚，重多元而轻统一，重发展而轻速度。如何引导与激励广大师生积极、健康、和谐、诗意地向前发展，学校诗意教育评价需要遵循以下原则。

一、情趣性原则

情趣，指情调、趣味。这是诗意教育评价为区别于其他教育评价生硬、死板和冰冷而提出的。它要求评价的场景是温馨的，气氛是民主的，态度是温暖的，语言是幽默的。

诗意教育通过充满情趣性的评价，充分调动与激发学生的内在发展需求，挖掘其智慧潜能，使其产生浓厚的学习兴趣、积极的情感体验，并形成较强的内省反思能力，在趣味中获知，在求知中得趣，在自省中明理，促进学生全面和谐地发展。

二、灵动性原则

灵动，即活泼，不呆板，富于变化。诗意教育是灵动的，它要求评价的方式是灵活的，评价的主体是多元的，评价的过程是开放的。娓娓动听的引领、深情鼓励的目光、一句善意的提醒、一个温柔的手势……教师的一举一动、一颦一笑都应该纳入评价的范畴。

诗意教育通过灵活多样的评价，促进师生彼此分享思考的快乐、顿悟的惊喜、激情的燃烧、真情的涌动、灵性的焕发、情感的融合、心灵的碰撞。流畅而又和谐的教育评价过程，蕴藏着起承转合的韵味，散发着曲径通幽、起伏跌宕、峰回路转的芳香，处处充满着诗意。

三、审美性原则

审美，就是感受美、鉴赏美、表现美和创造美。诗意教育评价要求评价的目的是让学生发现美、感受美，评价的过程能够让学生表现美、展示美，评价的结果能够提升学生鉴赏美、创造美的能力。

诗意教育通过教育评价的手法与手段，对教育客体、教育主体、教育过程进行艺术性的评价，把对教育内容美、教育活动美、教育形式美的欣赏和创造和谐统一起来，引领学生浸润在诗意般的教育情境与氛围之中，深刻体验其中所包含的教育意蕴，从而提升精神力量，促进学生全面、和谐、健康地成长。

四、生长性原则

生长即成长。诗意教育评价要求尊重学生成长的差异性，评价尺度个性化，相信每个学生有生长、发展的无限可能。

诗意教育通过评价让每个学生自由、自主、本真地生长，感受内心的力量与精神的丰盈，促进学生心灵的舒展与个性的张扬。它给予每个学生差异化的尊重与培养，以人性化尺度的评价，促进每个学生选择性地发展与提升。用最适合的教育思想催生出最好的教育实践，让学生有充裕的时间体验和沉思，并自由地发展心智能力，形成阳光心态和健康人格，增强学生的自尊和自信，使学生内心变得越来越充实和富有力量。

第二节　诗意教育评价的操作路径

要让诗意教育在学校落地生根，并扎实、有效地向前推进，最终达成“为诗意人生奠基”的办学目标，诗意教育评价的实施显得尤为重要和关键。通过几年的实践和研究，学校基本形成了诗意课程、诗意课堂、诗意教师、诗意学生的评价基本样式。

一、诗意课程的评价

学校对诗意课程的评价从三个维度展开：一是对课程开发进行评价，

二是对课程实施过程进行评价，三是对课程实施成果进行评价，由此最终形成诗意课程评价方案。

（一）对诗意课程开发的评价

主要通过三层会议（学校核心研究组建构、专家指导论证、教师建议征询）研究，对学校诗意课程整体架构的科学性和发展性进行充分论证。

1. 诗意课程开发评价小组的构成

为了保障和促进学校诗意课程的开发，学校成立了诗意课程开发评价小组。

组　长：钱丽美

副组长：顾惠芬、金华、许华章

组　员：徐彩芬、倪敏、殷利丹、陈亚兰及各课程开发骨干教师等

专家委员会：省、市、区级课程专家（特邀）

由诗意课程开发评价小组对学校课程的顶层设计及各课程开发情况进行全程调控及评价，并根据评价结果对课程进行动态调整。

2. 评价的标准和原则

一要基于学校诗意教育的发展理念，二要能实现诗意学生的培育目标，三要确立、建构和实施动态互动生成原则，并最终形成学校诗意课程评价方案。

3. 评价的运作方式

每月召开一次课程开发评价会议，由组长召集进行评价。参加对象为相关副组长、按计划排序课程开发主要负责人及特邀专家。

每学年进行一次面向全体教师的诗意课程开发问卷调查，作为课程开发、储备师资等方面的基础。

（二）对诗意课程实施过程的评价

对诗意课程实施过程的评价主要结合诗意课程的实施总纲和分学科实施指导建议来确立科学的评价标准，以学业水平过程性评价表、学生综合素养评价表、诗意课程考核项目表、诗意课堂评价表为依据进行评价。

1. 评价的责任部门

教导处、教科室以诗意课程考核项目表、诗意课堂评价表为抓手，学生发展处以学业水平过程性评价表、学生综合素养评价表为抓手，对诗意

课程实施过程进行评价。

2. 评价的运作方式

教导处、教科室在每月组织的日常课教学、研究课活动中主要落实诗意课程考核项目表和诗意课堂评价表的要求，明确导向；学生发展处在每月组织的各学科能级考核中主要落实学业水平过程性评价表和学生综合素养评价表的要求，从而最终落实诗意课程的实施理念和诉求。所有评价等第均通过教职工代表大会后纳入学校绩效考核体系，以确保诗意课程的实施落到实处。

诗意课程考核项目一览表

	优级标准	2月	3月	4月	5月	6月
记载本（每月）	优级：每月准时上交，且各栏填写详细，字迹端正，学习过程环节清晰，效果反馈实在有效。 良级：需提醒方能准时上交，各栏均已填写，但不够细致完善，部分反馈漏写。 合格：需再三提醒方能上交，且记载简单，提出的问题次月没能得到改进。 不合格：未交。					
课程执行（每月）	优级：能提前三分钟进入教室，维持学生秩序；严格执行课程计划，不随意挪作他用；学习活动清晰有效，学生兴趣较高。 良级：基本准时进教室，能执行课程计划；课堂秩序良好，学习活动有效。 合格：能执行课程计划，但学生纪律较为混乱，教师未能引起重视。 不合格：迟到，没有执行课程计划。					
教研活动（每学期一次，由学科组组织）	优级：准时参加教研活动，不拖拉；记载认真；活动中发言积极，且有个性的思考。 良级：基本准时参加教研活动；活动过程中较为认真，极少做与活动无关的事。 合格：迟到，且活动中表现心不在焉。 不合格：未参加活动，且事先没有请假。					

（续表）

	优级标准	2月	3月	4月	5月	6月
书香沙龙	优级：按时高质量跟帖。 良级：需提醒方能跟帖，质量基本符合要求。 合格：需再三提醒方能跟帖，且质量一般。 不合格：网络直接下载，或再三提醒后也未完成。					
课程开发（学期）	优级：能主动承担新的课程开发任务，且有思考，有策略。 良级：在执行课程的过程中能有自己的思考，且主动与责任人交流。 合格：只是承担了课程执行者的角色。					

（三）对诗意课程实施成果的评价

对诗意课程实施成果的评价，表现形式为成果的展评，实际最终指向的是人，是学生的成长与收获。

1. 评价的责任部门

学校对诗意课程实施成果的评价主要纳入学校的两大文化节中，上半年为诗意文化节，下半年为国学迎新特色活动。届时将由学生发展处牵头，学校多个部门合作，并邀请社会贤达、家委会成员、专家、全体师生等共同组成评价委员会来进行评价。

2. 评价的运作方式

对诗意课程实施成果的评价采用形成性激励评价和表现性评价相结合的方式，注重学生在课程实施过程中所表现出来的积极性、合作性、探究性和创新意识。对诗意课程实施成果的评价主要采用自我评价、档案袋评价、他人评价。评价方式多样化，例如，口头称赞、写评语、给学生提供个性展示的园地等。尤其是在“经典滋养特色课程”中还将评价与活动结合，如开展“背诗大王”月冠军及年度冠军赛、每年“六一”的古诗游园活动、每年元旦的“携手国学经典、叩响新年钟声”活动，以及中华经典诗文吟诵大赛、古典诗文情景剧大赛、古诗专题研究展板评比活动等。

二、诗意课堂的评价

为了更加科学地评价诗意课堂的质量，我们根据诗意课堂的规程要求，制订了诗意课堂评价表，评价表结合学校诗意课堂打造的需求进行量身定制，诗意课堂规程和诗意课堂评价表中的三个核心要素和九个亚元素体现在课堂的每一个环节和活动中。我们期望通过诗意课堂评价表的实施，促进龙小课堂向诗意课堂转变。

首先，学校层面组织教师进行全员培训，对诗意课堂评价表的三个核心要素和九个亚元素的内涵进行解读，让每个教师初步认识与理解诗意课堂评价表实施的意义和价值。在学习的过程中，教师的教学理念和教学行为方式将不断转变。

其次，教研组层面组织全组教师将课堂评价表的指标与学科内容、教学方式、教学方法相结合，对传统教学行为不断地进行纠正，经历了一个“归纳—演绎”的过程。

再次，学校层面每月组织一次全校课堂调研，调研的方向和评价依据就是课程实施中诗意课堂评价表的落实。由教导处牵头，组织年级组组长、教研组组长和学科骨干教师随机走进学科教师的日常课堂，依据诗意课堂评价表标准，对教师的课堂进行调研分析，并由教研组组长汇总本年级本学科的课堂调研情况，由学科组负责人汇总学科总体的诗意规程落实情况，在月中行政会议上汇报反馈，总结经验，发现问题，提出解决策略与后续跟踪策略。最后在月末的“馨竹论坛”上进行全校汇报，保证各学科诗意课堂规程的有效落实，从而有效保证诗意课堂的教学质量。这种随机调研式评价带有一定的强制性，面向全体教师，有较强的推动作用。但在操作中要注意实施的分寸，一方面要克服形式主义走过场，另一方面要考虑教师的承受度。只有外在评价与自我内化相辅相成，有机协调推进，才能起到较好的评价效果。

龙虎塘实验小学语文学科诗意课堂教学观察表

<table>
<tr><td>学科</td><td></td><td>课题</td><td></td><td>课时</td><td colspan="3"></td></tr>
<tr><td>班级</td><td></td><td>执教者</td><td></td><td>日期</td><td colspan="3"></td></tr>
<tr><td>主题</td><td colspan="7"></td></tr>
<tr><td>环节</td><td colspan="4">观察指标</td><td>诗意元素
重点渗透</td><td>分值</td><td>得分</td></tr>
<tr><td>常规积累</td><td colspan="4">1. 与核心教学内容有关联，能使全体学生主动参与，并具有积累性。
2. 活动方式有趣味，组织形式灵活、合理。</td><td>趣味
愉悦</td><td>10</td><td></td></tr>
<tr><td>开放式导入</td><td colspan="4">1. 问题开放、面向全体、有层次，能促使学生从不同角度和不同层次思考。
2. 能对学生的不同应答进行梳理，促进资源生成与整合，推进后续活动。</td><td>主动
开放</td><td>10</td><td></td></tr>
<tr><td>核心过程推进</td><td colspan="4">1. 目标明确，体现学科育人价值，板块清晰，体现年段要求和能级培养。
2. 能设计有层次、多角度、能推进的学习活动，有利于学生进行自主、探究性学习，有利于师生之间和生生之间进行有效的交往互动，有利于优质新资源的生成。
3. 能及时捕捉学生的新问题、新方法等过程性资源，并合理转化利用。
4. 能组织建立在独立思考基础上的有效合作性学习，使学生能围绕核心问题进行有效倾听、讨论和质疑，培养学生独立思考和合作学习的能力。
5. 形成有效的课堂质量反馈方法，对学习质量进行即时反馈和延时反馈。</td><td>情趣
灵动
向美</td><td>50</td><td></td></tr>
<tr><td>开放式延伸</td><td colspan="4">1. 对教学过程进行重点性、针对性概括，提炼方法结构。
2. 学习体现主动性和创造性，并能进行类比式和结构式延伸。</td><td>主动
创新</td><td>20</td><td></td></tr>
<tr><td>作业质量</td><td colspan="4">1. 有贴切的不同方式的书面和口头练习作业。
2. 作业设计注意开放性、层次性和探究性，体现学科育人性。</td><td>愉悦
开放
创新</td><td>10</td><td></td></tr>
<tr><td>合计</td><td colspan="5"></td><td>100</td><td></td></tr>
<tr><td>建议</td><td colspan="2"></td><td colspan="5">评价教师签名：</td></tr>
</table>

三、诗意教师的评价

诗意教师的评价要发挥展示、改进、激励的功能，把评价看作教师展示才华、追求卓越、完善自我、不断发展的过程。评价要能肯定教师的成绩和进步，发现和发展教师的特长，激发教师的成就欲望；要能为教师提供改进工作的反馈信息，帮助教师反思和总结教学中的优势和不足，分析产生问题的原因，探讨解决问题的途径和方法；要能帮助教师确立自我发展的目标和未来的专业发展方向，引导教师以社会主流价值为导向，将个人价值与社会价值融为一体。诗意教师的评价最终指向为诗意教师的成长服务。

根据评价主体的不同，诗意教师的评价可分为以下几类。

（一）行政评价

以校长为核心的学校行政部门通过撰写生日贺卡、月常规考核、日常课堂考核等方式，依照相关诗意教师标准，对教师实施评价，以促进教师诗意成长。

（二）同行评价

诗意教师互评具有很多优势，如彼此熟识，交往较多，认识较深；可就近观察，了解被评者日常工作的表现；可培养教师之间共同协作、相互学习的教师文化。学校可以组织教师依据相关诗意教师标准通过评选年度感动人物、民主推荐各类个人奖项的方式对诗意教师进行评价。

（三）自我评价

自我评价就是诗意教师根据学校制订的诗意教师评价表，对自己的表现进行评价，让教师自我了解、自我反思、自我改进。通过组织教师年度述职、月反思等方式增强教师对评价的参与感，给教师提供一个自我表达与展示的机会。

（四）家长评价

家长评价是指家长通过学校开放日、家委例会、问卷调查等形式参与到诗意教师评价中来，这是诗意教师评价的一个重要组成部分。

（五）学生评价

学生评价可通过结构性或非结构性的问卷调查、集体座谈等形式来进行。学生最接近教师，对教师的感受最直接、最深刻，在各类评选、晋升中，学生评价是诗意教师评价的一项重要依据。

四、诗意学生的评价

具有明确的目标对学生而言很重要。很多学校对学生提出的要求从曾经的“德、智、体全面发展”转变为“德、智、体、美、劳全面发展”；从过去的“三好学生”发展为“新三好学生”“五好学生”；为了照顾那些达不到全面发展但某方面出色的学生，我们又从过去的各种全面发展衍生出各种名称的单项奖。但这是学生真正需要的评价吗？那些每年都被评为“三好学生”的孩子真的全面发展了吗？他们的发展目标又是什么？那些既没有全面发展又拿不到单项奖的学生就不需要发展、不需要前进的动力了吗？

鉴于这样的思考，学校把对学生的培养目标定位为做“阳光、灵动、文雅”的诗意小龙娃。我们针对各年段学生的特点提出了培养的侧重点，一至六年级分别为“礼”“合”“责”“志”“活”“乐”，并对每个年段学生的培养重点进行了细致的解读，分步达成育人目标。学校的育人目标也是评价学生的标准。我们用贯穿小学六年、每个学期的长程评价线，串起了每个学生的成长珠串。

（一）学期初的评价公约——你我约定，明确追求

每个学期初，班主任会细心解读年级学生培养目标，和学生一起制订学习目标，并以浅显易懂的方式，以年级组相对统一的名义提出。这既是学生努力的目标，也是学期末评价学生的标准。以一年级为例，总目标为“我是神气的礼仪星”，下设课堂小明星、朗读小明星、作业小明星、书包小达人、红领巾小达人、劳动小能手、阅读小书虫等，都制订了与年段特点相匹配的具体要求，指向一年级学生的培养目标——“礼”，这样更有利于低年段学生良好习惯的培养。

（二）学期中的实时评价——明星评选，定时记录

有了明确的目标，学期中便能合理操作，师生皆能有序、有效地开展

各项活动。

1. 人人争当“大明星”

学生发展处每月初都开展“校园之星”评比活动。“校园之星”都是在各班“班级之星”的基础上评选出来的。而“班级之星”又是根据年级培养目标在班级开展的各项评比活动中通过学生自荐与同伴推荐产生的。每个月的班级明星的照片与事迹都会张贴在班级外墙上，每个月的校级明星的照片与事迹都会做成宣传版面张贴在校门外的宣传栏，让家长在照片与文字中明确孩子的努力方向。

2. 用图文记录成长的足迹

学校多年来一直使用学生成长档案袋，并不断完善。现在使用的《学生成长册》为每学年一册，内容有“我的名片”“我爱我班”“我爱我家”“班级岗位我锻炼”“多彩活动我参与”“博览群书我快乐”“个性作品我展示”“品读国学我灵动”“多元评价我成长”“我的素质报告单”等。以“多彩活动我参与”为例，每次开展活动后，班主任会及时指导学生做好记录，低年级学生多以照片、绘图并辅以简短的文字来记录，而中、高年级学生可以文字配照片的方式来记录。

在每个班级的教室里，都有一面学生的作品墙。每个学生都有一个属于自己的透明文件袋，每每有作品、证书等都会及时在这面墙上展示，让全班学生第一时间看到，这是班级层面的“个性秀”。而在黑板报和班级外墙上，教师会展示学生在活动中的身影和活动后的心得感受，这既是一种梳理，给学生制作自己的成长册做示范，也是让家长和其他学生了解班级的窗口。

（三）学期末的全面评价——评语导行，全面评优

每个学期的结束意味着新学期的开始，对于学生来说，学期末教师和同学的评价，既是对本学期的总结，更是对新学期的指导。

1. 多彩评语，人文关怀

有经验的班主任会发现，给学生写评语能衍生出很多有价值的教育资源。要让评语触动学生的心灵，发挥最大的教育作用，这里边大有文章可做。写评语只是教师的事儿吗？未必。让学生、家长都参与进来，写评语这件事儿才变得更有生活的乐趣，更有教育的味道。

（1）自我评价——以己为镜可前行。

① 低、中年级：“我的荣誉我来写”。

由学生自己回想参加过哪些活动，获得过哪些荣誉。当然，荣誉可以是多

种多样的，各种奖状、老师的表扬卡、同学的赞许，都可以梳理出来。这样做，能让学生学会回顾，增强学生的自信心。低、中年级采用此法比较合适。

② 高年级："回眸我的一学期"。

对于学生来说，每个学期都有许多值得回忆的东西，如成败得失、喜怒哀乐，让他们用自己喜欢的方式表现在纸上，标题可以用"我的这学期……""回眸……"等，教师可以给出几项固定的内容，如"读过的书""我的收获""失败与教训"等，学生表现的形式较自由，如诗歌、漫画、小散文等，配上喜爱的各色图案。在回顾的同时，学生也会对自己一学期的生活做出评价。

（2）同伴互评——学会欣赏与竞争。

为了促进学生互评，让学生自由选择伙伴、朋友写写他们对自己的评价。同伴互评，充满了鼓励、温情和期待，学生往往能重拾信心，再一次鼓起希望的风帆。

（3）家长参与——父母心声细聆听。

家长是孩子最早也是任期最长的老师。为了全面了解学生，教师有必要听听家长对学生的评价。但仅仅与家长交流，显然会忽略学生的感受。"聆听父母的心声"这个栏目，就是让家长在学期末针对孩子一学期的表现，对孩子说说心里话，同时，教师也能从中获取一些有效的信息。

（4）教师寄语——呢喃细语传真诚。

给学生写评语，班主任不能简单评价，一定要做到有理有据，让学生心悦诚服。平时班主任会准备一本班级手册，随时记录学生的大事小事，如作业情况、参与活动的表现、获得的荣誉等。当然也会结合值日班长的详细记录，客观、公正、激励性地评价学生一学期的表现。

评语能让教师了解学生成长的轨迹，学生也能从这些丰富的评语中获得反思和成长的动力。教育无小事。即使写评语只是教育过程中一个很普通的环节，也要让它绽放教育的光彩。

2. 学生评优，旨在激励

在梳理一学期学生的成长与收获的基础上，学校还开展评优活动。学生评优，既有肯定学生多方面发展的"希望之星"，也有激励学生某一方面表现优异的"单项明星"，而且奖励的比例超过了全校学生人数的50%。每学期的学生评优，都要经过重温目标、自我申报与同伴推荐、班会讨论、民主投票这样几个步骤。这样的过程，更能提高学生的自我评价能力、与同伴的合作能力等。

综上所述，我们的评价贯穿学期始终，让每个阶段的学生都有不同的提升空间和奋斗目标。

第三节　诗意教育评价的典型案例

在实施诗意教育评价的过程中，由于评价方式的灵活性和多元性，出现了许多生动、有特色的典型案例，这些案例推动着学校的诗意教育评价向更深入、更广阔的方面发展。

一、诗意课程评价案例

下面是一份来自诗意文化节中关于诗意课程评价的方案。这份方案充分体现了学校诗意课程情趣性、灵动性、审美性、生长性四大原则；体现了评价是为了更好地提升课程品质，是为了让更多学生参与、让学生感受成功的理念；真正做到了社会、家庭、学校、师生共同参与评价。

我们秉承“以评促学”的理念，在活动结束后展开反馈反思例会。以“学生体验”为主题进行评价活动全程重建，在此方案的基础上，确立了下一次活动的研发方向——更贴近学生，更贴近生活，让更多学生参与。

2017年上半年校本课程创意体验活动安排方案

一、活动时间

2017年6月1日下午1:30—3:00

二、创意设计

全体校本课程教师根据校本课程内容开设创意体验活动项目。

三、体验原则

参与互动性、情景趣味性、综合成长性。

四、操作方法

各校本课程教师依据体验原则，设计校本课程创意体验活动，在教室门口张贴海报，标明创意体验项目名称、活动方式、评价方式和每场次活动时长（根据总时间1.5小时，可以算出开设几个场次）。学生根据自己的喜好，排队参加各场次的体验活动。校本课程教师可以让原来学习课程的学生作为小助手或小讲师，组织校本课程体验活动，可以先进行教学，再让学生进行练习，最后进行评价。

五、活动准备

1. 提前买好相关活动材料。

2. 用彩笔写好海报（学校统一下发白色铅化纸），张贴在活动地点或门口。

3. 提前召集学生志愿者，进行业务培训。

六、评价方法

学生参加一个校本课程创意体验活动，并成为优胜者，就会得到一种奖励卡。集齐“阳光卡”“灵动卡”“文雅卡”三种卡，可兑换一个有“诗意小龙娃”标识的奖品。

七、课程列表（需开设创意体验项目的校本课程）

1. 年级互选课程

参加对象	课程类别	责任教师	体验地点	奖品类型奖品总数	共设场次	每场时长
一年级	龙娃玩数学(1)	梁玲霞	一年级(5)班	“灵动卡”30张	5	15分钟
	龙娃玩数学(2)	何玲洁	一年级(6)班	“灵动卡”30张	5	15分钟
	龙娃玩数学(3)	倪莹芝	一年级(7)班	“灵动卡”30张	5	15分钟
	快乐游戏(1)	耿文静	一年级(8)班	“阳光卡”30张	3	25分钟
	快乐游戏(2)	陈露	一年级(9)班	“阳光卡”30张	2	40分钟
	快乐游戏(3)	王梅佳	一年级(10)班	“阳光卡”30张	3	25分钟
	奇妙的纸(1)	张园园	一年级(11)班	“文雅卡”30张	2	40分钟
	奇妙的纸(2)	张华	一年级(12)班	“文雅卡”30张	2	40分钟
	国际象棋	许阳	一年级(13)班	“文雅卡”30张	2	40分钟
二年级	龙娃玩数学	朱嘉韵	二年级(9)班	“灵动卡”80张	5	15分钟
	快乐游戏	朱丽	二年级(10)班	“阳光卡”80张	3	25分钟
	奇妙的纸	徐娴	二年级(11)班	“文雅卡”80张	5	15分钟
三年级	龙娃玩数学(1)	许秋明	三年级(3)班	“灵动卡”40张	5	15分钟
	龙娃玩数学(2)	兰锋	三年级(4)班	“灵动卡”40张	5	15分钟
	龙娃看世界(1)	朱云	三年级(5)班	“文雅卡”40张	5	15分钟
	龙娃看世界(2)	徐洁	三年级(6)班	“文雅卡”40张	5	15分钟
	阳光公益课程	曹小曙	三年级(8)班	“阳光卡”80张	5	15分钟

（续表）

参加对象	课程类别	责任教师	体验地点	奖品类型 奖品总数	共设场次	每场时长
四年级	龙娃玩数学(1)	万一琴	四年级(3)班	“灵动卡”40张	2	40分钟
	龙娃玩数学(2)	毛小飞	四年级(4)班	“灵动卡”40张	2	40分钟
	龙娃看世界	戴秋雅	四年级(5)班	“文雅卡”40张	3	25分钟
	主持小达人	徐佳	四年级(8)班	“文雅卡”40张	2	40分钟
	绿色公民	刘悦、吴琼	四年级(7)班	“阳光卡”40张	2	40分钟
	童子军俱乐部	孙洁、邹晶晶	四年级(10)班	“阳光卡”40张	2	40分钟
五年级	龙娃玩数学	操锋	五年级(4)班	“灵动卡”80张	2	40分钟
	龙娃看世界	嵇媛媛	五年级(6)班	“文雅卡”40张	2	40分钟
	我爱剪纸	殷明欣、杨洁	五年级(7)班	“文雅卡”40张	2	40分钟
	巧手厨房	徐艳丽、徐文英	食堂	“阳光卡”80张	3	25分钟

2. 校级互选课程

参加对象	课程类别	责任教师	体验地点	奖品类型 奖品总数	共设场次	每场时长
全校学生	体育创意体验课程(1)	苏波、耿怀明、徐霞、白瑛	西跑道北	“阳光卡”40张	2	40分钟
	体育创意体验课程(2)	杨志琴、刘超、朱文彬、薛斌	西跑道南	“阳光卡”40张	2	40分钟
	美术创意体验课程(1)	王丽先、姚海燕、钱林燕	美术专用室(1)	“文雅卡”40张	2	40分钟
	美术创意体验课程(2)	刘紫娟、汪祎	美术专用室(2)	“文雅卡”40张	2	40分钟
	科学创意体验课程	徐蓉、陈静娴、滕青林	科学专用室(1)	“灵动卡”40张	2	40分钟
	信息创意体验课程	华怡、周彬	机房(2)	“灵动卡”40张	2	40分钟

二、诗意课堂评价案例

在课堂教学诗意化建设的过程中，英语课堂教学的诗意化尤为各界所瞩目。英语作为全球化通用语言的重要性毋庸置疑，但非本土文化背景是学生学习的一大障碍，这使得英语课堂教学的诗意化建设更为困难。为此，我们做了以下尝试。

1. 拓展内容

从世界文化着眼，对课堂教学进行有益拓展，让学生在学习过程中同时感知各种文明、文化的交融。

2. 扩展途径

根据学生的兴趣，运用电影、动画、话剧、朗诵等多种方式，让学生的参与面更广、参与度更深。

3. 加入思辨环节

学习过程中不再以记忆为主，而是有“创编”“侦破”环节，从而提高学生的思辨能力。

4. 以评价表为依据

整个课堂教学以评价表为依据进行设计、实施、评价，根据评价表对课堂教学进行调整，同时也根据教学设计、实施过程来完善评价表。

Looking For Judy 教学案例

话题

译林版牛津英语小学五年级下册 Unit 6　*Helping Our Parents*（*Looking For Judy*）

课题说明

教材中本单元是学生第一次接触现在进行时的语法知识，单元话题是“帮助父母做家务”。语法是语言内容规律的总结，学习英语，必须了解其基本语法，学生才能对英语语言规律有明确、系统的认识，建立起语言规范，而激活语法教学尤为重要。因此，本课以学生的已有知识和校本课程中欣赏的电影元素为基础，设计与现在进行时相关的系列活动，主题为“Looking For Judy”，让学生在进入单元学习之前对现在进行时的语法知识有一定的了解，同时激发他们的学习兴趣。

课时说明

本课是进入单元学习的前篇，也就是第一课时。通过本课的学习，可以为本单元的学习做好铺垫。

学情说明

学生在进入五年级的学习后，接触了语法知识，要求掌握的词汇量增大，语言点增多。从学生立场出发，保持学生的学习兴趣非常重要。学生在校本课程“龙娃看世界”的课堂中，对迪士尼动画的历史、经典角色、经典影片等有所了解，并共同欣赏了迪士尼最新出品的动画片《疯狂动物城》。学生对动画、故事非常感兴趣，共同为本电影设计了续篇，充分发挥了他们的逻辑思维能力和想象能力。

教学过程

一、有效复习，续编故事，激发兴趣

1. Sing a song

带领孩子边唱边跳视频歌曲 *What are you doing*，活跃课堂气氛。

2. Game

“火眼金睛”，在众多词汇中迅速找出动词，帮助学生再现已经学过的动词类词汇。

3. Know Judy

导入《疯狂动物城》续编故事的主角 Judy，引发期待。

二、灵动学习，感知发现，初步运用

1. Watch the party

通过观看派对现场，初步感知时态——现在进行时。

2. Can you find

通过对关键句的分析，了解现在进行时的主要结构和语法知识。

3. Join the party

角色融入情境，学生参加派对，初步使用现在进行时语句“What are you doing? I'm doing…”。

三、链式任务，抽丝剥茧，引人入胜

由 Judy 的突然失踪而引发的一系列“侦破”活动，学生在活动过程中“抽丝剥茧”，发现线索，寻找 Judy。

Clue 1：通过一段残缺的监控画面猜测 Judy 当时正在做什么，并寻找到线索。

任务：初步使用现在进行时语句“What is she doing? She's doing…”。

Clue 2：通过市场的一个场景，谈论市场的小动物们都在做什么。

任务：初步使用现在进行时语句“What are they doing? They are doing…”。

Clue 3：寻找到“录音笔”这个关键线索，通过听录音笔中的录音寻找 Judy 的踪迹。

任务：训练听力和捕捉信息的能力。

四、动态导图，理清思维，帮助输出

依据故事情节的发展，教师动态生成本“案件”的导图，学生通过线索导图有效地进行思维整理和“案件阐述”。

由本课的学习，再延伸到课后——以“帮助 Judy 完成一份案件报告”作为家庭作业，让学生对本课所学的现在进行时态结构进行强化和巩固。

龙虎塘实验小学灵动、开放式课堂教学观察表（A面）

项目	指标	分值	得分	问题诊断
目标设计	1. 目标明确，符合课程标准要求、学生年段特点、学生能级培养要求。	10	10	
活动设计	2. 常规性积累活动节奏恰当，内容灵活，方式富有情趣。	5	5	
	3. 学习活动有向开放，板块清晰，内容呈现形式合理。	10	10	绘本的呈现稍微过早，后面的教学对学生来讲没有多少悬念，缺乏一些趣味性和探究性。
	4. 活动有机推进，节奏恰当。	10	9	
	5. 自主探究、小组学习、同伴互动设计合理，活动路径设计清晰有效。	10	10	
交流互动	6. 交流方式灵活、多元。	5	5	
	7. 生生互动、组际互动质量高（倾听质量、讨论及不同意见表达），能打开思路，主动创造，有效提升学习水平。	10	10	
回应生成	8. 课堂资源生成丰富，教师对新资源有敏感性，回应及时并能以评价引导分析比较、综合重组，形成有推进感的学习新方案。	15	15	
总结提炼	9. 总结提炼水平高，内容有延续性。	5	5	
	10. 练习设计有层次，具有实践性和开放性。	10	10	
综合素养	11. 普通话标准，表达流畅，感染力强；多媒体运用恰当有效；书写规范、美观，板书设计合理有序。	10	10	
总体评价	综合等第：优秀 （备注：优秀——90分以上；良好——80～90分；合格——60～80分；不合格——60分以下。此表为试行，将随着诗意课堂规程的建立进行修改。）			

龙虎塘实验小学灵动、开放式课堂教学观察表（B 面）

学科	英语	课题	Looking For Judy	课时	1
评价者	吴琼	执教者	耿周霖	日期	
研究主题	现在进行时				
教学亮点	本课教材来源于生活，作为语法学习的第一课时，教师与学生一起创编的绘本故事 Looking For Judy 可谓让人耳目一新，故事中来自迪士尼动画电影《疯狂动物城》的小动物们瞬间吸睛，一场警察 Judy 和家人、朋友们为了庆祝完成了一个大案件的派对，拉开了学习现在进行时的序幕。而“剧情”反转后一起努力寻找线索完成任务的“破案”过程即是学生学习语法知识的过程。情节可谓跌宕起伏，充满了趣味性，贴切地服务于课堂。课堂中，学生积极思维，大胆表达，灵活运用所学知识，体现出灵动的学习状态。而教师在课堂中所呈现出的语言、教态、课件制作、板书等散发出教学的无穷魅力，体现了向美的课堂。				
重建意见	绘本的呈现稍微过早，如果给学生更多用重点句型来猜测想象的空间和时间，或许课堂会更有趣味性和探究性。				

三、诗意教师评价案例

教师评价的内容广泛，层次较多，可专项评价，也可综合评价，因此，评价标准的设定是系统性的。目前，教师评价标准的结构一般包含效能标准、职责标准、素质标准三个方面，其子标准很多。而对诗意教师进行评价，必须富含人文元素。其实，教师最根本的自然属性是“人性”。在评价中，引领、激发、赞美对教师的成长与发展起着积极的作用。

学校对诗意教师的评价是在常规评价的基础上，对部分措施进行优化而成的。例如，教职工过生日，很多学校都会有所表示，这只是一种常规管理方式。但是学校把这一工作纳入诗意教师的评价中，便发挥了不一般的作用。校长亲手写贺卡，贺词是什么？是学校对该教师一年来工作的评价，是对诗意教师的正面引导与赞赏。这种评价具有亲和力，会潜移默化地影响教师。在这个评价过程中没有太多的标新立异、繁复叠加的项目，而是对原有的活动进行方式、内容的优化与诗意化。

写给小赵老师的生日贺卡

小赵老师：

我相信，这一年半对你而言一定是一段不平常的日子。我也看到，事实上，从一个新老师发展的角度看，你走在了同龄人的前列。踏入龙小，走进当时的一年级（2）班，你和刘同学结下了不解之缘。这一年，你付出了连老教师都备感不易的艰辛，仿佛孩子就是来成就你的。在这种环境里的你，曾经面对巨大的压力，也备感焦虑、忧心，但在这一过程中，你处理问题、解决问题的能力提升了，你适应环境的能力见长了，你对教育的理解更深刻了。也许，没有这段经历的你，不可能是今天这样，所以，要坚信：凡事一定会成就我们，永远要抱着希望和信念面对工作和人生。每一天，你都很用心地生活和工作，看到你给孩子们写的评语我很高兴，因为你能够用发现的眼光挖掘每个孩子的闪光点，证明你很有爱心，你的语言灵动活泼，证明你有较好的学科专业素养。所以，期盼你在专业成长之路上更加勇往直前！

生日之际，把美好的祝福送给你：人生与事业都与美好相伴，与幸福相随。

生日快乐！新春快乐！

钱丽美

2017 年 2 月 7 日

四、诗意学生评价案例

诗意学生的评价不是单一的，而是一个综合体系，而且在评价过程中是有重叠交叉的，这在一个阶段内还不可避免。但是每个部门制订的评价都会以学生成长目标为标准，最终指向学生的诗意成长。

下面是六年级（8）班班主任与家长、学生共同制订的诗意学生成长评价表。虽然只是一个班级的个案，却紧紧围绕学生培养目标——阳光、灵动、文雅，从课堂、活动、交往、环境、作业五个方面对学生进行评价，既有目标追求，又有策略方法，既有个体评价，又有小队评价。评价机制灵活多样，为诗意学生评价研究提供了一个很好的范例。

六年级（8）班诗意学生成长评价表

总目标：文明、阳光、快乐、团结友爱，幸福（8）班人人爱！			
评价项目	目标追求	基本要求	加分标准
幸福课堂	讲练结合 自信互动 多姿多彩	坐立有型，认真倾听，不插嘴。每节课至少举手一次，在小组学习中至少能说出一个想法。	1. 发言至少两次，且思维水平高。（加 1 分） 2. 能为新课学习提供建议或资源并被采用。（加 1 分） 3. 能参加“我们来给大家上一课”项目，且准备充分，效果良好。（加 1 分）
幸福活动	自主选择 家长同乐 合作创优	在活动中遵守秩序，能认真完成自己的任务并乐意和同学合作。	1. 周六“玩转世界”活动能和家长、小伙伴一起开展，有盘点材料。（加 1 分） 2. 在各级各类活动中提出建议并被采纳。（加 1 分） 3. 在校级及以上的各类比赛中获奖。（一次加 1 分） 4. 在校级及以上的各类活动中展示作品或参与演出。（一次加 1 分）
幸福交往	文明有礼 互爱互助 共同进步	能认真听取别人的意见，言行文明，至少有两个好朋友。	1. 关心帮助别人，做好人好事，受到老师或学校表扬。（一次加 1 分） 2. 能帮助同学克服一项困难，取得进步。（加 1 分）
幸福环境	自律自主 赏识同伴 团结向美	按要求履行岗位职责，保持教室整洁，及时为做得好的同学送上赞美。	1. 岗位工作受到老师或学校表扬。（加 1 分） 2. 为教室环境美化做出特殊贡献。（加 1 分） 3. 能主动阻止争吵、打闹，化解矛盾，保持班级和谐。（加 1 分）
幸福作业	轻松有趣 一举多得 亲子共赢	每天的语、数、英作业及时完成，字迹工整。	1. 语文“卓越”加分项目：补充习题等第为优＋星，加 1 分；默写为 100 分，一次加 1 分；在各类作业评比中获奖，一次加 1 分；“作家 style”“龙娃说事”90 分及以上，或得到家长肯定“有进步”，一次加 1 分；能级考核 85 分以上，一次加 1 分；班报投稿 1 篇加 1 分，录取 1 篇加 2 分，按时完成班报编辑的小队每人加 3 分。

（续表）

评价项目	目标追求	基本要求	加分标准
幸福作业			2. 英语：翻译为四星级的加 1 分；默写为 100 分，一次加 1 分；日常小测验全对，一次加 1 分。 3. 数学：补充习题或练习册等第为优＋星，一次加 1 分；测验 90 分及以上，一次加 1 分。

结束语　学校未来展望

龙虎塘实验小学经过近十年的诗意教育实践，在全体师生的共同努力下，取得了骄人的成绩，办学品质得以提升，办学美誉得以播撒。

一、诗意成果，鼓人心，坚信心

（一）品质办学，硕果累累

学校先后荣获全国诗教工作先进集体、中国特色教育项目学校、江苏省诗教工作先进单位、江苏省诗歌教育示范校、江苏省争先创优先进集体、江苏省依法治校示范校、江苏省优秀家长学校、江苏省优秀少先队集体、江苏省模范职工之家、江苏省平安校园、江苏省红十字会示范校、江苏省节水型学校、常州市少儿国学基地、常州市中小学德育特色学校、常州市艺术教育特色学校、常州市科学教育特色学校、常州市体卫艺先进学校、常州市教育科研基地、常州市数字化学习试点学校、常州市关工委工作建设合格单位、常州市青少年维权岗、常州市普法教育先进集体、常州市教育装备工作先进单位等八十多项称号。

（二）师生发展，诗意徜徉

江苏省教育科学“十二五”规划课题“为学生诗意人生奠基的学校文化变革研究”获省一等奖；常州市教育科学“十二五”规划立项课题“小学数学课堂‘结构教学’的实践研究”“小学英语拓展教学资源的实践研究”“基于学生立场的班级‘成长导师团’建设研究”顺利结题。58 名教师获得常州市、新北区五级梯队教师称号。钱丽美校长被评为常州市高级校长、高级管理人才，顾惠芬副校长被评为江苏省 333 工程高层次人才培养对象。近千名学生在省内外科技、竞技体育、声乐、舞蹈、绘画等比赛中获得团体及个人一、二等奖。

（三）特色打造，诗果飘香

多年来，学校以已经获得江苏省评估一等奖的重点课题“小学生古诗文诵读与人文素养培育的研究”为抓手，走上了诗教研究之路。接受了全国诗教工作调研，梁东先生当场题词：“诗以育人，诗以兴邦。”诗意元素被点亮，将顺利结题的课题开发为校本课程，形成了一至六年级的合订本古诗文阅读校本教材，获得了江苏省校本课程评比二等奖。师生诗集暨诗联创作指导的专著《雏凤鸣春——龙小诗联一点通》正式出版，全国热卖。新版古诗文校本教材《童声古韵——经典古诗文小学生手绘悦读书》在全国热卖，被江苏凤凰教育出版社推荐为“江苏省校本课程精品系列”。同时，将诗意文化全息渗透于学校各个领域，整体建构了文化建设体系。学校诗意文化建设经验在江苏教育年会等做专题介绍，钱丽美校长和顾惠芬副校长多次应邀为广西师范大学、华东师范大学“国培项目”“楚天卓越工程”校长高级研修班做与学校特色文化建设相关的专题讲座。顾惠芬副校长、陈亚兰等教师受邀为华东师范大学研究生做讲座，多位教师受邀在市区范围做经验分享。顾惠芬副校长应邀参加华东师范大学教科所举办的“济南天桥区名班主任培养人选高级研修班”的讲座，应邀到合肥市翡翠学校献课，做有关校本课程开发实施的讲座，并被聘为该校的指导教师。学校费东同学写的诗歌《手机》从全国 42000 多首作品中脱颖而出，获得了“中国·江苏第二届全国少儿诗会”一等奖的好成绩，受到了诗会评委——中国作家协会副主席高洪波及于丹老师的高度评价。还有多位学生的诗作多次在省、市级比赛中获得一等奖。如今的龙虎塘实验小学正逐步成为一所设施一流、内涵丰厚、特色鲜明，且在海内外有较大影响和知名度的优质学校。

（四）品牌推动，辐射引领

2015 年学校成功承办“学生暑假生活与期初生活重建暨学校日常生活中的学生发展”第二次全国现场研讨会，活动在《常州日报》《常州晚报》《江苏教育》《常州教育》以及常州电视台公共频道等媒体进行了多次专题报道，诗意教育在区、市、全国都产生了一定的品牌效应。同年还承办“常州市学校特色文化暨少儿国学课程基地建设成果研讨会”，学校诗意文化建设获得各界赞誉。家校合作参与的“幸福作业”研究受邀于 8 月赴挪威介绍研究成果，英文稿件在国际核心期刊及“欧洲教育研究网”的电子期刊上发表。2016 年，“小学生综合创生式幸福作业”被评为常州市前瞻性项目。

二、诗意教育，大视野，大作为

依靠学校一百多年厚重的历史底蕴，富有“大气、睿智、浪漫”特质的教师团队，“阳光、灵动、文雅”的学生群体，以及日益成熟的校内外教育力量的联动机制，龙虎塘实验小学未来的发展充满无限的可能。

（一）诗意环境，养华气，提素质

1. 校园环境诗意流淌

借助龙虎塘第二实验小学的新建工程，面对集团校的办学格局，校园建筑体现灵动感、艺术感、典雅感，以服务儿童为建筑的生命考量，追求一脉相承、同中求异，努力构建智慧空间、梦想的乐园，让校园充溢气质涵养、人文关怀，富有教育的独特气质——生命的气息、生长的节律。

2. 校园空间进入“互联网＋”时代

校园无线网络全覆盖，进入“无线互联”时代，实现了移动终端无线网的接入、图文传输、电子邮件收发、网络教学、移动办公等多种功能，让师生们享受到了无线网络带来的方便和快捷。建立了 3D 创客实验室、教学诊断系统，成立了数字化研究协作组，创设了数字化学习环境，构建了学业反馈系统、数字化学习交互平台、古诗文学习评测网。重点打造“云教室”，实现了由模拟媒体到数字媒体，再到网络媒体，资源最终都在“教育云”上，内容达到极大丰富。由“多媒体教学点播系统（VOD）”“网络电子图书馆”等数字资源库构建成学校数字化学习的立体时空平台，满足了学生个性化学习的需求。

（二）诗意管理，展风采，显特色

1. “国际理解教育”运转机制化

作为常州市国际理解教育实验学校，学校需要系统规划、建立机制，让诗意教育的国际理解活动常态化、机制化，力求以多种方式输出诗意教育的管理、特色文化建设及教育教学的研究成果，扩大影响力。

2. 构建社区、家庭、学校教育共同体

基于“三力驱动、三环交融”的家校社合作模式，借助“社校联动”“午间微课程”“幸福作业”品牌项目，进一步重建学生的诗意新生活。通过合作、聚通，依托社区，构建青少年教育社会大课堂，双向开放，形成教育合力。同时，整合家庭、社会、学校的各种资源，最大限度地挖掘、利用和拓展校内外人力、物力、财力等课程资源，构建教育共同体，生成新的生活方式，促成学校、家庭、社会生活的更新。

（三）诗意课程，迎需求，促发展

大力变革诗意课程的整体建设。根据多元智能理论，充分发掘每一个学生的优势与潜能，充分尊重每一个学生的个性发展，开发丰富的特需课程，创设展能成志的平台，让每一个学生都有不一样的成长与生长，实现个性化学习的变革。

在构建诗意教育特色学校的实践过程中，龙小人有过迷茫，有过困惑，有过挫折，有过失望，但从没有想过放弃。出版《让生命诗意地栖居——诗意教育的理念建构与实践探索》并不是为了歌颂龙小人的努力和付出，而是为了现在的发展和将来的超越。回顾践行诗意教育理念过程中的得与失，剖析构建特色学校的成与误，有助于龙小人自省、自强、自我超越，坚定前行的步伐，迈向诗和远方。

后 记

背依浩渺长江，南邻京沪高铁，藻江河畔沃野环绕，小桥流水争俏，常州市新北区龙虎塘实验小学这所百年老校散发着浓浓的江南风情，在百舸争流的教育大潮中，彰显着蓬勃的生命力！

2012年，学校申报省级课题“为学生诗意人生奠基的文化变革研究”成功，确立诗意教育理念并执着践行。2015年，学校申报“学校核心文化理念下‘诗意课程’建构与实践研究”，着手构建实施诗意课程。学校经过多年的研究与探索，在学校管理、课程建设、师生成长等方面获得了长足发展。

今天，龙小师生们在研究实践的基础上，编著了诗意教育系列教材、论著。这套书籍涵盖了学校诗意管理、少儿国学教育、诗意成长课程、龙娃阅读课程、龙娃玩数学、龙娃看世界、玩转篮球课程等，是学校管理团队和各领域的教师们集多年研究实践之功，在与专家、家长、学生的共同合作下完成的。在此，我们要感谢教育部南京师范大学课程研究中心的学术支持，特别是吴永军教授的长期指导，还要感谢华东师范大学“生命·实践”教育学研究院李家成等教授的定期指导。

“藻江河畔千帆竞，天工人巧日争新。”我们相信，在岁月的流逝中，诗意教育必将慢慢释放出醇香，“为诗意人生奠基”的育人理念亦将更加丰厚，风姿更加迷人！

钱丽美

江苏凤凰教育出版社
《行知工程》系列丛书目录

系列	序号	书名	作者	定价
教育求索系列	1	《让生命诗意地栖居——诗意教育的理念建构与实践探索》	钱丽美	40.00
	2	《怎样上好语文课——时鹏寿解析精彩课例》	时鹏寿	45.00
	3	《让书香浸润生命——时鹏寿伴你品读经典》	时鹏寿	35.00
	4	《开在手心里的花——一位优秀教师的教育情怀》	詹雪莲	40.00
	5	《学科建设与教师发展——中学数学》	杨志文	30.00
	6	《欣说教育那“一亩三分地”——一位一线教师的教育微思考》	王庆欣	30.00
	7	《爱的守望——一位一线教师对教育的坚守》	林卫红	30.00
	8	《思政教学的人文力量》	戴晓华	30.00
	9	《师道新说——给教育者的30条箴言》	徐 卫	30.00
国际教育系列	10	《美国教育面面观——一位特级教师眼中的美国教育》	邵淑红	35.00
教育思想者系列	11	《治校之道——中学名校长的办学智慧(1)》	陶继新	40.00
	12	《品鉴教育文化盛宴——陶继新序跋屯集》	陶继新	45.00
	13	《为什么而出发——一位研究者对教育本质的沉思》	齐 健	35.00
	14	《高效教学的道与术——陶继新教育讲演录》	陶继新	30.00
	15	《铸造一流教育品质——陶继新区域教育巡礼》	陶继新	35.00
	16	《名校之道——陶继新对话名校长(1)》	陶继新	30.00
	17	《名校之道——陶继新对话名校长(2)》	陶继新	35.00
	18	《教育，一切从孩子出发》	黄 俭	30.00
创新教学探索系列	19	《学生数学整体思维培养——小学数学结构化教学的探索与实施》	颜春红	45.00
	20	《基于核心素养的体育与健康校本课程建设》	赵卫新	35.00
	21	《把古文教活——激活文言文课堂的教学策略》	刘小华	35.00
	22	《做童年面前最合适的人——我和孩子们的“童化语文”》	曹丽秋	30.00
	23	《品世界名画，学精彩作文——特级教师的“名画”作文教学法》	李日芳	36.00
	24	《玩出精彩作文——张化万活动作文教学经典策略》	张化万	35.00
	25	《〈红楼梦〉里的语文课》	李日芳	30.00
	26	《让学生把母语用精彩——“语用课堂”的探索与实践》	佘小红	30.00
	27	《“备”出课堂精彩——备学式教学的课堂实践与思考》	张旭兰	30.00
	28	《神奇的阅读教室——带学生踏上美妙的阅读之旅》	李祖文	30.00
	29	《打造有生命力的课堂——“两步八环节”教学模式探索与实践》	查联智	30.00
	30	《最能培养学生探究能力的课堂——小学科学与信息技术单元整体课程实施与评价》	李怀源	30.00

系列	序号	书　　名	作者	定价
创新教学探索系列	31	《最能激发学生运动天赋的课堂 ——小学体育单元整体课程实施与评价》	李怀源	30.00
	32	《最能提升学生艺术素养的课堂 ——小学艺术单元整体课程实施与评价》	李怀源	30.00
	33	《“生命语文”探索——焕发语文生命力的思考与实践》	王自成	30.00
	34	《粘连作文教学：让习作成为有个性的自我建构》	黄瑞夷	30.00
	35	《备学式教学——在体验中建构数学思维》	单广红　范雪梅	30.00
	36	《向着自主进发——自主教育的创新实施智慧》	朱亚红	30.00
	37	《写中学——让学习更有效的学科写作教学》	钟传祎	30.00
	38	《小学科学实验总动员——大科学课堂有效提升学生创新力》	江美华	30.00
	39	《小学语文单元整体课程实施与评价》	李怀源	30.00
	40	《小学英语单元整体课程实施与评价》	李怀源	30.00
	41	《小学数学单元整体课程实施与评价》	李怀源	30.00
	42	《让教学更能激发智慧——“思维碰撞”课堂的建构与实施》	程和方	30.00
教师软实力系列	43	《教师人际沟通力》	黄爱华　夏丽娟	38.00
	44	《班主任教导力》	黄爱华　戴诗银	38.00
	45	《教师执业道德力》	黄爱华　夏丽娟	38.00
精彩课堂系列	46	《基于核心素养的数学教学》	赵红婷	35.00
	47	《中学生核心写作能力培养》	陶　波	36.00
	48	《给孩子更好的数学课堂》	易增加	30.00
	49	《小学生阅读素养的提升策略》	邵巧治	35.00
	50	《从语文素养走向生命成长 ——小学语文读写课堂教学密码》	曾海玲	30.00
	51	《真实的品德课》	朱淑秀	30.00
	52	《英语课堂学习共同体——新型的师生交互学习场》	杨延从	30.00
	53	《指导自主学习——初中数学学与教的研究与实践》	刘其武	30.00
	54	《玩出精彩的课堂 ——小学低年级教与学方式转变研究》	陶红松	30.00
	55	《让生命之花自主绽放——语文个性化教学建构策略》	商德远	30.00
	56	《让学生亲历知识——主体参与下体验式学习的实施策略》	何世祥	30.00
名校系列	57	《从校本课程走向学校课程——锡山高中课程探索之路》	唐江澎等	35.00
	58	《让每个孩子都成志 ——清华附小主题阅读课程的实施探索》	窦桂梅	30.00
	59	《让每个孩子都成志 ——清华附小主题实践课程的实施探索》	窦桂梅	35.00
	60	《向着朝阳走去——清华附小合作办学实践探索》	窦桂梅	30.00
名师成长系列	61	《情怀·智慧·境界——教育名家演讲录（1）》	钟惠河　李韫琬	30.00

系列	序号	书名	作者	定价
校长领导力系列	62	《学校细节管理的执行力》	林文明　王林发	30.00
	63	《校长智慧统筹的领导力》	谢耀丰　蔡丽姗 王林发	30.00
	64	《学校持续发展的研究力》	林文智　宋佳敏 王林发	30.00
	65	《学校和谐融洽的协作力》	陈一平　郭雪莹 王林发	30.00
	66	《学校教育提升的引领力》	谢文东　关敏华 王林发	30.00
	67	《学校团队成长的学习力》	黄纪　蔡美静 王林发	30.00
	68	《学校高效管理的创新力》	张旭	30.00
	69	《学校成功管理的决策力》	邱黎明	30.00
	70	《高品质学校生长要素》	王益民	30.00
	71	《校长高效教学领导力提升策略》	徐世贵　郭文昚	30.00
新思维系列	72	《让后进生学习有后劲之 36 计》	严育洪	30.00
	73	《教育中的“不一定”——打破教育的 19 种思维惯式》	严育洪	30.00
教师修炼系列	74	《如何炼就课堂好声音——教师美嗓保健实用宝典》	薛建洲	30.00
	75	《与学生一起成长——90 后教师的心路反思》	王　晗	30.00
	76	《教育，爱与宽容——教师心灵礼仪修炼》	许力争	30.00
教育家核心思想系列	77	《叶圣陶论写作》	叶圣陶 著 李怀源 选编	30.00
	78	《叶圣陶谈阅读》	叶圣陶 著 李怀源 选编	30.00
	79	《多元智能理论的本土化应用》	刘治富	30.00
	80	《大教育家最具施教力的教学思想》	白刚勋	30.00
学生心理解码系列	81	《在人生的春天播种 ——十四岁，写给青春的一封信》	白宏宽	30.00
	82	《孩子问题行为一点通 ——只有好老师才知道的学生心理谜底》	严育洪	30.00
校本研修系列	83	《徜徉语文教研》	肖俊宇	35.00
	84	《校本研修资源的开发与利用》	陈朝林	30.00
	85	《校本研修与教师专业成长》	吴积军	30.00
	86	《卓越教师经典研修成长策略》	刘天宝等	30.00
	87	《特色校本课程开发范例解读》	刘永平　李秀伟 张雪梅	30.00
	88	《高效校本研修模型构建艺术》	刘素雁	30.00
	89	《走向实践的教研——中小学教育科研引领与应用》	江　敏	30.00

系列	序号	书名	作者	定价
教育管理力系列	90	《缔造唯美教育——延奎小学素质教育实施策略》	易增加	30.00
	91	《让普通学校崛起的20个细节——“生命为本”教育团队成长密码》	李其玉	30.00
	92	《“走”出教育的精彩：走动式学校管理文化构建》	罗　军	30.00
	93	《校长兵法：学校管理四十六计》	皮大鹏	30.00
班级文化系列	94	《活力班级的文化建设》	胡　珏	30.00
	95	《做幸福的班主任》	吕　丽	26.00
高效能教学系列	96	《高效能教师的10个好习惯（中学卷）》	张　瑾	30.00
	97	《让作文落地生根——提高写作实效的教学策略》	黄桂林	30.00
	98	《高效能作文教学5项修炼》	陈步华	30.00
	99	《高效能校长的10个好习惯》	张　勤	30.00
	100	《高效能教师的10个好习惯（小学卷）》	谢　英	30.00
	101	《高效能语文教学5项修炼》	王其华	30.00
新课程探索系列	102	《语文新课程的批判与重建》	葛桂斌	30.00
美国名师教学译丛	103	《美国名师游戏教学本土化应用：幼儿园》	（美）玛西娅 L. 泰特 著 胡珍　瞿菁　编译	30.00
	104	《美国名师游戏教学本土化应用：小学英语》	（美）玛西娅 L. 泰特 著 杨永华　张心影　编译	30.00
	105	《美国名师游戏教学本土化应用：小学数学》	（美）玛西娅 L. 泰特 著 谢艳红　编译	30.00
	106	《美国名师游戏教学本土化应用：小学科学》	（美）玛西娅 L. 泰特 著 刘丽萍　编译	30.00
	107	《美国名师游戏教学本土化应用：小学社会》	（美）玛西娅 L. 泰特 著 姜梅芳　编译	30.00
	108	《美国名师游戏教学本土化应用：小学音体美》	（美）玛西娅 L. 泰特 著 尹立志　编译	30.00
鲁派名师名校·教育探索者系列	109	《悦读立人——校园阅读文化体系构建策略》	杨世臣	30.00
	110	《教育智慧何处来——一位特级教师的思考手记》	付立金	30.00
	111	《和雅文化——校本课程的创新构建》	汤善香	30.00
	112	《让个性绽放精彩——学校课程体系整合与创生》	谢建伟　徐淑萍	30.00
	113	《让每个学生都幸福——最能润泽生命的学校文化建设》	谢建伟　张新喜	30.00

系列	序号	书名	作者	定价
生态化校园系列	114	《文化管理——构建生态和谐校园的必由之路》	付全新	30.00
	115	《点燃学习的激情——构建校园生态化学习型组织》	杨树岳	30.00
	116	《课改突围——构建学校生态化教学体系》	杨树岳	30.00
教育新思考系列	117	《语文教育向何处去》	王　丛	26.00
	118	《教育，就是做好普通的事》	孙志毅	27.00
	119	《走出语文的偏见——让学生体悟文本的原义》	丛智芳	30.00
	120	《让语文教学更高效——批注式阅读教学探索》	韩中凌	30.00
	121	《读写互促——探寻学以致用的语文教学》	曹　龙	30.00
	122	《跳出数学教数学——用文化融通数学教学》	马建秀	27.00
名师感悟系列	123	《让心灵伴着歌声成长——22位音乐名师的教育智慧》	陈　璞	30.00
	124	《超越自我的教师——32位名师的成长感悟》	李卫东　李秀伟	35.00
	125	《心灵的守护者——19位名班主任的教育智慧》	王晓松　曲文弘	30.00
	126	《名师感悟班主任有效工作艺术90例》	符礼科	30.00
	127	《名师感悟有效教学90例》	林高明　徐玉烟	30.00
信息化教学系列	128	《巧用白板教语文——信息技术与语文教学操作指南》	蒋丽清	30.00
	129	《跨越式实现高效课堂——信息技术与课程整合高效教学方案评析》	陈　玲　刘　禹	30.00
教师必读系列	130	《教师必学的16堂修养课》	武宏伟	30.00
	131	《教师不可不知的教学心理效应》	叶勇军	30.00
	132	《班主任不可不知的管理效应》	奚一琴	30.00
	133	《教师不可不知的教育心理效应》	孙　媛	30.00
	134	《校长不可不知的管理效应》	谢申刚　张金豹	30.00
	135	《成为好教师的7项修炼》	王福强　李维华	30.00
	136	《如何让学生会学习》	龙　冰	30.00
	137	《如何让学生爱学习》	周震宇　许小燕	30.00
核心教学主张系列	138	《新生代语文名师核心教学主张》	许友兰	30.00
行思讲坛系列	139	《灵动而朴素地教语文——潘文彬的微格教育生活》	潘文彬	30.00
	140	《师爱无疆——润泽学生心灵的教育故事》	侯忠彦	30.00
	141	《怎样反思更有效——促进教师专业发展的反思策略》	诸贝贝	30.00

系列	序号	书名	作者	定价
行思讲坛系列	142	《成为高度自觉的教育者 ——写给后课标时代的数学教师》	许卫兵	30.00
	143	《哲思数学课》	刘全祥	30.00
	144	《智慧数学课——黄爱华教学思维的实践策略》	黄爱华	30.00
	145	《童趣数学课》	徐　芳	30.00
	146	《把学生教聪明》	严育洪	30.00
	147	《教师最应该规避的教育误区》	杨坤道	30.00
	148	《用语文的方式教语文 ——潘文彬教学主张与实践智慧》	潘文彬	30.00
	149	《怎样让阅读教学更有效 ——提升教学能力的十种读诵模式》	汪秀梅	28.00
	150	《让生命在润泽中起舞 ——当代小学生最需要的主题班会》	吴联星　罗　琳 冯卫东	30.00
	151	《让生命欢快拔节 ——当代中学生最需要的主题班会》	冯卫东　吴联星	30.00
	152	《课堂因生成而精彩——高效教学的生成智慧》	张文质	30.00
	153	《回到每一个人的生命化教育 ——张文质二甲中学教育行动录》	张文质	30.00
中国教育变革之路丛书	154	《百年树人师何为——教师队伍建设困顿与出路》	将丽珠　李玉向	30.00
	155	《入园何时不再难——学前教育困惑与抉择》	曾晓东 范　昕　周　慧	30.00
	156	《三尺书桌何处寻——流动人口子女教育困难与破解》	范先佐	30.00
	157	《苦旅何以得纾解——高考改革困境与突破》	郑若玲	30.00
	158	《择校纠结何时了——择校问题困局与治理》	曾晓东　周文海 曾娅琴	30.00
创新教学思想系列	159	《“大问题”教学的形与神》	黄爱华　张文质	30.00
教育漫笔系列	160	《课堂，诗意地栖居》	吴书华	30.00
教学提升系列	161	《有思想地教阅读——让学生学会品读文字真意》	王学东	30.00

系列	序号	书　　名	作者	定价
教育艺术提升系列	162	《藏在师生体态语言里的教学智慧》	张　宇　廖生波	30.00
教学全手册系列	163	《小学习作教学全手册》	郭家海	30.00
	164	《中学写作教学全手册》	郭家海	30.00
	165	《情境教学操作全手册》	冯卫东	35.00
	166	《合作教学操作全手册》	李春华	35.00
	167	《探究教学操作全手册》	周新桂	35.00
	168	《自主教学操作全手册》	诸葛彪	35.00
	169	《创新教学操作全手册》	王　玮	35.00
	170	《班主任工作全手册》	刘沛华	35.00
	171	《新教师工作全手册》	周震宇	35.00
	172	《学生心理健康教育全手册》	刘海莉　刘春杰	35.00
	173	《高效教学操作全手册》	马友平	35.00
创新人才培养系列	174	《创新人才培养校园科普精品课程开发与指导 ——人大附中创新人才培养》	罗　滨	30.00
	175	《创新人才培养特色校本课程开发与创新人才培养 ——清华附中“国际安全下的科学技术”课程构建与实施》	王殿军　方　研 赵宏雁	30.00
	176	《创新人才培养：学校实验室建设与管理》	刘克文 杨发丽　杨　平	30.00
	177	《创新人才培养：数学探究活动开发与指导》	马云朋　韩继伟	30.00
	178	《创新人才培养：化学研究活动开发与指导》	王　磊	30.00
	179	《创新人才培养：物理探究活动开发与指导》	廖伯琴	30.00
	180	《创新人才培养：地理探究活动开发与指导》	张建珍　陈　澄	30.00
	181	《创新人才培养：生物探究活动开发与指导》	张迎春	30.00
	182	《创新人才培养：理念探索与思维突破》	王晶莹	30.00
新生代通派名师系列	183	《简约数学教学》	许卫兵	30.00
	184	《语文教学的本真——情意课堂展现母语之美》	吴建英	30.00
	185	《语文课堂的理想追求——欢快达成三维目标》	董一红	30.00
	186	《阅读教学的真髓——意象构建读出文学的真美》	祝　禧	30.00

系列	序号	书　　名	作者	定价
新生代通派名师系列	187	《美术教育的真谛——审美人生教育让生命绚丽成长》	陈铁梅	30.00
	188	《语文教学的理想境界——无痕教学润泽生命》	李　凤	30.00
	189	《儿童作文的本义——嬉乐作文让儿童乐并成长着》	王笑梅	30.00
	190	《名师是怎样炼成的》	王建明　王笑君	35.00
幼师成长系列	191	《幼儿行为背后——教师如何读懂幼儿的心思》	吴亚英	30.00
	192	《最具教育力的22种幼儿教育思想》	杨　达	30.00
	193	《幼儿教师必知的安全应急措施》	杨　达	30.00
	194	《幼儿教师必备的教育技能》	李　玲	30.00
	195	《卓越园长21条幼儿园管理策略》	周　丹　江东秋	30.00